이 책은 바울의 칭의론이 "의로움"(righteousness)이 아니라 하나님의 "정의"(justice)에 관한 것이라는 니콜라스 월터스토프의 주장을 떠오르게 한다(『사랑과 정의』, 『하나님의 정의』). 하링크가 그를 언급하지는 않지만, 이 책은 마치 그의 주장을 이어받은 성서학자의 상세한 답변과 같다. 하링크는 로마서의 핵심 주제를 "하나님의 정의"로 파악하고, "정의"라는 키워드로 로마서의 논증 전체를 풀어낸다. 예수 그리스도의 십자가와 부활을 통해 구현되는 정의의 묵시적 색채를 규명하고, 이것이 죄와 죽음에 지배되는 사회 구조 속에서 어떻게 드러나는지 추적한다. 또한 하나님의 묵시적 정의가 갖는 창조적 능력이 "세상의 삶"에서 어떤 식으로 드러나는지 숙고한다. 성서 텍스트에 대한 탄탄한 해석을 바탕으로 제기되는 이 책의 물음은 진지한 관심을 요청한다. 교회 내에 "정의"에 대한 관심이 드문 역설의 시대에, 이 책은 현실을 살며 복음과 신앙의 의미를 묻는 이들의 좋은 대화 상대자가 될 것이다.

권연경 숭실대학교 기독교학과 신약학 교수

로마서에서 "의"(디카이오쉬네) 개념은 이 서신을 둘러싼 뜨거운 논쟁거리 중 하나이며 동시에 로마서 해석의 중요한 열쇠다. 저자는 이 책에서 바울의 "의" 개념을 정의(justice)로 번역하고 이 관점에서 로마서를 일관성 있게 읽어내는 방식을 제시한다. 저자는 "의"를 단지 개인적 구원의 개념으로만 해석하는 전통적 견해에 도전장을 던지면서 "정의"라는 개념으로 읽을 때 로마서가 어떻게 우리의 사회적·정치적 측면에 적실하고 급진적으로 연결되는지를 선명하게 보여준다. 로마서에 대한 저자의 묵시적(apocalyptic) 읽기 방식은 로마서가 소개하는 바울의 복음이 소위 영적이라 불리는 협소한 측면을 넘어서 온 우주를 품은 하나님의 정의에 관한 복음임을 보게 만들 것이다.

김경식 웨스트민스터신학대학원대학교 신약학 교수

이 책은 그동안 개인적·도덕적·종교적 의미에 갇혀 있었던 로마서의 반쪽짜리 "의"를 그 본래적 차원의 온전한 "정의"로 회복시킨다. 그것은 성서학이 추구하는 이상, 곧 그 책이 기록된 역사적 맥락을 신중하게 고려하는 해석 방법을 통해 이루어진다. 이 책은 로마서 본문을 차근차근 해석해가며 저자에 의해 재발견된 의, 곧 정의의 개념이 로마서 전체에서 어떻게 관철되고 있는지 잘 보여준다. 책을 읽으며 독자들은 로마서를 "이렇게 읽을 수도 있구나" 하는 발견에서 시작하여 "이렇게 읽어야 하겠구나" 하는 관점의 변화로 나아가게 될 것이다. 저자의 수고에 더하여 번역자의 정성이 담긴 깔끔하고 일관성 있는 번역이 이 책의 진가를 더 잘 드러내 주고 있다.

안용성 그루터기교회 담임목사

성서 읽기 분야에서 독자의 자율성(autonomy)이 강조되는 현재 상황은 개신교 신학을 이끈 로마서의 다양한 해석으로 그 양상이 확대되고 있다. 그렇다 보니 자연스럽게 로마서에서 전개한 바울신학의 깊이와 넓이가 어디까지 확대될지 정말 궁금해진다. "정의"에 관한 관심이 뚜렷한 로마서를 저자는 처음부터 일관성을 갖고 읽어냄으로써 바울이 강조한 "정의"의 차원을 다각적으로 검토하고 그것의 신학적 의미를 천착(穿鑿)한다. 로마서 해석의 전(前) 역사가 주로 "구원론"에 치중했다면, 이 책은 "메시아이신 예수 중심의 삶과 행동"이라는 중차대한 명제 앞으로 독자를 호출한다. 그렇다고 "정의"의 실천이 하나의 과제라는 간명한 형식으로 흘려보내지도 않는다. 이 책을 손에 쥔 채 "정의"에 관한 새로운 읽기에 참여한다면, 바울이 선포한 복음의 내용과 "정의"가 얼마나 긴밀하게 연결되어 있는지 속속들이 파악함으로써 그 무엇으로도 대체할 수 없는 독서의 희열을 맛보게 될 것이다.

윤철원 서울신학대학교 신약학 교수

로마서에서 정의에 관한 주제는 보통 소홀히 여겨졌다. 그러나 이 책은 로마서를 전문적으로 주석하는 것보다는 비전문가도 이해할 수 있는 쉬운 방식으로 저자의 핵심 주제인 "정의"를 설명한다. 이 책은 본문을 통해 바울이 바라본 정의로운 예수를 어떻게 이해하고 우리 삶에 반영할지 함께 고민하고 이를 독자가 함께 나누는 데 도움을 준다. 저자는 예수가 진짜 하나님의 백성이 되어 그 백성들을 위해 지켜지지 못했던 하나님의 말씀을 옹호하기 위해 죄인 취급된 의인으로 죽은 것이란 전통적인 내용을 크게 벗어나지 않으면서, 동시에 이 내용을 바울 서신에서 정의를 요청하는 목소리로 풀어낸다. 저자는 온 세상을 바로잡을 하나님의 정의의 능력을 본문에서 발견하고 있다.

이민규 한국성서대학교 신약학 교수

로마서는 "복음의 책"인 동시에 "정의의 책"이기도 하다. 이것이 저자 하링크의 논지다. 어느 국가와 사회에서—그곳이 한국이든 미국이든 또 다른 나라이든지—보수적 진영과 진보적 진영의 "정의" 개념이 다를 수 있다. 하지만 그리스도인이라면, 나라와 민족과 언어와 정치 성향의 차이가 있을지라도, 성경(로마서)이 말하는 "복음의 정의"에 기초하여 자신과 자신이 속한 공동체의 정의 개념을 새롭고도 진지하게 재고할 것을 요청받는다. 성경(로마서)의 적용은 다양할지라도 성경적 개념으로서 "하나님의 정의"에 대한 인식의 출발점은 동일 선상에 놓여 있기 때문이다. "칭의/성화의 성령"이라 쓰고 "정의의 성령"으로 읽어야 할 이유가 여기에 있다. 오늘 한국의 교회 및 국가/정치/사회/학교 현실을 고려할 때 하링크는 우리 시대의 예언자로 성큼 다가온 듯싶다. "정의의 성령"이 오늘의 독자에게 증언하는 의로운 말씀에 귀를 기울여야 할 때다. 로마서를 사랑하는 독자라면 말이다.

허주 아신대학교 신약학 교수

나는 이 책을 강력하게 추천한다. 더글라스 하링크는 사도 바울의 서신들이 오늘날의 세상에 대해 말하는 바를 설명할 수 있는 위치에 있는 성서신학자다. 서양에서 제2차 세계대전 후의 전반적인 의견 일치들이 여러 측면에서 무너지고 있는 것으로 보이며, 미국 사회 전반에서 정의를 추구하는 냉혹한 전쟁들이 벌어지고 있는 이때 정의가 실제로 무엇을 의미하는가에 관한 질문들은 실로 과거 어느 때보다 더 절실해지고 있다. 그리스도 사건에 대한 바울의 급진적인 이해가 이전에도 중요한 인물들에 의해 설명되었지만, 아직 완전히 전용되지는 않았다. 지금은 그것이 필요한 때이며, 이 책은 그 점에서 우리를 도울 수 있다.

플레밍 러틀리지(Fleming Rutledge) 『예수와 십자가 처형』(The Crucifixion)과 『복음을 부끄러워하지 아니하노니』(Not Ashamed of the Gospel) 저자

로마서는 중요한 여러 주제를 포함하는 풍요로운 문서이지만, 더글라스 하링크가 추적하는 주제인 정의는 종종 간과된다. 따라서 이 도발적인 책은 많은 독자를 놀라게 하겠지만, 독자들은 이 책이 중요함에도 소홀히 취급되어온 주제를 다루고 있음을 발견하고 이 책을 통해 우리의 정신을 자극하는 질문들을 숙고하게 될 것이다. (롬 13:1-7에 관한 부분만으로도 이 책을 구입할 가치가 있다.) 이 책은 하나님의 특별한 메시아적 정의를 이해하고, 선포하고, 그것에 참여할 필요가 있는 오늘날의 그리스도인들에게 특히 중요하다.

마이클 J. 고먼(Michael J. Gorman) 볼티모어 소재 세인트메리 대학원대학교 성경 연구와 신학 레이먼드 E. 브라운 석좌교수

로마서는 무엇에 관한 책인가? 우리는 이신칭의, 죄 용서, 개인적 구원이라는 전통적인 답들을 안다. 하링크가 이 주제들을 내던져버리지는 않지만, 그는 로마서 전체를 관통하는 정의라는 주제에 초점을 맞춘다. 나는 처음에는 로마서를 정의에 관한 논문으로 읽기를 주저하고 그런 해석을 의심했지만, 이 책을 다 읽고 난 뒤에는 그 해석의 신봉자가 되었다! 하링크는 그리스도의 부활을 모든 것의 중심에 두고서 오늘날 종종 산산이 쪼개진 것들—기독교 사상과 신학에 있어 개인과 집단, 개인과 공동체, 개인의 칭의와 사회 정의 사이의 관계—을 결합한다.

니제이 K. 굽타(Nijay K. Gupta) 노던 신학교 신약학 교수

정의에 대한 요구에서 바울 서신은 종종 무시된다. 정의의 옹호자로서 바울 사도에게 자연적으로 끌리지 않는 사람은 모두 바울의 복음을 온 세상을 교정할 하나님의 정의의 힘으로 재고하도록 도전을 받을 것이다. 하링크의 로마서 재해석은 환영할 만하고, 시의적절하며 신학교와 교회에서 접근 가능한 연구다.

칼라 스와포드 워크스(Carla Swafford Works) 웨슬리 신학교

더글라스 하링크는 독자들을 바울의 로마서 학교로 데려가 그들로 하여금 칭의가 정의와 밀접한 관계가 있음을 배우게 (그리고 다시 배우게) 하는데, 이는 복음서의 하나님이 우리 개인, 사회, 민족에 대한 (은혜로우면서도 의로운) 계획을 갖고 계시기 때문이다. 바울과 오랫동안 씨름한 결실인 이 책은 복음의 핵심, 즉 하나님이 그리스도 예수 안에서 만물을 올바르게 하심에 대한 접근하기 쉽고 교훈적이며, 교화하는 연구다.

필립 G. 지글러(Philip G. Ziegler) 애버딘 대학교

RESURRECTING JUSTICE

Reading Romans for the Life of the World

DOUGLAS HARINK

RESURRECTING JUSTICE

칭의 대신

세상을 변화시키는 진정한 힘에 관한 이야기

정의의
+
시선으로

더글라스 하링크 지음 / 노동래 옮김

로마서 읽기

새물결플러스

내 손주 잭 더글라스 클랭케(Jack Douglas Klanke)에게 헌정합니다.

목차

서문

정의는 모든 그리스도인의 관심사다. 정의라는 주제가 창세기부터 요한계시록까지 성경 전체에 스며들어 있으므로 우리는 그것을 피할 수 없다. 정의는 하나님의 관심사다. 문제는 그리스도인들이 성경에서나 현대 사회에서 무엇이 정의를 의미하는가에 관해 종종 동의하지 않는다는 것이다. 그리스도인들은 또한 자기들이 정의를 어떻게 "옹호"해야 하는가와 어떤 종류의 정의를 증진하고 진전시켜야 하는가에 관해 동의하지 않는다. 예를 들어 북아메리카의 그리스도인들 가운데서 몇몇 집단은 정의를 주로 위반과 범죄에 대한 보복과 처벌 관점에서 생각한다. 그들은 법과 질서를 강조하며, 종종 사형을 포함하여 범죄에 대한 좀 더 엄격한 처벌을 옹호한다. 다른 집단들은 정의를 주로 사회적 정의로 생각하며 인생의 사회적·경제적 영역에서의 형평과 공정으로 본다. 그들은 특히 좀 더 나은 임금과 근무 조건 및 빈부 격차의 완화를 옹호한다. 정의에 대한 이 두 가지 이해를 모두 유지하는 것이 불가능하지는 않지만, 이 집단들은 종종 서로 반목한다. 각각의 집단은 정의를 "옹호"하는 것을 아주 다르게 이해한다.

그리스도인들은 정의에 대한 이해의 토대를 놓고 정의를 명확히 하기 위해 자연스럽게 성경을 찾아볼 것이다. (이미 알고 있지 않다면) 그들은 구약성경, 특히 율법서들(출애굽기에서 신명기까지)과 예언서들에 그 주제에 관한 자료가 많음을 발견할 것이다. 정의에 관한 성경의 아이디어(들)를 잘 연구하려면 이 자료에 많은 시간을 할애해야 할 것이고, 그런 연구는 그 자료가 풍부한 측면과 뉘앙스를 지니고 있음을 발견할 것이다. 그 자료에서 정의에 관한 모든 측면—재판과 판결, 위반과 벌칙, 범죄와 처벌, 탐욕과 잔학 행위에 대한 심판, 약자와 취약 계층 보호 등—이 발견된다. 신적 정의와 인간의 정의 사이의 관계 및 정의와 자비 사이의 관계에 관해서도 많은 내용이 있다.

그리스도인들이 정의에 관한 자신의 아이디어를 형성하기 위해 신약성경을 찾아보는 경우는 좀 덜 빈번한 경향이 있다. 복음서들에서 예수는 구약성경에 나타난 정의의 몇몇 형태를 지지하기보다는 그것들에 도전하는 데 좀 더 관심이 있는 것처럼 보인다. 사실 정의에 관한 그의 가르침— 예를 들어 산상수훈(마 5-7장)에 등장하는—들은 극단적이고 비현실적이며, 우리가 모세의 율법들에서 발견하는 의도·정황·맥락에 대한 고려가 결핍된 것처럼 보인다. 그리스도인 대다수는 예수의 가르침들이 일종의 이상을 나타내며, 그 방향으로 나아가도록 노력해야 하지만 실제 일상생활과 사회에서 달성할 수 없는 뭔가를 우리 앞에 제시한다고 생각한다. 최근의 많은 복음서 연구는 정의에 관한 예수의 가르침들이 훌륭하기는 해도 비현실적인 이상이라는 해석을 논박하지만, 그런 이해는 우리 시대의 그리스도인 대다수에게 여전히 일리가 있다.

신약성경의 나머지에는 정의에 대한 논의가 별로 없는 것처럼 보인다. 아마도 야고보서는 예외일 것이다. 그런 이해는 바울 서신에는 그 주제에 관해 거의 아무런 내용이 없다고 본다.

로마서에 관한 이 책에서 나는 바울에 관한 그런 생각에 도전하려고 한다. 나는 **로마서가 정의에 관해 매우 큰 관심을 기울인다**고 주장할 것이기 때문이다. 이 서신에서 바울은 예수의 삶, 죽음, 부활, 높아지심이 정의에 관한 우리의 사고에 **큰 차이를 만들기** 때문에 우리에게 정의에 관해 많이 생각하며 정의를 다르게 생각하라고 요청한다. 따라서 로마서는 정의에 관한 핵심적인 신약성경 문서이며 우리는 그 서신에 주의를 기울일 필요가 있다. 로마서는 이 주제에 관해 자체의 주장을 제시할 뿐만 아니라 우리가 정의에 관한 구약성경의 이해를 새로운 방식으로 받아들일 것도 요구한다. 나는 이 책에서 바울과 같은 방식으로 생각하려고 하며, 독자들에게 이 가장 중요한 주제에 관해 바울 및 나와 같은 방식으로 생각하라고 초대한다. 그래서 독자들은 이 책의 여러 곳에서 내가 독자들에게 로마서에 나타난 정의의 측면들과 주제들에 관한 질문들을 숙고하도록 초대하는 글 상자들을 발견할 것이다. 나는 독자들—독자들의 집단이라면 더 좋다—에게 바울이 쓴 내용을 당신 자신의 맥락·사상·관행과 관련시키기 위해 이 질문들에 관해 생각하고 토론하라고 촉구한다. 이 질문들은 종종 실존적으로 그리고 지적으로 벅찰 것이고, 당신에게 자신의 헌신과 아이디어 및 우리 사회들과 국가들에서 우리가 당연하게 생각하는 많은 아이디어·제도·관행에 관해 깊이 숙고하도록 요청할 것이다. 로마서는 모든 것을 복음에 비춰 근본적으로 다시 생각할 것을 요구한다. 이 세상에 순응하지 않고 성부, 성자, 성령 하나님을 통해 "마음을 새롭게 함"으로써 변화되도록 말이다(롬 12:1-2). 나는 당신이 이런 식으로, 그리고 내게서 어느 정도 안내를 받아 바울이 로마서에 기록한 내용과 이 세상에서의 당신의 삶 사이를 연결하기를 바란다.

이 책은 로마서 해설(reading)로 이해되는 것이 가장 좋다. 이 책은 로마서에 수록된 모든 단어와 구절에 대한 기술적인 주석이 아니라(그런 주석이 많이 있으며, 해마다 증가하고 있다), 바울이 정의를 예수와 관련하여 생각하는 것처럼 그를 따르려고 하는 시도다. 로마서 해설은 기술적인 주석보다 좀 더 유동적이고, 좀 더 모험적이며, 해석상의 자세한 언어적·역사적 문제들을 덜 강조하고, 텍스트가 우리의 현재의 이해를 어떻게 형성하는지에 좀 더 주의를 기울인다. 해설은 (예를 들어 중요한 몇몇 기독교 교리에 관해) 학문적인 주석들보다 좀 더 느슨하게 마무리한다. 나는 모든 텍스트와 그것들이 제기할 수도 있는 모든 문제를 다루려고 하지 않고, (내가 판단하기에) 정의에 대한 우리의 이해에 가장 많이 공헌하는 텍스트들을 다루려고 한다. 나는 여러 해 동안 바울과 로마서를 연구해왔으며 바울, 로마서, 정의에 관한 많은 학술서와 주석을 통해 많이 배우고 내 의견을 형성해왔다. 독자들이 이 책에서 읽은 내용을 좀 더 깊이 알고 싶어 할 경우를 대비해서 나는 이 책의 끝에 추가로 읽을 자료를 제시했다. 바울과 로마서에 관한 학술서들에 익숙한 독자들은 이 책의 거의 모든 페이지에서 그것들의 영향을 감지할 것이다. 사실 당신이 바울 학자라면 당신은 이 책에서 당신 자신의 영향을 인지할지도 모른다! 하지만 나는 이 책의 주된 독자층―성경이 말하는 정의에 관해 복음이 알려주는 내용을 좀 더 깊이 알기를 원하는 사려 깊은 평신도 그리스도인―의 주의를 다른 곳으로 돌리지 않으려고 모든 것(심지어 많은 것)을 각주에 표시하지는 않았다.

나는 그들의 영향이 이 책 전체에 스며 있는 몇몇 학자를 인정하고자 한다. 우선 J. 루이스 마틴(J. Louis Martyn, 나는 그에 관해 복된 기억을 갖고 있다)은 "묵시적 바울"에 대한 현대적 이해의 토대를 놓은 인물이다. 비벌리 로버츠 가벤타(Beverly Roberts Gaventa)의 로마서에 관한 많은 논문과 글(곧바로 완전한 주석서로 결실을 맺을 것이다)은 나의 많은 해석을 인도했다. 존 M. G. 바클레이(John M. G. Barclay)의 비할 데 없는 책 『바울과 선물』(*Paul and the Gift*, 새물결플러스 역간)은 적절한 시기에 나왔으며, 나는 몇 년 전에 리젠트 칼리지에서 바울과 정치에 관해 그와 몇 차례 중요한 대화를 나눴다. 위에 언급한 학자들 외에도 다음과 같은 학자들이 이 책에 기록된 내 사고에 중대한 영향을 주었다. 더글라스 A. 캠벨(Douglas A. Campbell), 마이클 J. 고먼(Michael J. Gorman), 마크 킨저(Mark Kinzer), P. 트래비스 크뢰커(P. Travis Kroeker), 마크 D. 나노스(Mark D. Nanos), 존 하워드 요더(John Howard Yoder), 필립 G. 지글러(Philip G. Ziegler). 이탈리아의 철학자인 조르조 아감벤(Giorgio Agamben)도 언급하고자 한다. 이 학자들 가운데 누구도 내가 이 책에서 로마서에 관해 쓴 내용에 완전히 동의하지는 않겠지만, 나는 그들에게 많은 빚을 졌다.

이 책 전체에서 나는 대개 로마서 텍스트에 대한 나 자신의 번역들을 제공했다. 이 번역들은 때로는 매우 문자적이고(따라서 어색하기도 하다), 때로는 다른 말로 풀어 쓴 것과 좀 더 유사하다. 내가 이렇게 한 이유는—내가 1장에서 보여주는 바와 같이—현대 영어 성경의 로마서 번역에서 정의라는 주제 자체가 실종되기 때문이다. 정의뿐만 아니라 다른 주제들도 실종된다. 나는 언제나 내 번역들에 책임을 지려고 하며, 내 번역들은 어휘 사전, 그리스어 문법, 학술적 주석, 바울과 로마서에 관한 다른 책들과 논문들을 참고한다. 그럼에도 나는 독자들에게 구할 수 있는 훌륭한 현대 영어 번역본 하나(또는 둘이나 셋—NRSV, TNIV, NASB)를 가지고 내 번역과 대조하라고 촉구한다. 나는 이 책의 뒤에 내 번역 몇 가지에 대한 용어 해설을 제공한다.

감사의 글

지난 30년 동안 여러모로 내 연구와 가르침을 지원해준 킹스 대학교와 그동안 바울과 그의 서신들에 관한 내 강의를 들은 많은 학생에게 감사한다. 나는 오랫동안 학생들에게 내 원고의 일부를 읽고 피드백해 달라고 부탁했다. 특히 내 저술 초기에 조지프 존더반(Joseph Zondervan)은 통찰력 있는 논평을 통해 귀한 도움을 주었다.

모두 에드먼턴에 있는 성공회 성요한교회, 성공회 그리스도교회, 렌드럼 메노나이트 형제교회, 펠로우십 기독교 개혁교회의 초대에 감사한다. 이 교회들은 내게 다양한 환경에서 이 자료를 발표하도록 했다. 렌드럼 교회는 2016년 가을에 활기 있고, 적극적으로 참여하며, 지성적이고, 도전적인 학습자들과 10주에 걸쳐 로마서 전체에 나타난 정의에 관한 내용을 가르칠 엄청난 기회를 내게 제공했다.

특히 스티브 마틴(Steve Martin), 브레트 로스코우(Brett Roscoe), 엘든 위베(Elden Wiebe), 존 우드(John Wood), 아를레트 징크(Arlette Zinck) 등 킹스 대학교에서 일하는 내 동료들은 이 긴 여정 동안 많은 지원과 우정과 격려 및 대화를 제공했다. 내가 이 책을 쓰고 있던 대부분의 기간에 인문학부 학장이었던 아를레트는 대학교 차원에서와 개인적으로 계속 나를 격려해줬다. "캠프 저스티스"(Camp Justice, 정의 수용소라는 뜻, 관타나모 수용소)에 여러

해 동안 부당하게 투옥된 캐나다 시민 오마르 카드르(Omar Khadr)의 석방 지원과 석방 자체를 위한 그녀의 지칠 줄 모르는 노력과 그 후 카드르(와 다른 많은 사람)의 캐나다 감옥에서의 교육을 증진하기 위한 노력은 예수 그리스도 안에 있는 하나님의 정의를 공유하는 구체적이고 강력한 사례로 우뚝 서 있다.

우리가 20년 넘게 모여서 좋은 음료, 음식, 우정, 중요한 대화, 형제애를 나눴던 위스키 잭스(Whiskey Jacks) 가정에 감사한다. 그곳은 얼마나 큰 선물이었던가! 내 오랜 동료이자 친구인 로이 버켄보쉬(Roy Berkenbosch)는 로마서에 관한 내 생각들(그리고 다른 많은 생각)에 대한 지속적인 울림판이었다. 특히 정의의 문제에 관해 나는 로이가 제공한 "개선된" 반격에 의존했는데 그것들이 이 책에 반영되어 있다. 열렬한 격려가 필요할 때 나는 마이런 브래들리 페너(Myron Bradley Penner)의 의견을 구했는데, 나는 그의 생각에 공감했으며 키르케고르, 아감벤, 지젝의 작품에 관해 항상 그에게 의존할 수 있었다. 필립 지글러의 우정과 지지에 감사한다. 그의 탁월한 신학연구는 내 자신의 연구에 영향을 줬다. 나는 우리가 신학과 묵시 분야의 탐구에서 협력한 즐거움에 대해 감사한다.

결정적인 순간에 나는 엘리사 벤테루드 지니어스(Elisa Benterud Genuis)에게 (이례적으로 재능이 있는) 학부생의 눈으로 이 책의 원고 전체를 읽게 하는 복을 누렸다. 그녀는 이 일에 엄청나게 헌신하면서 광범위한 논평, 질문, 비판, 제안을 제공하여 논증, 아이디어, 스타일을 명확히 하는 데 도움을 주었다. 그녀의 작업 덕분에 이 책이 훨씬 더 나아졌다. 엘리사, 고마워요.

이 프로젝트의 시작부터 믿어 준 IVP의 전 편집인 댄 리드(Dan Reid)와 이 책을 좀 더 좋은 책으로 만들어 준 IVP 아카데믹의 안나 기싱(Anna

Gissing)과 다른 직원들에게 감사한다.

나는 여러모로 가족의 도움을 받고 있다. 내 멋진 처부모님 델 라이머(Del Reimer)와 노린 라이머(Noreen Reimer)는 40년 이상 나(와 내 가족)를 여러모로 지원하고 격려하고 사랑해주셨다. 하나님이 그분들께 복 주시기를 기원한다. 항상 우리에게 멋진 휴식과 사랑스러운 우정을 제공하는 마르시아(Marcia)와 팀(Tim)에게 감사한다. 엘리자베스(Elizabeth), 앨리슨(Allison), 팀(Tim)의 한결같은 사랑과 격려에 감사한다. 그들은 내게 큰 복이다. 나를 축복하고 모든 면에서 내게 말로 표현할 수 없는 즐거움을 주는 데비(Debby)에게 감사한다. 감사를 말로 표현할 수 없지만 그래도 고맙다는 말을 하고 싶다.

이 책을 우리의 첫 손주인 잭 더글라스 클랭케(Jack Douglas Klanke)에게 헌정한다. 아가야, 네가(그리고 바라기로는 앞으로 태어날 우리의 다른 손주들이) 예수 그리스도 안에 있는 하나님의 은혜와 정의와 평화를 깊이 알고, 이제 막 시작한 네 생애의 모든 과정에서 그것에 대한 증인이 되렴.

1장

정의의 용어들

이 장에서 다루는 내용

....

- 로마서에 등장하는 정의라는 주제가 번역에서 어떻게 실종되는가?
- 로마서에 등장하는 다른 용어와 번역 문제
- 두 용어 정의하기: 묵시(apocalyptic)와 메시아 추종자(메시아적, messianic)

그리스도인들이 정의에 관해 성경적으로 생각하기 원할 때 그들은 대개 바울 서신을 찾아보지 않는다. 그들은 흔히 모세의 율법과 성경의 예언자 그리고 아마도 예수가 사역을 시작하실 때 나사렛의 회당에서 행하신 정의 설교(눅 4:16-21)에서 자신의 사명을 율법과 예언서 모두와 연결하시는 장면 같은 성경의 다른 곳을 찾아본다. 성경의 정의 문제를 다룬 최고의 저자들 가운데 몇 사람에게도 바울을 무시하는 습관이 있다. 예를 들어 로널드 사이더(Ronald Sider)의 최근 저서『공정한 정치: 그리스도인의 참여를 위한 가이드』(*Just Politics: A Guide for Christian Engagement*)는 정의에 관한 성경의 가르침을 요약하는 한 장을 포함한다. 사이더는 모세의 책, 시편, 예언서들에 등장하는 정의에 관한 중요한 두 히브리어 단어인 **미쉬파트**(*mishpat*)와 **체다카**(*tsedaqah*)의 의미를 설명한다.[1] 그러나 그 저서에서 바울 서신의 어떤 텍스트도 언급되지 않는다.

게다가 우리가 바울에 관한 학술서적들이나 로마서 주석들의 목차와 주제 색인을 찾아봐도 "정의"에 관한 항목은 좀처럼 등장하지 않는다.[2] 이런 발견은 바울과 로마서가 이 주제에 거의 또는 전혀 이바지하지 않는다는 인상을 확인하는 것처럼 보인다. 바울 연구에서 정의의 부재와 그리스

---

1   Ronald J. Sider, *Just Politics: A Guide for Christian Engagement* (Grand Rapids, MI: Brazos, 2012), 77-99. Christopher D. Marshall, *Beyond Retribution: A New Testament Vision for Justice, Crime, and Punishment* (Grand Rapids, MI: Eerdmans, 2001), 35-69은 중요한 예외다.

2   최근에 그 상황이 변하고 있다. 바울의 저작들에 나타난 정의의 주제에 대한 중요한 기여는 다음 문헌들을 포함한다. Neil Elliott, *The Arrogance of Nations: Reading Romans in the Shadow of Empire* (Minneapolis: Fortress, 2008); Michael J. Gorman, *Becoming the Gospel: Paul, Participation and Mission* (Grand Rapids, MI: Eerdmans, 2015); Theodore W. Jennings Jr., *Outlaw Justice: The Messianic Politics of Paul* (Stanford, CA: Stanford University Press, 2013); Gordon Zerbe, *Citizenship: Paul on Peace and Politics* (Winnipeg: CMU Press, 2012).

도인의 정의에 관한 사고에서 바울의 부재를 설명하는 것이 이 서론의 한 가지 과제다. 바울의 기본적인 어휘 몇 개를 다시 배워 바울의 메시지에 대한 우리의 인식을 바꾸고 정의라는 중요한 주제가 다시 떠오르게 하는 것이 또 다른 과제다. 이 책의 나머지에서 나는 바울이 로마의 메시아 추종자들에게 보낸 편지를 정의의 메시지로 설명하고 그 메시지를 통해 정의에 대한 우리의 개념들이 얼마나 급진적으로 영향을 받을 수 있는지 보여줄 것이다.

번역에서 실종되다

정의는 로마서에서 핵심적이고 편만한 주제다. 그런데 우리가 그것을 알기가 왜 그리 어려운가? 영어를 사용하는 독자들에게 가장 중요한 요인은 영어 번역들이다. 우리가 로마서(그리고 바울의 다른 서신들)를 처음부터 끝까지 읽을 때 우리는 **의로운**(올바른, righteous)과 **의**(올바름, righteousness)라는 단어들을 자주 만난다. 그러나 현대 독자들에게 이 단어들은 거의 배타적으로 개인적·도덕적·종교적인 의미를 띠게 되었으며, 종종 긍정적이지 않은 의미를 지니게 되었다. **독선적**(self-righteous)이라는 단어는 우리의 일상 언어에서 가장 흔히 쓰이는 말 중 하나인데, 이는 지나치게 종교적이고 경건하며 도덕주의적이거나 판단하는 사람을 묘사한다. 그 단어는 부정적인 의미를 지닌다. 그러나 우리가 **의로운**(righteous)이나 **의**(righteousness)라는 단어가 바울 서신에 자주 사용되며 매우 중요한 비중을 차지한다는 것을 발견하면 그리스도인들이 적어도 그 단어들을 피할 수 없는 것처럼 보인다. 그 단어들이 바울의 기본적인 어휘의 일부라면, 그 단어들은 오해될 위험이 있지만 우리의 기본적인 어휘의 일부이기도 해야 한다. 결국 바울은 의에 관심이 있는 것처럼 보인다.

> **의**(righteousness)는 당신에게 무엇을 의미하는가? 당신은 이 단어를 일상 생활에서 많이 사용하는가? 많이 사용하지 않는다면 그 이유는 무엇인가? **정의**(justice)라는 단어가 당신에게 무엇을 의미하는가? 당신은 그 단어를 사용하는 것이 좀 더 편안한가? 그렇다면 그 이유는 무엇인가?

바울 서신이 일찍이 라틴어로 번역될 때 우리가 영어에서 **의로운**(righteous)과 **의**(righteousness)로 읽는 단어들은 **유스투스**(*iustus*)와 **유스티티아**(*iustitia*)로 옮겨졌다. 우리가 지금 로마서 1:17에서 "하나님의 의"로 읽는 부분을 라틴어에서는 **유스티티아 데이**(*iustitia Dei*), 즉 "하나님의 정의"로 읽는다. 이 어구는 라틴어에 뿌리를 둔 언어들로의 번역에서도 나타난다. 예를 들자면 "la justice de Dieu"(프랑스어), "la justicia de Dios"(스페인어), "la giustizia di Dio"(이탈리아어) 등이 있다. 이 어구들 각각은 그리스어의 **디카이오쉬네 테우**(*dikaiosynē theou*)라는 어구의 번역이다. **디카이오쉬네**(*dikaiosynē*)라는 단어는 **디크-**(*dik-*)로 시작하는 일련의 그리스어 단어들 가운데 하나다. 그 단어들은 모두 개인적인 올곧음뿐만 아니라 사회적·정치적 질서 안에서 정당한 것이라는 의미를 포함한다. 예컨대 **디카이오스**(*dikaios*)는 "공정한"(just)을 의미하고, **디카이오오**(*dikaioō*)는 "정당화하다"(to justify) 또는 "공정하게 만들다"(to make just)를 의미하며, **디카이오쉬네**(*dikaiosynē*)는 "정의"를 의미한다. 고대 그리스어에서는 "정당한"과 "정의"와 대조되는, 개인적이고 도덕적이며 종교적인 의미에서 "의로운"이나

"의"를 의미하는 별도의 단어들이 없었다. 일반적인 그리스어 용례에서 **디크-**(*dik-*)를 포함하는 단어들은 개인적인 의미**와** 법적·사회적·정치적 의미를 둘 다 포함했다. 이 단어들이 때로는 우리가 의(rightousness)와 의인(righteous person)을 통해 의미하는 바를 가리킬 수도 있다. 그러나 그 단어들은 또한 공정한 통치자, 형사 사례에서의 정의, 권력과 재화의 공정한 분배, 집단들과 사람들 사이의 공정한 관계, 정의를 구현하기 등을 나타낼 수도 있다.

바울의 로마서에서 그리스어 단어 **디카이오쉬네**(*dikaiosynē*)가 서른세 번 나오고 **디크-**(*dik-*) 어간을 지닌 다른 단어들이 서른 번 이상 나온다. 이는 바울의 다른 서신들에 나오는 횟수보다 많고, 신약성경의 다른 책들에 나오는 횟수보다 훨씬 많은 수치다. 로마에 있던 초기 신자들이 바울의 편지에 수록된 이 단어들이 읽히는 것을 들었을 때 그들은 그 단어들은 사회적·정치적 정의라는 의미와 분리된 "의" 또는 "의로운"만을 의미하는 것으로 이해하지 않았을 것이다. 그리스어 단어 **디카이오쉬네**(*dikaiosynē*)에서 그들은 라틴어 단어 **유스티티아**(*iustitia*)를 들었을 것이다. 정의는 로마서에서 핵심적이고 편만한 주제다. 로마서에 하나님의 정의, 공정한 통치자, 공정한 사람, 인간관계와 사회와 세상에 있어서 정의의 길 등이 등장한다. 그러므로 로마서를 정의에 관한 논문이라고 불러도 무방할 것이다.

그러나 바울의 정의 언어는 그리스와 로마의 의미들에만 의존하는 것이 아니라 이전에 히브리 구약성경을 그리스어로 번역한 70인역(약칭은 로마숫자 LXX)에도 의존하는데, 바울과 다른 신약성경 저자들은 이 번역을 가장 자주 사용했다. 그들에게는 그리스어 70인역이 성경이었다. 70인역에서 우리는 **디크-**(*dik-*) 어간 단어들—정의와 관련된 단어들—을 여러 번

발견하는데, 그것들은 히브리어 단어 **미슈파트**(*mišpāt*)와 **체다카**(*ṣedāqâ*)를 번역한 단어들이다. 70인역에서 우리에게 낯익은 세 가지 예를 들어보자.

> 하나님이여, 주의 판단력을 왕에게 주시고 주의 공의(*dikaiosynē*, 정의)를 왕의 아들에게 주소서. 그가 주의 민족을 공의(*dikaiosynē*, 정의)로 재판하며 주의 가난한 자를 정의로 재판하리니(시 72:1-2).

> 여호와께서 그의 구원을 알게 하시며 그의 공의(*dikaiosynē*, 정의)를 뭇 나라의 목전에서 명백히 나타내셨도다(시 98:2).

> 오직 정의를 물 같이, 공의(*dikaiosynē*, 정의)를 마르지 않는 강 같이 흐르게 할 지어다(암 5:24).

하나님이 정의의 원천이시다. 그분이 통치자에게 정의를 주시고, 자신의 백성에게 정의를 요구하시며, 나라들 앞에서 자신의 정의를 나타내신다. 그리고 하나님의 구원이 그분의 정의다. 이 점은 구약성경 전체에 편만한 주제다.[3] 그것은 바로 바울이 로마서에서 선포하는 내용이기도 하다. 바울 에게는 하나님의 구원과 정의가 좋은 소식, 즉 예수의 좋은 소식의 의미다.

 (우리가 이미 주목한 바와 같이) 예수는 이스라엘 민족의 해방과 회복을 선

---

3 구약성경에 나타난 정의의 의미에 관해 좀 더 자세한 내용은 다음 문헌들을 보라. Sider, *Just Politics*, 77-99; Bruce C. Birch, "Justice," in *Dictionary of Scripture and Ethics*, ed. Joel B. Green (Grand Rapids, MI: Baker Academic, 2011), 433-37; Christopher J. H. Wright, *Old Testament Ethics for the People of God* (Downers Grove, IL: IVP Academic, 2004), 253-80. 『현대를 위한 구약윤리』, IVP 역간.

포하는 텍스트인 이사야 61:1-2로부터 하나님의 통치에 관한 자신의 최초이자 유명한 정의 설교를 하셨다. 예수는 억압적인 외세인 로마에 사회적·경제적·정치적으로 예속된 민족에게 이 좋은 소식을 선언하셨다. 그들이 예수의 희망의 설교를 들었을 때 "모두 예수에 대해 좋게 말한"것도 놀랄 일이 아니다(눅 4:22, 개역개정을 사용하지 아니함). 그러나 갇힌 자, 가난한 자, 압제당하는 자를 위한 좋은 소식에 관한 그분의 공개적인 설교 이전에 이미 예수의 탄생이 유데아 지방의 패배자들 사이에 정치적 해방과 정의에 대한 희망을 일으켰는데, 이 희망은 마리아의 노래(눅 1:46-55)와 사가랴의 노래(눅 1:67-79)에서 대담하게 표현되었다. 다른 정치적 측면에서는 예수의 탄생이 권력자들—헤롯왕과 "그와 함께하는 온 예루살렘"(마 2:3, 개역개정을 사용하지 아니함)—가운데 큰 근심을 일으켰다. 예수는 사역의 시작부터 끝까지 다양한 권력자에게 감시받으셨고 궁극적으로는 예루살렘에 있는 유데아 당국의 승인 아래 로마인 점령자들에게 공개적으로 처형당하셨다. 복음서들은 (로마와 유데아의) 정치 권력들이 메시아이시며 다윗의 후손이신 예수가 자기들의 권력의 토대를 위협하고 예수 추종자들 사이에 혁명적인 희망—정의에 대한 희망—을 강화한 정치적 목표를 추구하고 있다고 믿었음을 명백히 밝힌다.

정치 권력들과 예수 추종자들은 예수에 관해 틀리지 않았다. 하지만 그들은 모두 예수가 자신의 혁명적인 목적을 이루시기 위해 일반적인 **수단**—강제, 폭력, 군사적 폭동—을 사용하기를 일관성 있게 거부하셨다는 점을 이해하지 못했다. 예수는 이런 수단들을 처음에는 광야에서의 유혹들에서 거절하셨고(그런 수단들은 마귀에 의해 제안되었다), 마지막으로는 공개적인 처형에 기꺼이 복종하신 데서 거절하셨다. 이런 의미에서 예수의 혁명은 근본적으로 달랐다. 그는 정치를 거부하지 않으셨다. 대신에 그는 로마인들의 통치 방식과 자신의 유데아 동포들이 메시아가 올 때 바랐던 통치에 대한 **정치적 대안**을 제안하셨다. 그는 자신의 동료 유데아인들에게 그들이 바라는 그 땅에서의 이스라엘의 해방과 회복이라는 정의를 달성하기 위해 노력하는 한편 게릴라 전쟁과 군사적 해법을 거절하라고 요구하셨다. 그 대신 그는 그들에게 **하나님을 신뢰하고** 하나님의 시간과 구원의 방식을 기다리라고 요구하셨다. 예수는 자기의 동포에게 그들의 동족**과** 원수인 압제자들 **모두**를 사랑하고 용서하라고 요구하셨다. 그는 이스라엘에게 점령과 압제하에서도 **참된 정의의 정치적 공동체**, 하나님과 하나님의 메시아이신 그들의 공정한 왕에 의해 선택되고, 통치되고, 유지되는 민족이 되라고 요구하셨다. 사실 그는 이스라엘이 그들의 영토나 안전이나 운명을 통제하지 않으면서도 이 정의의 공동체가 될 수 있다고 주장하셨다. 예수에 따르면 이스라엘 민족이 하나님을 신뢰하고, 원수를 용서하고, 폭력을 거절하는 것은 이미 하나님의 해방과 회복, 하나님의 정의와 구원의 실재, 즉 하나님 나라를 공유하는 것이었다.[4]

현대 서구 사회에 사는 우리는 "종교"를 정치에서 분리하고 "영성"을 정의에서 분리하도록 유혹받는다. 구약성경과 복음서들 모두 그런 분리는 성경적 사고방식의 일부가 아님을 보여준다. 따라서 율법과 시편과 예언서와 메시아 예수의 복음에 철저하게 젖어 있었으며, 이스라엘의 하나님과

---

4 내가 이곳에서 요약한 예수에 관한 관점은 고전적인 저작인 André Trocmé, *Jesus and the Nonviolent Revolution*(Maryknoll, NY: Orbis, 2004)에서 개진되었다. 이 문제들에 관한 다른 고전적인 저작에는 다음 문헌들이 포함된다. John Howard Yoder, *The Original Revolution: Essays on Christian Pacifism*(Scottdale, PA: Herald, 1977)과 *The Politics of Jesus: Vicut Agnus Noster*, 2nd ed. (Grand Rapids, MI: Eerdmans, 1994).

자신의 대의에 헌신했던 바울이 이제 이스라엘의 하나님과 하나님의 메시아가 개인들의 영적인 상태와 도덕적인 삶에만 직접 관심을 보이신다고 주장한다면 그것은 놀랍고 이상한 처사일 것이다. 우리는 곧 로마서의 처음 몇 문장부터 마지막 문장까지 바울이 하나님의 좋은 소식과 정치적·사회적·경제적·개인적인 **삶의 모든 영역**과 관련이 있는 정의를 선언하는 것을 보게 될 것이다.

다른 어휘들

종교를 정치, 경제, 정의로부터 분리하는 것은 바울 시대의 유데아인들 사이의 사고방식이 아니었다. 그것은 그리스인들과 로마인들의 사고방식도 아니었다. 그들에게는 가정, 사업, 농사, 장사, 여행, 전쟁에서의 성공이라는 일반적인 사안들뿐만 아니라 제국과 정치 권력, 도시들을 잘 다스림, 법적·사회적·경제적 영역에서의 정의의 구현이라는 모든 사안이 우리가 종교라고 생각하는 것과 서로 복잡하게 얽혀 있었다.[5] 그리스인들과 로마인들은 크고 작은 일들에서 제물, 제사, 제의, 축제를 통해 신들에게 경의를 표했다. 그들은 규칙적으로 예언자, 샤먼, 점성술사, 점쟁이와 상담했다. 그들은 악령을 쫓아내고, 징조를 읽고, 주문을 걸고, 마술을 시행했다. (사제들과 예언자들을 통해 분간된) 신적 징후가 자기에게 유리하지 않으면 어떤 장군도 전쟁에 나가려고 하지 않았다. 도시의 안전과 황제의 승리를 확보해 주

---

5 바울 시대에 로마 시민이나 군인은 현대 미국의 몇몇 자동차에 붙여진 범퍼 스티커의 다음과 같은 문구의 정서를 이해하고 그것에 공감할 것이다: "하나님과 총과 용기가 미국을 자유롭게 해준다."

는 신들에게 바쳐진 신전들이 세워졌다. 실제로, 아우구스투스 같은 몇몇 위대한 황제조차 신들 또는 신의 아들로 여겨졌으며 그들을 위해 세워진 신전들에서 경배되었다. 삶—특히 **정치적** 삶—과 "종교"는 하나였다. 따라서 **디카이오쉬네**(*dikaiosynē*)처럼 우리가 종종 특수한 영적 의미를 지닌 것으로 생각하는 신약성경의 많은 단어가 그리스와 로마의 정치적 삶에 사용되는 어휘의 일부였다. 몇몇 예와 그 어휘들의 의미를 살펴보자.[6]

- "주"(그리스어 *kyrios*): 통치자, 황제, 주인
- "하나님의 아들"(그리스어 *huios theou*): 신적인 승인이나 지위를 지닌 통치자 또는 황제
- "좋은 소식", "복음"(그리스어 *euangelion*): 군사적 승리, 왕족의 탄생, 즉위, 시혜의 공개적인 선포
- "도래"(그리스어 *parousia*): 통치자/황제, 군사 지휘자, 다른 중요한 관리의 상서로운 도착 또는 방문; 또는 어떤 신의 현존 또는 현시
- "구원자"(그리스어 *sotēr*): 군사적 또는 정치적 해방자, 승리자, 보호자로 여겨진 황제/통치자; "구원"(그리스어 *sotēria*): 황제의 통치 또는 군사적 승리에서 비롯된 유익한 결과(예컨대 평화, 안전, 풍요)
- 신앙(그리스어 *pistis*): 신민이 그들의 군주와 통치자에게 부담하거나 시민들이 그들의 도시나 로마에 부담하는 충성, 충실, 성실
- 자유(그리스어 *eleutheria*): 시민들의 정치적 또는 민족적 자치

---

6 아래의 목록은 Michael Gorman, *Apostle of the Crucified Lord: A Theological Introduction to Paul and His Letters*, second ed. (Grand Rapids, MI: Eerdmans, 2017), 131-32에서 따온 것이다. 『신학적 방법을 적용한 새로운 바울연구개론』, 대한기독교서회 역간.

- "교회"(그리스어 *ekklēsia*): 한 도시의 시민들의 집회; 한 클럽의 사업상의 만남

이 목록에 "은혜", "평화", "자비", "축복" 등을 의미하는 그리스어 단어들이 추가될 수 있다. 바울은 "종교적인" 새 단어들을 만들거나 그 단어들에 대한 특별한 종교적인 의미를 만들지 않고 일상의 언어, 종종 주변 문화의 정치적 담론과 선전에서 사용되던 단어들을 사용한다.[7] 바울이 이런 일반적인 단어들을 사용하여 복음을 선포했을 때 그 단어들의 의미가 변화되었지만, 그것은 세속적 또는 정치적 의미에서 종교적 또는 영적 의미로의 변화가 아니었다. 대신에 바울은 이런 흔한 단어들을 메시아 예수 이야기의 궤적 안으로 들여와 그 이야기를 통해 그것들을 정의한다. 일반적인 세속적·정치적 의미들이 바울에 의해 선택되고, 취해지고, 사용되어 신들(하나님)·왕들(메시아)·나라들·정치 권력·충성·시민권에 관한 완전히 새로운 이야기를 선포한다.

우리가 앞으로 살펴보겠지만, **디카이오쉬네**(*dikaiosynē*, 정의)라는 단어에 대해서도 그 일이 일어난다. 그렇다고 해서 바울이 단순히 복음의 의미를 그리스와 로마의 환경에서 접할 수 있었던 정의 개념 안에 억지로 집어넣었다는 뜻은 아니다. 오히려 바울은 그리스어의 정의와 관련된 단어들을 취해서 복음의 의미로 채우고 뜻을 밝혀 그 단어들이 원래의 맥락에서

---

7 Neil Elliott and Mark Reasoner, *Documents and Images for the Study of Paul*, ed. Neil Elliott and Mark Reasoner (Minneapolis: Fortress, 2011), 119-73에 수록된 "아우구스투스의 복음"이라는 제목의 장에서 우리는 그리스와 로마의 정치 문서들과 선전에서 이런 단어들이 얼마나 많이 사용되었는지를 볼 수 있다.

지닐 수 있었던 수준보다 훨씬 더 철저하고 종합적인 정의를 나타내게 한다. 이 점이 더 중요한데, 바울에게는 새로운 복음의 의미가 그것을 통해 다른 의미들이 평가되어야 하는 **참된 표준**이 된다. **정의는 복음의 정의와 일치하고 그것과 비슷하게 보일 때에만 참된 정의다. 주, 하나님의 아들, 구원자, 은혜, 평화** 등도 마찬가지다. 바울에게는 이런 단어들이 "복음화"될 때, 즉 그 단어들이 사용되어 메시아 예수 안에 있는 하나님의 정의의 소식을 선포할 때 의미의 새로운 충만함과 규범성을 지닌다.

영민한 독자들은 내가 이 책에서 일반적이지 않은 몇몇 어휘를 사용하고 있음을 이미 알아차렸을 것이다. 나는 방금(그리고 앞서) "메시아 예수" 또는 "예수 메시아"라는 어구들을 사용했다. 몇몇 독자는 그리스어 **크리스토스**(*christos*)가 유대의 **메시아**(*messiah*)를 가리킨다는 사실을 알 것이다. **메시아**는 ("그리스도"가 예수 그리스도의 두 번째 이름인 것처럼) 두 번째 이름이 아니다. 메시아는 **직함**이다. 그리고 그것은 종교적 직함이 아니라 정치적으로든 제사장으로서든 기름 부음을 받은 사람을 가리킨다. 좀 더 정확하게 말하자면 그것은 **신정적**(*theo-political*) 직함이다. 성경 시대에 유대인들에게는 하나님(그리스어 *theos*)과 정치가 분리된 영역에 속하지 않고 같은 영역에 속했기 때문이다.

> "예수 메시아"라는 어구를 사용하면 "예수 그리스도"라는 어구가 상기시키지 않는 의미와 연결을 상기시키는가? 그럴 경우 그런 의미와 연결 관계에는 어떤 것들이 포함되는가?

예수 시대에 바울을 포함한 많은 유데아인이 하나님에 의해 선택되고 기름 부음을 받은 통치자―메시아―가 이스라엘에 갑자기 그리고 극적으로 도래하기를 고대했다. 메시아는 그를 통해 하나님 자신이 이스라엘을 통치하실 하나님의 권위와 명령을 지니고 예루살렘에 나타나리라고 생각되었다. 이런 희망들은 구약성경의 예언서들에 뿌리를 두고 있었다. **메시아**라는 단어는 신적 의미로 가득 찼다. 기름 부음을 받은 하나님의 대리인으로서 메시아는 (신적으로 능력을 부여받은 군사력을 통해) 이스라엘 민족과 땅을 로마의 점령과 압제로부터 해방하고, 그 땅에 사회적·경제적 정의를 확립하며, 이스라엘을 세상 나라들 가운데(또는 그 위에) 올바른 위치로 회복하고, 예루살렘에서 지구상의 나라들을 정의로 다스릴 터였다. 우리가 마태복음 4장과 누가복음 4장에 기록된 예수의 시험을 주의 깊게 읽으면, 마귀가 바로 메시아 직함의 그 비전, 즉 참으로 예수를 유혹했지만―이는 예수가 참으로 자기 민족을 사랑하셨고 그들과 근본적인 유대를 유지하셨기 때문이다―예수가 궁극적으로 저항하신 비전이 드러난다. 그 대신 예수는 하나님이 자기에게 이스라엘의 미래뿐만 아니라 메시아로서 자신의 사명의 형태와 경로를 보여주실 것을 신뢰하셨다. 이스라엘의 메시아로서 예수의 경로는 궁극적으로 예루살렘에서의 영광스러운 보좌가 아니라 성문 밖에서의 고통스러운 공개 처형으로 이어졌다. 그것으로 예수의 메시아 직분이 끝난 것으로 보였다.

하지만 초기 메시아 신자들은 예수의 부활을 통해 나사렛의 예수가 참으로 이스라엘이 고대했던 메시아이셨음을 확신하게 되었다. 그는 예수 메시아, 하나님이 선택하시고 기름을 부으시고 능력을 부여하신 왕적 통치자셨다. 그분 안에서 하나님이 이스라엘에 대한 자신의 권리를 재확인하시고, 이스라엘에게 그들의 미래에 대해 하나님 자신을 새롭게 신뢰하라고 요구하셨다. 초기 신자들과 바울을 포함한 신약성경 저자들은 예수의 이름을 "메시아"라는 직함과 결합함으로써 예수가 이제 메시아 직함의 의미를 **정의하신다**고 선언했다. 메시아는 여전히 **신학적·제왕적·정치적 직함**이지만, 예수의 인격과 그의 행하심 및 가르치심과 그의 생애와 죽음 안에서 신적 능력과 인간의 정치적 권위의 진정한 성격이 드러난다. 로마서 이해에 있어 이 점이 매우 중요하다. 로마서를 읽을 때 우리는 그리스어 단어 **크리스토스**("그리스도")가 원래 유데아의 "메시아"를 의미했음을 이해해야 한다.

독자들은 또한 내가 자주 **"유대인"**(Jew)이나 **"유대교의"**(Jewish)라는 단어 대신 **"유데아의"**(Judean)라는 단어를 사용했음을 알아차렸을지도 모른다. 그 이유는 **메시아**를 사용하는 이유와 비슷하다. 우리는 "유대인"이 종교적 집단을 가리키고 "유대교"는 그들의 종교 형태를 나타낸다고 생각하는 습관이 있다. 물론 유데아인들의 삶의 많은 측면이 정결, 십일조, 예배, 제사—우리가 종교적이라고 여길 만한 사안들—를 통해 규율된다. 그러나 모세의 율법이 "종교"에 관한 법전으로 축소될 수는 없다. 그 법은 이스라엘에게 약속된 **땅에서** 이스라엘의 삶의 전 영역에 걸친 사회적·경제적·정치적 질서—정의—의 문제들을 규율하기 위해 시내산에서 하나님에 의해 주어진 일종의 조약 또는 헌법이었다. 1세기의 대다수 유데아인(그 땅에서 살았던 사람들뿐만 아니라)은 여전히 그 땅(**유다이아**[*Ioudaia*, 유대]로 알려졌다)과 그 땅의 민족이라는 사실(또는 그 땅으로의 귀환), 자신의 헌법—모세의 율법—이 다시 그 땅의 법이 되게 할 권리에 깊은 애착을 느꼈다. 그들은 자체의 법을 지녔고 종종 억압적인 외세에 점령되고 통치되는 땅에서 단순히 개인들로서 그들의 "종교"를 실천하는 데 만족하지 않았다. 유데아인들은 로마인들이나 오늘날의 캐나다인, 미국인, 중국인들처럼 자기들을 민족들 가운데 한 **민족**, 나라들 가운데 한 나라로 알았고, 언젠가―곧―**그들의 땅에 대한 통제를 되찾음**으로써 세상에서 자기들의 올바른 위치를 되찾기를 희망했다. 예수와 바울 모두 땅에 대한 이 희망을 그들의 동료 유데아인들과 공유했다. 비록 그들은 그 희망이 장차 정치적으로 어떻게 실현될지에 관해 그들의 동족과 다르게 생각했지만 말이다. 바울은 그리스어 단어 **유다이오스**(*Ioudaios*)를 자주 사용하는데, 그가 그 단어를 사용할 때 나는 그 단어를 대개 (**유대인**이 아니라) **유데아인**이라고 번역한다. 이는 유데아인과 그 땅 및 **유다이아**(*Ioudaia*), 즉 이스라엘의 헌법(법) 사이의 밀접한 관련을 명시하기 위함이다.

또 다른 이유로 유데아인에 관해 우리가 한 가지 더 언급할 필요가 있다. 그 단어가 한 민족과 그들의 땅에 우리의 관심을 끌듯이, 그것은 유데아가 다른 민족들과 그들의 땅들로 둘러싸였다는 현실에 우리의 관심을 끈다. 사실 바울 시대에 많은 유데아인이 유데아 땅에 살지 않고 다른 땅의 마을들과 도시들에서 다른 민족들 가운데 살았다. 이 디아스포라("흩어진"을 의미한다) 유데아인들은 바빌로니아, 페르시아, 시리아, 이집트, 소아시아, 그리스, 이탈리아 같은 곳들의 주요 도시들에서 살았다. 로마에 상당히 많은 유데아인들이 있었다. 그리스어에서 "민족들" 또는 "나라들"은 **에트네**(*ethnē*, 복수, 단수는 **에트노스**[*ethnos*]다. 우리는 "**민족의**"[ethnic]라는 단어가 이 단어에서 유래했음을 쉽게 알 수 있다)다. 하지만 신약성경의 최근 영어 번역 대다수에서(따라서 로마서에서도) **에트네**라는 단어는 대개 "민족들" 또는 "나라들"이 아니라 "이방인들"로 번역된다. 그러나 이 번역에는 몇 가지 문제가 있다.

첫째, **유대인들, 이방인들**이라는 단어는 우리를 거의 개인주의적인 관점에서만 생각하게 한다. 따라서 예컨대 바울이 로마서 1:5에서 자기가 예수 메시아를 통해 "은혜와 사도의 직분을 받아 그의 이름을 위하여 모든 이방인[그리스어 *ethnēsin*] 중에서 믿어 순종하게 하나니"라고 말할 때, 바울이 그들의 지리적 위치와 그들의 민족적·사회적·정치적 소속을 고려하지 않고 유대인이 아닌 모든 개인에게 전도하는 것을 염두에 두고 있다고 생각할 가능성이 있다. 그러나 이것은 바울이 일반적으로 생각하는 방식이 아니다. 교회들에 대한 바울의 서신들 각각의 서두의 인사말에서 우리는 그가 편지를 쓰고 있는 민족 집단의 **지역적·민족적·정치적** 정의에 대한 명확한 개념을 지니고 있음을 명백히 알 수 있다. 그는 고린도라는 도시(와 "아가야 지역 전체", 고후 1:1), 갈라디아(민족적 또는 지역적 명칭), 빌립보와 골로새와 데살로니가라는 도시들에 있는 메시아 추종자들의 집회들에 편지를 쓴다. 특정한 장소에 있는 메시아 추종자들의 집회는 어떤 의미에서 그 장소 전체를 **대표한다.** 비록 소수이지만 그들은 (하나님 앞에서) 자기들이 소속되어 있는 도시나 지역 또는 민족을 대표한다. 우리는 이 의미의 대표 관계를 특히 바울이 로마서 15:18-26에서 제공하는 그의 선교 묘사에서 볼 수 있다.

> 그리스도[메시아]께서 이방인들(*ethnē*, 나라들)을 순종하게 하기 위하여 나를 통하여 역사하신 것 외에는 내가 감히 말하지 아니하노라.… 그리하여 내가 예루살렘으로부터 두루 행하여 일루리곤까지 그리스도[메시아]의 복음을 **편만하게 전하였노라.** 또 내가 **그리스도[메시아]의 이름을 부르는 곳**에는 복음을 전하지 **않기**를 힘썼노니 이는 남의 터 위에 건축하지 아니하려 함이라. 기록된 바
> "주의 소식을 받지 못한 자들이 볼 것이요

듣지 못한 자들이 깨달으리라" 함과 같으니라.

그러므로 또한 내가 너희에게 가려 하던 것이 여러 번 막혔더니 이제는 **이 지방에 일할 곳이 없고** …서바나로 갈 때에 너희에게 가기를 바라고 있었으니… 그러나 이제는 내가 성도를 섬기는 일로 예루살렘에 가노니 이는 **마게도냐와 아가야 사람들이** 예루살렘 성도 중 가난한 자들을 위하여 기쁘게 얼마를 연보하였음이라.

우리가 **에트네**를 개별적인 비유대인들, 즉 단순히 개인주의적인 의미에서 "이방인들"로 생각하면 이 중요한 텍스트를 이해할 수 없다. 이런 관점에서 본다면 바울이 "예루살렘부터 일루리곤(지중해 지역의 동북부 전체)까지" 복음을 "편만하게 전했다"라는 말이 무엇을 의미할 수 있겠는가? 그는 확실히 이 지역 전체의 모든 개인이 자신으로부터 복음을 들었다고 자랑할 수 없다. 평생을 바쳐도 그렇게 할 수 없을 것이다. 그는 사실 (사도행전의 기사들이 증언하듯이) 고의로 중요한 한 도시에서 다른 도시로 이동하면서 그 도시들의 회당이나 광장 또는 시장에서 설교하면서 그들에게 **메시아 예수의 주권(이름)**을 선포했다. 그 도시들에서 예수를 믿는 소수의 신자 집단만 형성되었다. 그럼에도 바울은 이 사실만을 토대로 대담하게 "이 지방에 일할 곳이 없"으며, 대신 로마에서 잠시 머문 뒤 스페인에 갈 계획이라고 말한다. 그러나 그 일을 하기 전에 그는 마게도냐와 아가야에서 모은 자원을 예루살렘으로 가져갈 것이다.

바울의 이 압도적인 선언은 무슨 의미인가? 이 텍스트로부터 바울이 여기서 **에트네**의 관점에서 생각할 때, 그가 개별적인 이방인들의 관점에서 생각하는 것이 아니라 특정한 주요 도시나 지리적 또는 정치적 지역을 통해 대표된 민족이나 나라 전체의 관점에서 생각한다는 점이 명백하다. 그는 이처럼 대표적이고 지역적인 의미에서 예루살렘부터 소아시아 전역과 일루리곤 주변까지 다양한 **민족** 또는 **나라**에 메시아 예수의 주권을 선포했다.

내가 이 대목에서 **나라들**이라는 단어를 사용할 때 우리가 오늘날 아는 국가로 생각할 것이 아니라 "자신의 지역에서 자신의 통치자, 언어, 관습, 법을 보유하고 있는 민족들"로 생각할 필요가 있다. 현대의 국가는 잘 정의된 국경으로 특징지어지는 지리적 영토에 대한 주권을 행사하는, 비교적 안정적인 정치적 실체로 이해된다. 고대 때의 정치적 실재는 좀 더 유동적이었다. 통치자들은 국경이 명확하게 정의되지 않은 지역들에 대한 주권을 주장했다. 나는 그리스어 단어 **에트노스**(*ethnos*)를 번역할 때 **나라**와 **민족**을 서로 교환할 수 있는 의미로 사용할 것이다. 나는 두 단어를 통해 "자신의 통치자, 언어, 관습, 법을 소유하고 자신의 지역에 있는 민족"을 의미한다.

바울이 이런 관점에서 생각할 만한 이유가 있다. 바울이 그의 서신들에서—확실히 로마서에서—가장 자주 인용하거나 인유하는(alludes) 구약성경 텍스트는 신명기와 시편 그리고 (특히) 이사야서다. **에트네**에 대한 바울의 많은 언급(예컨대 롬 15:9-12에서)은 70인역에서 취한 것이다. 구약성경의 맥락에서 **에트네**의 이런 용례들 가운데 어느 것도 개인적인 의미의 이방인을 가리키지 않는다. 그것들은 이스라엘이 아닌 민족들이나 나라들을 가리키며, 영어 성경들에서 (히브리어로부터) 거의 언제나 그런 식으로 번역된다. 구약성경은 나라들 가운데 이스라엘의 위치에 관해 참으로 깊은 관심을 보인다. 하지만 구약성경은 나라들 자체, 나라들의 신들, 그 나라들이 그들 가운데서 그리고 이스라엘과 관련하여 정치적·군사적으로 무슨 일을 하고 있는지에도 관심을 보인다. 하나님은 이스라엘의 하나님이실 뿐만 아니라 나라들의 하나님이시기도 하다.[8] 우리가 구약성경을 읽을 때 그 점을 잘 알 수 있다.

그러므로 바울이 (롬 15:9에서) 시편 18:49을 인용하여 "그러므로 내가 열방(*ethnēsin*, 나라들) 중에서 주께 감사하고 주의 이름을 찬송하리로다"라고 썼을 때 우리가 바울이 **에트네**를 개인주의적인 의미에서 이방인들이라고 이해한다고 생각할 이유가 없다. 로마서 15:12에서 (70인역에 나오는) 이사야 11:10을 인용하여 "이새의 뿌리 곧 열방(*ethnōn*, 나라들)을 다스리기 위하여 일어나시는 이가 있으리니 열방(*ethnē*, 나라들)이 그에게 소망을 두리라"라고 말할 때도 마찬가지다. 따라서 바울이 특별히 개인적인 관점에서 말하고 있다는 강력한 암시가 없는 한 로마서의 번역에서 **이방인들**이라는 단어를 만날 때 우리는 그 단어를 "민족들" 또는 "나라들"로 생각해야 한다. 우리가 로마서를 죽 살펴볼 때, 특히 우리가 하나님의 정의에 관한 질문을 할 때 이것이 만드는 차이가 명확해질 것이다.

나라들이라는 개념이 세상에서의 하나님의 구원 사역에 대한 당신의 이해에서 어떤 역할을 한다면 그 역할은 무엇인가?

---

8 Christopher Wright in "Politics and the Nations," in *Old Testament Ethics*, 212-52에서 이 점이 명확하고 강력하게 제시된다.

기술적인 용어 두 개

나는 이 책의 여러 곳에서 바울이 선포하는 하나님의 정의에 관한 좋은 소식의 두 가지 중요한 측면을 어느 정도 포착하는 기술적인 용어를 자주 사용할 것이다. 그것들은 대체로 한편으로는 **신적 행동**의 측면과 다른 한편으로는 **인간 행동**의 측면에 상응한다. 나는 신적 행동과 관련하여 **아포칼립틱**(*apocalyptic*)에 대해 말하고, 인간의 행동과 관련하여 **메시아닉**(*messianic*)에 대해 말한다. 이제 그 용어들을 설명해 보자.

아포칼립틱(*Apocalyptic*, 묵시의). 이 단어는 종종 파멸, 파괴, 우주의 종말 시나리오의 사고, 이미지, 감정을 발생시킨다. 할리우드는 자연적이든(소행성이나 쓰나미 등) 인공적이든(핵폭탄 등) 통제할 수 없는 힘으로 인해 도시 전체나 심지어 지구 전체에 대량 파괴의 위험이 임박해지는 묵시 장르의 블록버스터 영화들을 많이 만들어 낸다.

> 당신이 가장 좋아하거나 가장 당신의 기억에 남는 묵시 영화는 무엇인가? 그 영화에서 세상을 변화시키는 어떤 위협을 막아야 하는가? 당신은 묵시적 사건을 좋은 소식이라고 생각해 본 적이 있는가?

아포칼립틱을 성경의 관점에서 생각하면 우리는 에스겔서, 다니엘서, 마가복음 13장, 특히 요한계시록에 등장하는 놀랍고 종종 무서운 텍스트들을 떠올릴 것이다. 사실 요한계시록의 첫 단어는 그리스어 단어 **아포칼립시스**(*apokalypsis*)인데 그 단어는 "계시"로 번역된다. 따라서 요한계시록이라는 이름이 붙여졌다. 그러나 우리가 요한계시록을 통독하다 보면 **계시**라는 단어는 그 책에서 일어나고 있는 일에 대해 다소 단조롭고 맥 빠진 설명으로 보인다. 일반적인 용례에서 계시는 아마도 비밀 또는 장막이나 커튼 뒤에 있는 뭔가를 공개하는 것을 의미한다. 리얼리티 TV 프로그램에서 시청자가 어떤 집이 어떻게 개조되었는지, 어떤 사람이 어떻게 극적으로 성형했는지, 어떤 독신 남성이 누구를 선택했는지 등을 알게 되는 공개를 생각해 보라.

요한계시록에는 그 의미의 계시에 관한 내용이 있지만, 그것보다 훨씬 더 많은 내용도 존재한다. 그 책은 높은 긴장과 역사적 차원 및 우주적 차원에서 신·천사·마귀·괴물·인간 행위자에 의한 거대하고, 종종 무서우며, 때로는 소름 끼치고, 공포스러운 극적인 행동으로 가득 차 있다. 요한계시록 21-22장에서 이 모든 행동이 절정에 도달하면 **하나님에 의해 온 창조 세계가** 근본적으로 **변화되어** "새 하늘과 새 땅"이 존재하게 된다(계 21:1). 이것은 단순한 계시가 아니다. 그것은 좀 더 전면적인 우주적 혁명이다. 그것은 참으로 묵시(apocalypse)다!

이 모든 내용이 바울 서신과는 동떨어진 것처럼 보일 수도 있다. 바울 사도는 데살로니가전서 4:13-5:11과 데살로니가후서 2:1-12에서 명백히 다소 묵시적인 구절들을 썼다. 그러나 바울은 묵시적 드라마보다는 교리와 윤리에 좀 더 초점을 맞추는 것처럼 보인다. 그러나 이 대목에서도 우리의 번역이 그 구절들의 의미를 드러내기보다 감추고 있는지도 모른다. 바울 서신의 중요한 부분, 특히 갈라디아서와 로마서에서 바울이 좋은 소식을 강조하여 소개할 때 그가 묵시에 대해 말하기 때문이다. 갈라디아서 1:12에서 그는 자기가 복음을 인간적인 원천으로부터 받은 것이 아니라 "예수 메시아의 계시(apokalypseōs)로 말미암아" 받았다고 주장한다. 나아가 갈라디아서 1:16에서 그는 하나님이 "그의 아들을…내 속에 나타내시기 (*apokalypsai*)를 기뻐하셨다"라고 말한다. 이 **묵시**가 매우 극적이고 강력하며 포괄적이어서 바울은 그것 때문에 그의 이전의 자아와 세상이 **끝나게 되었고**, 완전히 새로운 사람과 세상이 존재하게 되었다고 주장한다. "내가 그리스도[메시아]와 함께 십자가에 못 박혔나니 그런즉 이제는 내가 사는 것이 아니요 오직 내 안에 그리스도[메시아]께서 사시는 것이라"(갈 2:20). 그리고 그 편지의 뒤에서 바울은 다음과 같이 말한다. "그러나 내게는 우리 주 예수 그리스도[메시아]의 십자가 외에 결코 자랑할 것이 없으니 그리스도 [메시아]로 말미암아 세상(*kosmos*)이 나를 대하여 십자가에 못 박히고 내가 또한 세상(*kosmos*)을 대하여 그러하니라. 할례(유데아인이라는 사실)나 무할례 (이방인이라는 사실)가 아무것도 아니로되 오직 **새로 지으심을 받는 것**만이 중요하니라"(갈 6:14-15). 세상을 파괴하고 새로 창조하는 것은 **하나님의 묵시적인 사역**(apocalyptic work)이다.

바울은 고린도후서 5:14-17에서 다음과 같이 말해서 또 다른 묵시적인(apocalyptic) 선언을 한다. "우리가 생각하건대 한 사람이 모든 사람을 대신하여 죽었은즉 모든 사람이 죽은 것이라"(고후 5:14). 달리 말하자면 죄악 된 인류 전체가 하나님에 의해 메시아의 죽음 안으로 이끌려서 **그곳에서 죽음에 처해졌다.** 이 대목에서 바울의 사고는 두 가지 면에서 묵시적 (apocalyptic)이다. 첫째, 모든 인간이 메시아 안에서 이미 **죽었다**고 단언하는 것은 우리 인간의 일반적인 인식에 완전히 반한다. 우리는 우리 주위에서 전혀 죽은 것 같지 않고 생생하게 살아 있는 사람들을 본다. 따라서 바울의 단언은 필연적으로 우리의 일반적인 물리적 시력과 **더불어, 하지만 그것 너머**에 존재하는 뭔가에 대한 놀라운 계시임이 분명하다. 우리가 우리 주위에서 보는 살아 있는 사람들은 사실은 그리스도 안에서 죽은 사람들이다.

둘째, "한 사람이 모든 사람을 대신하여 죽었은즉 모든 사람이 죽은 것이라"라고 주장하는 것은 거기서는 어느 것도 똑같게 유지되지 않는 **철저하게 변화된 실재**를 인식하는 것이다. 바울은 이것을 갈라디아서에서처럼 새로운 창조라고 부른다. "누구든지 그리스도[메시아] 안에 있으면 새로운 피조물이라"(고후 5:17). 메시아 안에 있는 새 창조의 도래는 하나님의 행동이다. 하나님이 옛 세상을 끝내시고 뭔가 새로운 것을 시작하신다. 그것은 실제 시간 안에서 일어나는 묵시(*apocalypse*)다. 바울은 우리에게 단순히 우리가 꿈꾸고 바랄 수 있는 어떤 것, 장차 언젠가 도달할 수도 있는 어떤 것을 믿으라고 요청하지 않는다. 그는 우리에게 메시아의 죽음과 부활을 통해 도래하여 그 안에서는 아무것도 종전과 똑같은 상태로 유지되지 않는, 놀랍도록 새로운 이 새로운 실재 안에서 **지금 살라**고 요청한다.

> 그[메시아]가 모든 사람을 대신하여 죽으심은 살아 있는 자들로 하여금 다시는 그들 자신을 위하여 살지 않고 오직 그들을 대신하여 죽었다가 다시 살아나신 이를 위하여 살게 하려 함이라. 그러므로 우리가 이제부터는 어떤 사람도 육신을 따라 알지 아니하노라.⋯그런즉 누구든지 그리스도[메시아] 안에 있으면 새로운 피조물이라. 이전 것은 지나갔으니 보라, **[모든 것이] 새 것이 되었도다.** 모든 것이 **하나님께로서** 났으며(고후 5:15-18).

이는 참으로 묵시다.[9]

따라서 바울은 로마서 1:16-17에서 그 서신 전체의 주제—하나님의 정의의 좋은 소식—를 선포하면서 이 좋은 소식이 "나타났다"(그리스어 *apokalyptetai*)라고 선언한다. 복음은 하나님이 세상에 정의를 가져오시기 위해 하시는 일의 **계시**이자 **실재**다(롬 3:21-22, "이제는…하나님의 한 의[정의]가 나타났으니…곧 예수 그리스도[메시아]를 믿음으로 말미암아…하나님의 의[정의]니"를 보라).[10] 좋은 소식은 또한 우상숭배와 부정의에 대한 하나님의 심판의 계시이자 실재이기도 하다(롬 1:18, "하나님의 진노가 불의로 진리를 막는 사람들의 모든 경건하지 않음과 불의에 대하여 하늘로부터 나타나나니"[*apokalyptetai*]). 로마서 전체는 예수 메시아 안에서 하나님이 도래하신 묵시의 여파 가운데 기록되었는데, 그 묵시는 하나님 자신의 정의를 세상에 강력하게 들여오고, 바로 그 행동 안에서 인간의 부정의를 폭로하며 그것을 무너뜨린다.

그러나 우리는 지금 진도를 너무 앞서 나가고 있다. 나는 이후의 장들에서 이 주제들을 다시 다룰 것이다. 이 대목에서 나는 바울이 모든 인간 및 온 세상과 관련하여 예수 메시아 안에서 하신 하나님의 행동이 신적인 묵시적 행동이라고 보았다는 점을 지적해둔다. 좋은 소식은 하나님이 자신에 관한 새로운 신학 사상이나 자신을 향한 영적 감정을 불러일으키고 계신다는 것뿐만이 아니다. 좋은 소식은 훨씬 더 많은 내용을 포함한다. 하나님이 실제로 새로운 정의, 새로운 관계, 새로운 인간, 새로운 세계 질서를 **창조**

---

9 최근에 바울의 묵시적 성격에 대한 우리의 이해에 가장 큰 도움을 준 학자는 J. Louis Martyn이다. 특히 그의 *Theological Issues in the Letters of Paul*(Nashville: Abingdon, 1997)을 보라.

10 롬 3:21에서 바울은 "나타났다"(disclosed)라고 번역되는, 또 다른 그리스어 단어 **페파네로타이**(*pephanerōtai*)를 사용하지만 그 단어는 본질적으로 "apocalypsed"와 같은 의미다.

하고 계신다. 따라서 이후에 우리가 이 점을 명심하도록 나는 (명사와 동사로서) 묵시(*apocalypse*)와 묵시적(*apocalyptic*)이라는 단어를 자주 사용할 것이다.

메시아적/메시아 추종자(*Messianic*). 우리가 일단 그리스어 단어 **크리스토스**(*christos*)가 "메시아"를 의미한다는 점을 확고히 해두고 나면, 바울의 사상이 줄곧 메시아적임을 쉽게 알 수 있다. 그는 예수 **메시아, 메시아** 예수에 관해 아주 많이 말한다. 예수 메시아는 하나님의 묵시, 하나님 자신의 도래와 현존, 진리 가운데 인격으로 계시는 하나님**이시다**. 하나님 자신의 실재, 능력, 세상에서의 선교 자체가 예수 메시아에게 달려 있다. 그러나 내가 **메시아적**—형용사—이라는 단어를 사용할 때 나는 매우 구체적인 어떤 것, 즉 나사렛 예수가 진정한 인간으로서 자신의 메시아직을 수행하신 특정한 방식을 가리키고자 한다. 우리는 이미 사복음서가 각각 자신의 방식으로 예수가 탄생과 세례에서 십자가 처형과 부활에 이르기까지 그의 생애에서 어떻게 메시아직을 "행하시는지"를 상당히 자세하게 보여준다는 것을 살펴보았다. 우리는 **메시아적**이라는 말의 의미를 실제 메시아가 사셨고 그의 제자들에게 살라고 요구하시는 메시아적 삶에 주의를 기울이는 **삶의 형태**로 알게 되었다. 복음서들에서 이것이 예수를 **따른다**는 것이 의미하는 바다. 그것은 예수 자신의 가르침과 삶 자체에서 제시된 **방식**을 반영하도록 사는 것을 의미한다.

바울은 우리에게 예수의 삶의 세부 사항을 많이 제공하지 않는다. 사실은 거의 아무것도 제공하지 않는다. 그럼에도 바울은 예수의 생애의 한 가지 근본적인 사건인 십자가 처형을 거듭 언급한다. **메시아적**이라는 말의 핵심적인 의미는 바로 그 사건 안에서 배워지고 살아진다. 이 점이 빌립보서 2:1–11에서 명시적으로 표현된다. 바울은 빌립보 교인들에게 먼저 한

마음과 목적 및 서로를 향한 겸손으로 특징지어지는 삶을 요청한다(빌 2:2-3). 그는 빌립보서 2:4에서 "각각 자기 일을 돌볼뿐더러 또한 각각 다른 사람들의 일을 돌보"라고 말한다. 그러고 나서 그 말이 무슨 뜻인지 그리고 그들이 왜 이런 삶을 살아야 하는지를 명확히 밝히기 위해 바울은 그들에게 메시아의 마음을 가지라고 요청한다. 이 메시아적인 마음은 새로운 사고방식만이 아니다. 그것은 메시아 자신이 그의 성육신부터 십자가 처형까지 취하셨고 살아 내셨던 삶의 전체적인 형태이자 양상이다.

> 자기를 비워
>> 종의 형체를 가지사
>> 사람들과 같이 되셨고
> 사람의 모양으로 나타나사
>> 자기를 낮추시고
>> 죽기까지 복종하셨으니
>> 곧 십자가에 죽으심이라(빌 2:7-8).

이것은 **메시아 자신의 방식**이기 때문에 **메시아적인 방식**이다. 진정한 인간이셨던 메시아는 자신을 다른 사람들에게 내어주시고 그들을 섬기셨으며, 겸손하셨고, 반란 혐의를 받고 부당하고 수치스러운 죽음에 순종하셨다(바울은 예수의 "십자가 위에서"의 수치스러운 죽음을 강조한다). 이 메시아는 높임을 받아 모든 이름보다 뛰어난 이름을 받으시고—즉 그에게 사실상 하나님의 이름이 주어졌다—"하늘에 있는 자들과 땅에 있는 자들과 땅 아래에 있는 자들"을 포함한 모든 존재로부터 예배를 받게 되시는데, 이는 그가 생명의 길을 취하셨기 **때문이다.** "이러므로 하나님이 그를 지극히 높여"(빌 2:9).
메시아 **자신**이 겸손한 섬김, 순종, 고난, 죽음을 통하는 경로 외에 다른 높아지는 경로를 취하지 않으셨다. 바울에게는 이 진리가 기본적이다. 그것은 빌립보서에서뿐만 아니라 바울이 쓴 모든 편지에서 메시아 안에서 사는 것이 무엇을 의미하는가에 관해 바울이 **우리에게** 가르쳐주는 모든 내용의 근본 원리다. 우리가 곧 살펴보겠지만 로마서에서도 확실히 그렇다. 내가 사용하는 **메시아적**이라는 단어는 예수의 방식을 의미한다.[11]

따라서 나는 대개 "메시아 안에" 있고, 메시아를 따르며, 메시아의 마음을 가진 사람들을 **메시아 추종자들**(messianics)이라고 부를 것이다. 그 단어는 "그리스도인들"이라고 말하는 다른 방식이지만, 명백히 다소 낯설고 익숙하지 않은 명칭이다. 우리는 "그리스도인들"이 자신을 기독교라는 "종교"와 동일시하고 그 종교를 실천하는 사람들이라고 생각하는 경향이 있다. 우리의 일반적인 대화에서는 그 단어가 수용될 수 있을 것이다. 그러나 나는 **메시아 추종자들**이라는 낯선 단어를 사용해서 바울의 독자들을 한동안 그 의미로부터 해방하려고 한다. 나는 **그리스도인**의 의미를 가급적 예수 메시아의 실재와 양상에 가까워지게 하기를 원하며, 바울도 그러리라고 생각한다.

그렇다면 **묵시적**이라는 단어는 예수 메시아를 통해 옛 세상을 끝내시

---

11 나는 **메시아적**이라는 단어의 의미 이해에 관해 John Howard Yoder, 특히 그의 저서 *Politics of Jesus*로부터 큰 도움을 받았다. 바울과 로마서에서 **메시아적**이라는 단어의 의미에 관해서는 로마서에 대한 (어려운) 철학적 읽기인 Giorgio Agamben, *The Time That Remains: A Commentary on the Letter to the Romans*(Stanford, CA: Stanford University Press, 2005)가 영향력이 있었다. L. L. Welborn, *Paul's Summons to Messianic Life: Political Theology and the Coming Awakening*(New York: Columbia University Press, 2015)도 마찬가지다.

고 새 세상을 창조하시는 **하나님의 행동**을 나타낸다. 그리고 **메시아적**이라는 말은 첫째 그리고 일반적으로 진정한 인간이자 왕으로서 예수 메시아의 행동이고, 둘째로 메시아의 성육신, 죽음, 부활에 일치하는 우리의 행동으로서 **인간의 행동**을 나타낸다. 우리는 로마서를 살펴보면서 그 모든 것이 무엇을 의미하는지를 자세히 탐구할 것이다.

향후 계획

이후의 장들에서 우리는 대체로 로마서 텍스트를 **죽 이어서 읽을 것이다.** 달리 말하자면 나는 대개 바울이 기록한 텍스트의 순서를 따를 것이다. 그러나 이 책은 자세한 의미에서의 주석이 아니다. 로마서는 매우 난해하고 의미가 풍부한 서신이다. 로마서의 깊이를 헤아리기 위해서는 매우 두꺼운 주석서가 필요한데 그런 주석서들이 모든 세기에 걸쳐 저술되었다.[12] 이런 많은 주석서와 달리 나는 모든 단어, 어구, 문장, 단락마다 시간을 할애해 그것들을 논의하지는 않을 것이다. 나의 전반적인 목적은 로마서가 정의에 대해 깊은 관심을 기울이는 서신임을 보여주고, 바울이 선포하는 좋은 소식에 따른 정의가 무엇을 의미하는지를 설명하는 것이다. 나는 로마서의 다양한 부분이 그 전반적인 주제에 어떻게 공헌하는지를 보여줄 것이다. 나는 그 서신의 몇몇 부분과 주제에 대해서는 별로 언급하지 않은 채 지나가는 한편 다른 부분에 대해서는 상당히 많은 시간을 들일 것이다. 그리고 나는 대체로 로마서 텍스트의 순서를 따를 예정이지만 바울의 논지를

---

12 이 책의 뒤에 수록된 "추가로 읽을 자료"에서 나는 독자들에게 몇몇 주석서를 포함하여 로마서에 관해 도움이 되는 저작들을 추천한다.

좀 더 명확히 하기 위해 몇몇 예외가 있을 것이다.

그리고 이 책은 어느 의미에서든 종합적인 주석서가 아니기 때문에 나는 정의가 로마서가 관심을 기울이는 **유일한 대상**이라고 주장하지 않는다. 전혀 그렇지 않다! 나는 의라는 주제와 그것이 로마서 해석자들에게 의미하는 바가 없어도 된다고 주장하지도 않는다. 전혀 그렇지 않다! 나는 로마서를 읽는 방법 가운데 한 가지를 제시하는데, 그것은 내가 1세기에서와 우리의 시대 모두에 중요하다고 믿는 사안들을 중심으로 바울의 시대와 우리의 시대 사이를 상당히 유동적으로 왕래한다는 것을 의미한다. 나는 그저 **로마서에서 정의라는 주제에 진지하게 관심을 기울일 것**을 겸손하게 그러나 강력하게 요청할 뿐이다. 한편으로는 그 주제가 로마서에 존재하기 때문이고, 다른 한편으로는 교회와 세상이 바로 지금 정의에 관한 바울의 말을 들을 필요가 절실하기 때문이다.

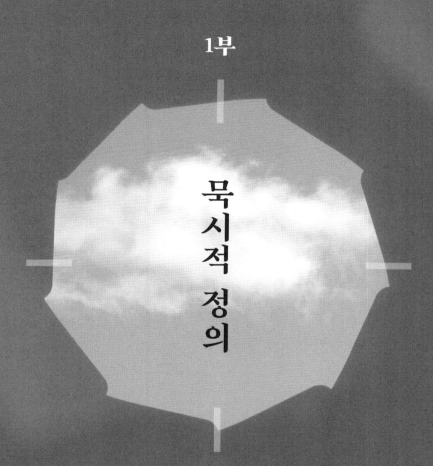

1부

묵시적 정의

RESURRECTING JUSTICE

2장

정의의 묵시

이 장에서 다루는 내용

- 로마서 1:1-15: 좋은 소식(복음)은 성 삼위 하나님과 부활하시고 높아지신 예수다.
- 로마서 1:16-17: 좋은 소식은 모든 민족을 위한 하나님의 정의다.
- 로마서 3:21-26: 좋은 소식은 예수 메시아 안에서 계시되고 구현된 하나님의 정의다.

바울은 로마서를 시작하면서 "하나님의 좋은 소식"(롬 1:1)을 (1) 인사말에서(롬 1:1-15), (2) 고도로 압축된 주제 진술에서(롬 1:16-17), (3) 메시아의 죽음에 관한 확장된 진술에서(롬 3:21-26) 세 가지 방식으로 선언한다. 좋은 소식의 두 번째와 세 번째 선언 사이에 긴 부분(롬 1:18-3:20)이 끼어 있는데, 그것은 아주 나쁜 소식으로 보일 수도 있지만, 알고 보면 그렇지 않다. 다음 장에서 우리가 그 부분을 살펴볼 때 나는 그것이 어떻게 좋은 소식의 또 다른 국면인지를 보여줄 것이다. 하지만 그 점을 명확히 하기 위해 나는 먼저 로마서 1:1-3:26에 수록된 **모든 내용**이 바울이 하나님의 좋은 소식을 선포한 것을 통해 틀이 형성되고 그 선포를 명백하게 나타낸다는 점을 보여줄 것이다.

하나님, 주님 메시아, 나라들(롬 1:1-15)

바울은 인사말에서 즉시 정의에 관한 근본적인 질문을 다룬다. 정의의 토대는 무엇인가? 그것은 어디에서 오는가? 바울은 하나님의 실재를 선언함으로써 그 질문에 대답한다. **정의는 하나님, 즉 복음의 하나님 안에서 발견된다.** 바울은 가정과 일터, 논밭과 전쟁터, 도시와 제국을 망라하여 삶의 모든 영역에 영향을 주고 있는 크고 작은 신이 넘쳐나는 세상을 향해 좋은 소식을 선포한다. 그리스-로마 문화는 로마 통치의 최고 권위가 도전받거나 훼손되지 않는 한 보완적이고, 경쟁하며, 심지어 모순되는 다양한 신학적 확신을 허용했다. 그러나 이 맥락에서 바울은 **하나님**이라는 단어의 의미에 관해 매우 특수했으며, 참으로 배타적이었다. 바울은 성부·성자 예수 메시아·성령의 실재, 정체성, 주권을 선언하기 위해 "구별되었다." 이 복음만이,

하나님이 선지자들을 통하여 그의 아들에 관하여 성경에 미리 약속하신 좋은 소식이라. 그의 아들에 관하여 말하면 육신으로는 다윗의 혈통에서 나셨고 성결의 영으로는 죽은 자들 가운데서 부활하사 능력으로 하나님의 아들로 선포되셨으니 곧 우리 주(*kyrios*, 주권적 통치자) 예수 그리스도[메시아]시니라. 그로 말미암아 우리가 은혜와 사도의 직분을 받아 그의 이름을 위하여 모든 나라들(*ethnē*) 중에서 믿어 순종하게 하나니 너희도 그들 중에서 예수 그리스도[메시아]의 것으로 부르심을 받은 자니라(롬 1:1-6).

로마에 보내는 이 서신에서 하나님의 문제―신적 실재, 정체성, 주권의 문제―가 매우 중요하다. 로마는 바울 시대 나라들의 중심이었고, 세상 권력과 권위의 보좌였으며, 로마에 호의를 보이는 신들에 의해 설립되고 복을 받았다(그렇게 믿어졌다). 로마에서 황제들―신들의 아들들―이 대대로 지상의 민족들에 대해(종종 정복을 통해) 자신의 주권적인 힘과 호의와 정의를 행사했으며, 그들의 설명에 따르면 신들에게서 나오는 구원, 은혜, 평화로 세상에 복을 주었다. **로마가 좋은 소식이었다!** 제국의 시민들과 민족들은 영광스러운 로마와 그 신들과 황제들에게 헌신과 감사와 충성과 순종을 바쳐야 했다.

　바울의 좋은 소식 선포가 이것에 어떻게 반하는가? 어느 면으로 보나, 즉 일반인이나 로마 황제의 일반적인 인식에 따르면 특정한 신정(theopolitical) 질서가 존재했다. 로마에서 나라들로부터 "충성스러운 순종"을 받을 가치가 있는 신이나 신의 아들 또는 주(lord)에 대한 좋은 소식이 선포되면 기존의 로마의 신적 질서와 정치적 질서가 상기되었을 것이다. 하지만 바울의 인사말은 이미 존재하고 있는 편만한 정치 제도와는 완전히 다른 어떤 것, **일반적인 인식으로는 접할 수 없는** 어떤 것―생명으로서의 하나님과 성령에게서 오는 새로운 세계 질서―을 선포한다. 바울은 이스라엘의 하나님이 이스라엘의 예언자들과 경전의 약속에 따라 오래전에 약속된 다윗 가문의 왕족인 메시아 예수가 하나님의 성령을 통해 죽은 자들로부터 강력하게 다시 살리심을 받으신 하나님의 아들이라고 선언하셨다고 선포한다. 하나님이 그**에게** 모든 나라 위에 최고의 주권을 수여하셨다. 이 제왕적인 메시아를 통해 하나님이 모든 민족 가운데서 새로운 주권자의 통치를 수립하고 계시는데, 그것은 즉시 효력이 있다. 이 새로운 세계 질서가 보이지 않음에도 바울은 이 질서에 관해 "그렇게 된다면 어떨까?"나 "그것은 멋지지 않겠는가?" 또는 "아마도 미래의 어느 시점에 이뤄질지도 모른다"라는 희망 사항을 말하고 있는 것이 아니다. 그는 이 새로운 신정(theo-political)의 실재가 이제 묵시적으로 실현되었다고 선언한다. 즉 그 실재는 드러났을 뿐만 아니라 예수가 죽은 자들 가운데서 부활하시고 우주의 왕으로 높여지심으로써 이미 강력하게 현존하며 활동하고 있다. 부활하신 메시아의 주권적인 통치는 정치적 주권을 분별하기 위한 일반적인 기준에 따르면 보이지 않지만, 바울에게는 그것이 **매우** 실제적이다. 그것은 하도 실제적이어서 바울이 신적 실재와 주권을 선포하는 서두에서 모든 민족을 통치할 로마의 "신적 권리"―로마의 영광―는 완전히 무색해진다. 그것은 시야에서 사라졌다.

당신의 나라는 어떤 권리, 주권, 영광, 축복을 주장하는가? 당신이 현재의 정치적 권위에 의해 매개되지 않는, 모든 나라에 대한 하나님과 예수 메시아의 권리·주권·영광을 인정한다면 그 사실이 당신의 나라에 어떤 복음에 나타난 세계 질서에서 로마 제국이 수행할 어떤 역할이 있는가? 아마도 그럴 것이다. 그러나 그것은 로마 자체의 관점에서의 역할이 아닐 것이다. 바울의 사명은 **이 땅의 모든 민족**에게 유일하신 주권자 예수 메시아에게 충성을 드리게 하는 것이다. 로마는 좋은 소식이 아니다. 대신 로마는 **다른** 좋은 소식을 듣고 믿어야 한다. 바울은 로마서 1:13-15에서 이 점을 명확히 밝힌다.

> 형제자매들이여, 나는 여러분이 내가 종종 [로마에 있는] 여러분에게 가려고 했다는 것을 알기를 원합니다(지금까지는 그렇게 하지 못하도록 방해를 받고 있지만 말입니다). 이는 내가 **다른 민족들**[*ethnē*] **가운데서** 그랬던 것처럼 **여러분 가운데서** 열매 맺는 사역을 하기 위함입니다. 나는 그리스인들과 야만인들, 지혜로운 사람들과 어리석은 사람들 모두에게 빚지고 있습니다. 그래서 나는 할 수 있으면 **로마에 있는 여러분**에게도 좋은 소식을 선포하기를 열망합니다(개역개정을 사용하지 아니함).

자부심이 강한 로마에게도 좋은 소식은 예수 메시아다. 여기서 위대한 정치적·문화적 평등화가 일어나고 있다. 자기들이 모든 나라를 지배할 신적 운명을 타고났다고 자랑하는 습관이 있는 로마인들은 자신을 "다른 민족들 가운데"(즉 그들이 누구든 "그리스인들"과 "야만인들"과 유데아인들 가운데, 그리고 지혜로운 사람들과 어리석은 사람들 가운데) 하나의 민족으로 보라는 은혜로운 요구를 받는다. 그들 역시 좋은 소식을 듣고 우상으로부터 돌이켜 하나님께 향하고 **신뢰와 충성과 순종 가운데 이 주권자 앞에 절하고 무릎을 꿇으라**는 요구를 받는다(빌 2:9-11과 비교하라). 로마에게도 이것이 참된 영광에 이르는 유일한 길이다.

로마서의 이후에 나오는 모든 내용은 서두의 몇 문장에 기록된 내용의 맥락에 비춰 읽혀야 한다. 바울이 선포하는 나라들 가운데서의 **정의라는 비전**은 살아계시고 참되신 하나님 아버지와 죽은 자들 가운데서 살아나신 주권자이신 그분의 아들 예수 메시아 그리고 그분의 생명을 주시는 성령이라는 유일한 실재에서 발견된다. 달리 말하자면 **정의라는 실재는 성 삼위일체의 실재에 뿌리를 두고 있다.**[1] 하늘과 땅, 나라들 사이, 집단들과 사람들 사이, 교회와 인간의 마음에 존재하는 모든 정의는 이 하나님과 그분이 임명하신 주 예수에 근거한다. 복음의 하나님의 묵시가 바로 그 계시다.

정의를 선언하기(롬 1:16-17)

정의에 관한 논문(우리가 로마서를 그렇게 생각하기를 원한다면)은 주제 진술 같은 것을 필요로 한다. 바울은 이 진술을 로마서 1:16-17에서 제공한다. "내가 복음을 부끄러워하지 아니하노니 이 복음은 모든 믿는 자에게 구원을 주시는 하나님의 능력이 됨이라. 먼저는 유대인에게요 그리고 헬라인에게로다. 복음에는 하나님의 의[정의]가 나타나서(apocalypsed) 믿음으로 믿

---

1   바울을 삼위일체 신학자로 이해하는 이유와 그렇게 이해하는 것의 중요성에 관해서는 Wesley Hill, *Paul and the Trinity: Persons, Relations, and the Pauline Letters*(Grand Rapids, MI: Eerdmans, 2015)를 보라.

음에 이르게 하나니 기록된 바 '오직 의인은 믿음으로 말미암아 살리라' 함과 같으니라." 이 주제는 간결하고 수수께끼 같다. 그 진술의 정확한 의미는 다소 모호하다. 우리가 이 텍스트를 다듬고 윤을 내 그것의 빛이 로마서의 나머지에 반사될 때 광택이 명백해지는, 다이아몬드 원석으로 생각하는 것이 도움이 될지도 모른다. 하지만 우리가 앞으로 나아가기 전에 바울이 이 대목에서 제시하는 놀라운 주장의 몇 가지 측면을 주목할 가치가 있다.

첫째, 우리는 바울이 왜 자기가 좋은 소식을 부끄러워하지 않는다는 것을 역설하는지 궁금할 수 있다. 우리가 부끄러워할 것이 무엇이냐고 질문할 수도 있을 것이다. 여러 세기에 걸친 크리스텐덤(Christendom, 대략 4세기부터 19세기까지)을 거치면서 기독교가 서구 세계 전역(그리고 동방의 상당한 부분)에서 마음, 정신, 철학, 문화, 사회, 심지어 정치 제도와 나라들을 지배한 뒤에 사는 우리에게는 쉽게 이런 질문이 제기된다. 기독교는 승리했다! 거기에는 부끄러울 것이 없다!

지금은 우리가 이런 주장들에서 "이겼다"와 "수치가 없다"가 무슨 뜻이었을지를 질문하는 것이 바람직하다. 사실 로마서 전체는 우리에게 그렇게 하라고 도전한다. 그러나 우리는 이제 여러 세기 동안의 지배적인 크리스텐덤을 거슬러 과거로 돌아가 그 상황을 바울의 관점에서 봐야 한다. 그 상황은 현재의 상황과 판이했다. 당시에는 세 가지 종합적인 관점이 지배했다. 바울의 시대에 로마인들과 그리스인들과 유데아인들에게 각각 자랑할 그들 자신의 영광의 형태가 있었다.[2]

---

2   N. T. Wright, *Paul and the Faithfulness of God* (Minneapolis: Fortress, 2013), 1:75-347에 이스라엘, 그리스, 로마의 영광에 대한 자세한 논의가 수록되어 있다. 『바울과 하나님의 신실하심』(CH북스 역간).

- 전체 지중해 세계와 그 너머까지 많은 신민 민족(유데아인 포함)을 지배하고 (적어도 로마가 생각하기로는) 자신의 영향 아래 있는 모든 민족에게 정의, 법률, 정치적 안정, 기술, 인프라스트럭처, 평화, 행복을 전해 준 **로마의 지배의 영광스러운 역사**가 있었다(로마는 그것을 "평화와 안전"이라고 불렀다. 바울이 살전 5:3에서 로마의 선전 문구를 인용하여 언급하듯이 말이다).
- 플라톤과 아리스토텔레스 훨씬 전부터 바울의 시대에 활발했던 스토아학파에 이르기까지 **그리스의 영광스러운 철학적 지혜의 전통**이 있었다. 그 전통은 실재와 진리에 대한 모든 진지한 지적 성찰을 위한 관점들을 수립했다.
- 바울 자신의 민족인 유데아인들 가운데서는 고대 때 하나님으로부터 이스라엘에게 주어진 모세의 영광스러운 율법이 있었는데, 율법은 유데아인의 일상의 삶을 하나님이 창조하신 우주의 구성 요소들과 정렬시킨 지시, 원칙, 관행을 제공했다.

세 개의 세상, 세 가지 영광, 자랑할 세 가지 이유가 있었다.

당신은 당신의 민족이나 국가와 그 전통, 제도, 가치, 업적에 관한 무엇이 특히 영광스럽다고 생각하는가? 자랑할 가치가 있는 것은 무엇인가?

명백한 이 모든 영광의 한가운데서 바울은 무엇을 제공하려고 하는가? **수치스럽게도** 로마인들의 손에 공개적인 고문과 처형을 당하신—그 처형은 너무도 치욕스러워서 로마 시민들에게는 적용되지 않았다―사회 부적응자인 유데아의 예언자 예수뿐이었다. 여기에는 어떤 힘이나 영광도 없다. 공개적인 십자가 처형(때로는 주요 대로를 따라 대량으로 집행되기도 했다)은 로마의 잔인한 게시판으로서 모든 민족을 다스릴 로마의 권리와 그 권리를 위협하려는 모든 사람에게 가해지는 로마의 정의를 광고했다.

그럼에도 바울은 십자가에 처형당하신 메시아가 **좋은 소식**의 내용이라는 점을 분명히 밝힌다.

> 내가 너희 중에서 예수 그리스도[메시아]와 그가 십자가에 못 박히신 것 외에는 아무것도 알지 아니하기로 작정하였음이라(고전 2:2).

> 예수 그리스도[메시아]께서 십자가에 못 박히신 것이 너희 눈 앞에 밝히 보이거늘(갈 3:1).

> 유대인은 [신적 능력의] 표적을 구하고 헬라인은 [철학적] 지혜를 찾으나 우리는 십자가에 못 박힌 그리스도[메시아]를 전하니 유대인에게는 거리끼는 것이요 이방인에게는 미련한 것이로되(고전 1:22-23).

달리 말하자면 바울은 수치를 선포했다! 존경할 만한 로마인, 그리스인, 유데아인이 보기에 바울은 틀림없이 수치를 느껴야 한다. 영광에 관한 한 십자가 처형에서 볼 것이 조금도 없다.

그러나 바울은 부끄러워하지 않는다. 자명한 힘과 영광은 바울의 표준이 아니다. 십자가에 처형당한 이가 죽은 자들 가운데서 살아났다는 수치스러운 소식은 다른 영광들이 약하고 어리석고 빈곤하며, 실체가 없고 약해지고 지나간다는 점을 드러낸다. "구원을 주시는 하나님의 능력"으로서의 수치스러운 십자가에 대한 선포는 특히 이 세상의 성공적이고 영리하며 유력한 사람들—"영광의 주"를 십자가에 못 박은 "이 세대의 통치자들"(고전 2:8)—을 현혹하고 유혹하는 관점인 **자명한 힘과 영광의 관점**으로부터 우리를 해방한다. 바울은 십자가 위에서 나타난(apocalypsed) 하나님의 영광, 지혜, 능력의 **치욕, 숨겨짐, 약함**(고전 2:7)을 부끄러워하지 않는다. 바울은 고린도전서 1:18에서 일반적인 영광의 기준을 사랑하는 사람들은 멸망한다고 말한다. 그러나 십자가에 처형당하신 이의 불명예스러운 메시지에 매혹된 사람들은 구원을 받는다. 즉 그들은 약하고 천하고 가난한 사람들을 부끄럽게 하고 "영광스러운" 사람들의 눈을 가려서 하나님이 세상에서 그분의 "불명예스러운" 정의의 사역을 성취하고 계시는 방식을 보지 못하게 만드는 자명한 영광의 시스템들과 표준들로부터 구원을 받는다. 이 정의의 소식은 로마의 거리에서 복음을 듣고 마음이 끌려 그들의 모임에서 바울의 편지가 읽히는 것을 듣기 위해 모인, 소외되고 수치스러운 처지에 있고 세상에서 잊힌 사람들에게 **좋은 소식**으로 들렸을 가능성이 좀 더 높다.

우리는 또한 "먼저는 유데아인에게요 그리고 헬라인에게로다"(롬 1:16)라는 바울의 어구에 당혹해할지도 모른다. 나는 뒤에서 이 점에 관해 좀 더 말하겠지만, 지금으로서는 바울이 언제나 이스라엘이 하나님의 선민(選民)이며, 나라들 가운데서 하나님의 정의를 나타냄(apocalypse)에 있어 계속 중요한 역할을 하리라고 가정하며 결코 이 사실을 놓치지 않는다는 점을 지적한다. 이스라엘-유데아는 작고 제국의 변두리에 있음에도 하나님의 목적에서 확실한 우선권("먼저는 유데아인에게요")을 갖는데, 이 우선권은 이스라엘의 역사적 업적을 근거로 확립된 것이 아니라 하나님이 이 민족을 은혜롭게 선택하신 것을 근거로 확립되었다. 바울은 이 대목과 로마서 3:1-2에서 이 주제를 예견하지만, 그가 로마서 9-11장에서 나라들 가운데서 하나님의 정의를 계시하시는 것의 지속적인 문제를 다시 다룰 때 그 주제가 핵심적이고 중요하게 된다. 그러나 바울은 대체로 이스라엘의 우선성이라는 문제에 대한 논의를 이 장들에서 다룰 때까지 미루기 때문에 나역시 그럴 것이다.

> 당신이 "구원을 주시는 하나님의 능력"이라는 어구를 읽을 때 무엇이 마음에 떠오르는가? 당신은 **능력**과 **구원**이 무엇을 의미한다고 생각하는가?

지금으로서는 "구원을 주시는 하나님의 능력"이라는 어구가 중요하다. **뒤나미스**(*Dynamis*)는 여기서 힘을 뜻하는 그리스어 단어다. 바울의 말을 다른 표현으로 풀어 쓰자면—그리고 폭력에 대한 어떤 함의도 배제하자면—우리는 하나님의 구원이 세상에 다이너마이트 같이 폭발한다고 말할 수 있을 것이다. 바울에 따른 복음은 제안이 아니라 능력이다. 바울이 좋은 소식을 선포할 때 그는 **이미** 일어났고 지금도 일어나고 있는 일—하나님이 강력한 **성령**을 통해 하나님의 **아들**을 부활시키시고 높이신 소식—을 선언하는 것이다. 하나님이 아들과 성령을 통해 세상에서 통치하시고 움직이시는 것은 과거나 현재 또는 그것에 찬성하거나 반대하는 인간의 결정에 구속되지 않는다. 바울의 선언 전체에서 부활과 새 창조의 다이너마이트는 효과적이고 활동성이 있으며, 모든 나라의 승인을 요구하고, 옛 권력 제도를 무효화시키며, 신실하고 순종하는 신민들을 창조하고, 성령의 새로운 신정 결사체를 가져온다. 하나님의 구원은 개인의 영혼들이 "천국에 가는 것"을 훨씬 넘어선다. 우리가 로마서 8장에서 살펴보겠지만 궁극적으로 하나님의 구원하시는 능력은 모든 창조물을 구속받은 이들의 **몸들**과 더불어 그 창조물에게 약속된 영광스러운 성취로 부활하게 할 것이다. 하나님의 구속과 회복과 갱신—하나님의 정의—은 메시아의 부활로 시작되며 개인들을 넘어 모든 이스라엘 사람, 모든 나라, 모든 창조물의 넓이와 깊이까지에 이른다.

> 당신이 "하나님의 정의"라는 어구를 들으면 어떤 생각이 가장 먼저 떠오르는가? 하나님의 정의는 실제 삶의 현장에서 당신에게 어떤 모습으로 보이는가? 그 어구가 위협적으로 들리는가, 아니면 약속하는 말로 들리는가? 당신의 삶의 상황(빈부, 강약, 핵심 또는 주변)이 당신이 그 어구를 받아들이는 데 어떤 영향을 주는가?

구원은 하나님의 정의의 사역이다. 좋은 소식에 "하나님의 정의[dikaiosynē]가 나타났다(apocalypsed)"(롬 1:17). 이 문장에서 바울은 시편 98:1-2(70인역에서는 97:1-2인데, 나는 70인역에서 인용한다)의 선언을 반향한다. "새 노래로 여호와께 찬송하라. 그는 기이한 일을 행하사 그의 오른손과 거룩한 팔로 자기를 위하여 **구원**을 베푸셨음이로다. 여호와께서 그의 구원을 알게 하시며 그의 **공의**[정의, dikaiosynēn]를 **뭇 나라**[ethnōn]의 목전에서 **명백히 나타내셨도다**[apekalypsen]." 우리는 심지어 로마서 전체가 이 텍스트에 대한 주석이라고 생각할 수도 있을 것이다. 시편이 선언하고 바울이 반복하듯이, 정의는 하나님의 구원하시는 능력에 추가된 어떤 것이 아니다. 정의는 바로 [하나님의] 구원하시는 능력의 특질이자 형태이며 내용이다. **구원하시는** 하나님은 나라들 가운데서 **정의**를 나타내시고 **그릇된 것을 올바르게 만드시는 정의로우신** 하나님이시다. 그것이 하나님이 구원하신다는 말의 의미다. 바울은 이 하나님, 이 정의가 좋은 소식에 나타났다(apocalypsed)고 말한다.

이 대목에서 두 가지가 언급되어야 한다. 첫째, 바울이 이곳과 로마서 전체에서 말하는 정의는 자연, 문화, 인간의 주권, 법률 전통에서 도출될 수 있는 아이디어가 아니다. 바울은 이 점에 관해 시편 저자처럼 급진적이다. 정의는 먼저 하나님 자신 안에 존재하며 하나님에게서 나온다. 정의를 공급하심에 있어서 하나님은 **자신의 본성, 성품, 말씀에 참으로 충실하시다.** 시편 98편(70인역에서는 97편)을 계속 살펴보자. "그[하나님]가 이스라엘의 집에 베푸신 **인자와 성실을 기억하셨으므로**"(시 98:3[70인역에서는 97:3]). 하나님이 원래의, 영원하고 성실한 정의의 샘이시다. 자신의 정의를 나타내심에 있어 하나님은 자신의 것인 자신의 자비와 진실을 기억하신다.

둘째, 좋은 소식을 선포하는 목적은 정의를 **가져오는 것**이다. 좋은 소식은 구원을 이루시는 **하나님의 능력이기** 때문이다. 복음의 정의는 이해되고 실제 삶에 "적용될" 필요가 있는 영원한 원칙이 아니고, 점진적으로 달성될 필요가 있는 먼 이상이나 목표도 아니다. 정의는 하나님이 세상에서 예수 메시아의 죽음과 부활을 통해 **하신** 일이다. 그것은 좋은 소식이 선포되고 믿어지고 실천될 때 하나님이 세상 안에서 성령을 통해 **지금 하고 계시는** 일이다. 정의는 하나님이 예수 메시아를 통해 이스라엘과 모든 나라와 모든 사람을 심판하러 오실 때 **하실** 일이다.

바울은 계속해서 하나님의 정의가 "믿음에서 믿음에[믿음을 위해]" 나타났다(apocalypsed)고 말한다(롬 1:17). 바울은 이제 하나님이 이스라엘과 나라들을 위해 정의를 확립하신다는 생각을 신앙, 신실함, 또는 신뢰라는 생각과 밀접하게 연결한다(그리스어 단어 **피스티스**[*pistis*]는 충성, 충절, 충실뿐 아니라 이런 단어들도 의미할 수 있다). 바울은 **의롭다, 신앙/충실/신뢰와 살다**라는 단어들을 결합하는 예언자 하박국으로부터 짧게 인용한다(합 2:4). "의인은 그의 믿음으로 말미암아 살리라." 누가 의인인가? 이 텍스트는 누구의 신실함, 신앙, 신뢰에 대해 말하고 있는가? 바울은 여기서 몇 가지 의미를 암시하는데, 그는 로마서의 뒤에서 그 힌트들을 전개한다.

- 의인은 주권자 메시아이신 예수로서, 그는 신실하셨고 하나님은 성령을 통해 그를 죽은 자들 가운데서 다시 살리셔서 나라들을 다스리게 하셨다.
- 의인은 아브라함으로서, 하나님이 그를 의롭다고 여기셨고, 아브라함이 하나님을 믿고 신뢰했을 때 어떤 의미에서는 그를 다시 살리셨다. 의인들은 아브라함이 그랬던 것처럼 하나님을 신뢰하는 사람들이다.
- 신실한 존재는 예수를 죽은 자들 가운데서 다시 살리심으로써, 좋은 소식을 듣고 믿어 의로워지는 사람들로부터 신앙/신뢰를 일으키시는 하나님이시다.
- 신실한 존재는 신실하고, 순종적이고, 의로운 삶—즉 참된 인간의 삶—을 사셨고 이제 그 삶을 좋은 소식을 믿는 모든 사람에게 전하시는 예수시다. 예수의 신실하심이 좋은 소식을 믿는 사람들의 신실한 삶을 만들어 낸다.
- 신실한 존재는 아브라함과 아브라함처럼 자신의 힘을 신뢰하지 않고 하나

님의 약속을 신뢰하는 모든 사람이다.

여러 의미에 대한 이런 힌트들—더 많은 의미가 있을 수 있다—은 농밀하고 간결하다. 바울은 이 대목에서 그의 핵심 단어들—**복음**, 하나님의 **능력**, **구원, 믿음/신실함/신뢰, 유데아인**과 **그리스인**, 하나님의 **정의, 나타나다, 삶**—을 모두 나열하고 나서 나중에 한 번에 한두 단어를 선택하여 한층 더 자세하게 성찰하는 것으로 보인다. 우리는 그의 선례를 따를 것이다. 그러나 우리는 여기서 좋은 소식인 "하나님의 정의"에 관해 뭔가 이상한 것을 주목해야 한다. 이상함은 언급되지 **않은** 것과 관련이 있다. 법률의 공포·집행·순종이나 처벌 또는 보상으로서의 정의나 우리가 노력해야 할 형평이나 공정으로서의 정의에 관해서는 어떤 언급도 없다. 정의에 관해 생각하는 이런 일반적인 방법들이 위의 목록에서 빠져 있다. 로마서 1:16-17에 기록된 바울의 좋은 소식 선포에서 정의는 **하나님의 능력, 신 또는 인간의 신실함, 인간의 믿음 또는 신뢰**라는 파란만장한 영역에서 일어난다. 이것이 복음에 나타난 정의의 영역이다. 이것은 어떤 종류의 정의일까?

당신이 갑자기 **구원, 정의, 믿음/신뢰**라는 세 단어를 모두 사용하여 이치에 맞는 문장을 만들라는 요청을 받았다고 가정하라. 당신은 그 단어들에 관해 두세 문장으로 뭐라 말하겠는가?

정의가 나타남(롬 3:21-26)

신들, 체계들, 문화들, 법률(율법)을 다루는 중간의 긴 부분(롬 1:18-3:20) 뒤에 바울은 로마서 3:21-26에서 자신의 주제 진술 중 몇 가지―계시, 하나님의 구원하는 능력으로서의 정의, 믿음/신실함/신뢰―로 돌아온다. 로마서 1:16-17의 농밀한 진술에서 바울은 예수 메시아를 직접 언급하지 않았다. 로마서 3:21-26에서 그는 예수를 명시적으로 언급하고 그를 하나님의 구원하시는 정의라는 그림의 중심에 둔다. (내가 위에서 명명했던) 정의의 파란만장한 영역의 모든 주제가 한 행동, 한 사건, 한 사람 안에서 결합한다.

그런데 우리는 왜 로마서 1:16-17에서 로마서 3:21-26로 건너뛰는가? 로마서 1:18-3:20을 읽는 오랜 습관 중 하나는 바울이 먼저 모든 나쁜 소식을 다루지 않고는 예수 메시아 안에 있는 하나님의 정의의 좋은 소식에 도달하지 않는다고 제안한다. 만일 그가 상황이 얼마나 절망적인지를 우리에게 보여준다면 아마도 우리는 기꺼이 좋은 소식을 들으려고 할 것이다(우리의 경험상 그렇게 말해도 무방할 것이다). 나는 로마서 1:1-15과 1:16-17에 이어서 곧바로 로마서 3:21-26을 다룸으로써 그 사이의 부분(롬 1:18-3:20)에 있는 바울의 긴 논의는 사실 하나님의 정의의 좋은 소식에 대한 강력한 선포를 통해 **틀이 짜지고** 그 틀 안에서만 일리가 있음을 보여주기를 원한다. 좋은 소식은 모든 나쁜 소식 뒤에 로마서 3:21-26에서 처음으로 선언되는 것이 아니다. 좋은 소식은 로마서 1:1-17의 서두에서 이미 확고하게 선언되었다. 하나님의 정의에 대한 바울의 설명은 로마서 1:18에서 시작하지 않는다. 그것은 로마서의 첫 절에서 시작한다.

"그러나 이제 율법과 별도로 하나님의 정의가 나타났는데, 이는 [그럼에도 불구하고] 율법과 예언자들에 의해 증언되었습니다"(롬 3:21. 개역개정을 사용하지 아니함). 율법이 아니라 삼위일체 하나님이 정의의 토대이시다. 하지만 정의가 어떻게 "율법과 별도로" **가시화**되는가? 인간 통치자들, 입법자들, 법률이 정의를 구체적이고, 가시적이고, 실행할 수 있게 만든다. 법률은 정의를 식별하고 실행할 수 있는 표준과 수단을 제공한다. 그런데 바울은 우리로 하여금 법률에서 벗어나 하나님 자신이 정의를 가시화하시는 곳으로 주의를 돌리게 한다. **하나님은 예수 메시아의 죽음 안에서 자신의 정의를 나타내신다.** 그것은 이상한 주장이다. 우리가 위에서 보았듯이 십자가 처형은 그것을 한층 더 수치스러운 주장이 되게 한다. 바울은 부끄러워하지 않지만 말이다. 로마서 3:21-26은 메시아의 죽음이 하나님의 정의가 참으로 그리고 공개적으로 가시화된 장소라고 역설한다. 그것이 "나타났고" "율법과 예언자들에 의해 증언되었다"(롬 3:21). 하나님이 메시아의 죽음을 속죄로 "전시하셨다"(롬 3:25).

메시아의 죽음은 하나님의 정의와 하나님이 신실하신 메시아의 죽음을 공유하는 사람들을 의롭게 만드시는 것에 대한 "공개적인 증거/현시"였다(롬 3:25-26). 따라서 메시아의 죽음은 아무튼 우리가 하나님의 정의를 **보는** 장소다.

예수의 죽음이 어떻게 하나님의 구원과 정의인지는 별로 자명하지 않다. 이 점은 바울 자신도 인정한다. 로마의 신들과 황제들이 구원하고 정의와 평화를 확립하는 자신의 능력을 선언했을 때에는 가시적이고 측정할 수 있는 결과가 있었다. 영역이 정복되고 자기들의 영토라고 주장되었으며, 사람들이 제압되어 로마를 섬기게 되었고, 반란이 진압되고 반란자들이 처형되었으며, 법률이 공포되어 집행되었고, 세금이 부과되어 징수되었으며, 도시·도로·육교가 계획되고 건설되었다. 모든 사람이 볼 수 있는 방식으로 일들이 행해졌다. 이와 대조적으로 복음의 정의를 보려면 그것을 **믿어야** 한다. "예수 메시아의 신실하심을 통해 하나님의 정의가 **믿는** 모든 사람에게 [나타났다]"(롬 3:22, 개역개정을 사용하지 아니함). 우리가 믿고 보도록 돕기 위해 바울은 구약성경으로 향한다. 신적 정의는 "율법과 예언자들에 의해 증언되었기" 때문이다. 그는 구약성경에 등장하는 두 단어—**구속**(redemption)과 속죄소(mercy seat)—를 사용하여 하나님이 자신의 정의를 메시아의 죽음 안에서 모든 사람을 위한 주권적 은혜와 자비로 나타내셨다는 것을 보여준다.

첫째, 하나님은 메시아의 죽음 안에서 "구속"(redemption) 또는 "구원"(deliverance)으로서의 자신의 정의를 나타내시고 보여주시고 증명하신다(롬 3:24). 로마서 3:21-26에서 하나님이 그 동사들의 능동 주어다. 정의는 하나님의 구속하시는 또는 해방하시는 힘이다. 성경적 의미에서 구속의 주된 의미는 이스라엘을 이집트에서 구원하신 때로 거슬러 올라간다. 그때 하나님이 이스라엘을 노예로 붙들고 있던 인간적·우주적 세력들에 대한 자신의 우월성과 승리를 보여주시고, 이스라엘에게 하나님을 섬길 수 있는 자유를 주셨다. 이스라엘은 자신을 구원할 수 없었다. 하나님의 능력만이 그들을 구원할 수 있었다. "이스라엘이 야웨께서 행하신 위대한 일을 보았다.…그래서 민족이 야웨를 경외하고 야웨를 믿었다"(출14:13-14, 30-31. 개역개정을 사용하지 아니함). 구속은 하나님이 **속박에서 자유로 구원**하신 것을 의미한다.

노예 삼는 힘들에 대한 속박(우리는 이것들이 죄와 사망임을 보게 될 것이다)은 이스라엘과 나라들이 "하나님의 영광"—그들의 진정한 운명—에 이르지 못하게 한다(롬 3:23). 하나님의 영광은 추상 명사가 아니다. 바울은 다른 곳(고후 4:3-6)에서 "하나님의 형상이신 그리스도[메시아]의 영광"과 "예수 그리스도[메시아]의 얼굴에 있는 하나님의 영광"에 대해 말한다. 예수 메시아는 하나님의 영광이시다. 그분 자신이 모든 민족이 그분처럼 되라고 부름을 받았지만 달성하지 못하는 지향점이시다. 하나님이 구속하실 때 그분은 모든 사람을—유데아인과 그리스인을 똑같이—죄에 대한 속박에서 건지시고, 드러난 하나님의 정의이신 메시아의 영광스러운 실재로 이끄신다. 이런 식으로 "하나님이 자신이 정의로우시고 예수의 신실하심을 공유하는 사람들을 정의롭게 만드신다는 것을 증명하신다"(롬 3:26. 개역개정을 사용하지 아니함).

일반적으로 "예수 그리스도에 대한 믿음을 통해"라고 번역되는, 로마서 3:22, 26에 등장하는 그리스어 어구는 이 텍스트의 많은 독자에게 친숙하다. 그러나 점점 더 많은 학자가 그 어구가 "예수 그리스도의 믿음(또는 신실하심)을 통해"로 번역되어야 한다고 믿는다(그리고 미국 신개정표준번역[NRSV]에서 이 절들에 대한 각주에서도 인정되고 있다). 나는 그 번역을 따랐다. 이 두 번역이 당신이 이 텍스트에 대해 생각하는 바에 어떤 차이를 만드는가?

둘째, 바울은 또 다른(어렵고 논란이 되는) 그리스어 용어인 **힐라스테리온**(*hilasterion*)을 소개한다. "[모든 사람이] 이제 예수 메시아 안에 있는 구원을 통해 정의로워졌습니다. 하나님이 그분을 그의 피에 있는[피에서 보여진] 신실함을 통해 **힐라스테리온**으로 내세우셔서 정의에 대한 공개적인 증거가 되게 하셨습니다"(롬 3:24-25. 개역개정을 사용하지 아니함). 그리스어 단어 **힐라스테리온**은 종종 "달램"(propitiation)이나 "속죄"(expiation) 또는 "속죄제물"(sacrifice of atonement) 같은 추상적인 개념으로 번역된다.[3] 그 번역들이 모두 잘못된 것은 아니다. 그 단어들을 적절히 이해하는 것이 중요하고 "달램"이 가장 덜 만족스럽기는 하지만 말이다. **힐라스테리온**은 무슨 뜻일까? 바울은 하나님의 정의가 "율법과 별도로" 나타났다고 선언한다. 그러나 그는 ("구속"과 마찬가지로) 그 정의가 "율법과 예언자들에 의해 증언되었다"라고 말한다(롬 3:21). 달리 말하자면 이스라엘의 성서는 **힐라스테리온**이라는 용어를 제공함으로써 하나님의 정의를 증언한다.[4]

70인역에서 (출애굽기와 레위기에 등장하는) **힐라스테리온**은 속죄소(mercy seat)를 가리키는데, 이는 성막과 제사장들과 이스라엘 회중을 정화하기 위해 희생제물로 드려진 동물의 피가 그 위에 뿌려진 언약궤의 황금

---

3 **힐라스테리온**의 의미는 많은 논문, 책, 주석에서 논의된다. Judith Gundry-Volf, "Expitiation, Propitiation, Mercy Seat," in *Dictionary of Paul and His Letters*, ed. Gerald Hawthorne, Ralph artin, and Daniel REid (Downers Grove, IL: InterVarsity Press, 1993), 279-84을 보라. 다음 문헌들도 보라. Darrin W. Snyder Belousak, *Atonement, Justice, and Peace: The Mesage of the Cross and the Mission of the Church* (Grand Rapids, MI: Eerdmans, 2012), 244-64; Fleming Rutlege, *The Crucifixion: Understanding the Death of Jesus Christ* (Grand Rapids, MI: Eerdmans, 2015), 278-82.『예수와 십자가 처형』(새물결플러스 역간).

4 **힐라스테리온**과 그 단어의 동족어들이 나타나는 구약성경의 목록은 Gundry-Volf, "Expitiation, Propitiation, Mercy Seat," 280을 보라.

덮개다(특히 레 16:15-22을 보라). 그 단어는 제물로 드려진 동물이나 제단을 가리키지 않는다. 구체적으로 말하자면 그 단어는 뭔가 중요한 일이 일어나는 **장소**로서의 **언약궤 덮개**를 가리킨다. 다린 벨루삭(Darrin Belousak)은 속죄소에서 일어나는 일의 세 가지 측면을 지적한다. 첫째, 그곳은 하나님의 거룩한 임재의 장소다. 레위기 16:2에서 하나님이 모세에게 "내가 구름 가운데서 속죄소 위에 나타날 것"이라고 말씀하신다. 둘째, 그곳은 하나님이 거기서 이스라엘에 대한 신적 말씀과 명령들을 모세에게 말씀하시는 장소다(민 7:89을 보라). 셋째, 벨루삭은 (레 16:15-16을 언급하며) 그곳이 "(제사장을 통해 대표되는) 하나님이 이스라엘 민족의 범죄로 인하여 성소와 민족을 깨끗하게 하시는 장소"라고 말한다.[5]

바울은 어떤 의미에서 모세의 책들에 근거하여 하나님이 예수 메시아를 **힐라스테리온**, 즉 속죄소로서 드러내신다고 말하는가? 벨루삭은 그것을 다음과 같이 요약한다.

첫째, 예수는 사람들 가운데 계시는 하나님의 거룩하신 현존으로서 사람들이 하나님을 만나는 장소다. 둘째, 예수는 하나님이 그분을 통해 말씀하시는, 하나님께 기름 부음을 받은 예언자로서 사람들이 하나님의 말씀을 듣는 장소다. 셋째, 예수는 하나님이 그분을 통해 자기 민족을 죄에서 씻으시는, 하나님께 기름 부음을 받은 제사장으로서 하나님이 자기 민족의 죄에 의해 야기된 자신의 거룩한 현존으로부터 오염을 정화하시는 장소다. 이처럼 바울은 하나님이 예수를 우리가 거룩하신 하나님을 "대면하여" 만나고, 그분으로부터 하나님의

---

5   Belousak, *Atonement, Justice, and Peace*, 257.

말씀을 듣고, 그분을 통해 우리의 죄가 씻어지는 존재로서 세상에 제시하신다고 말하고 있다.[6]

달리 말하자면 하나님은 **모든 사람**—유데아인과 이방인—에게 차별 없이 (롬 3:22) 자신을 주시고, 말씀하시고, 그들을 깨끗하게 하시고, 화해시키시기 위해 예수 안에서 우리에게 오셨다. 메시아가 오시기 전에 하나님은 전에 저질러진 부정의의 역사를 인내하시며 "못 본 체하셨다"(롬 3:25). 그러나 이제 "선물로서의 그분의 은혜를 통해" 하나님이 "죄를 짓고 하나님의 영광에 도달하지 못한 모든 사람"에게 오셔서 메시아의 신실한 죽음 안에서 자신의 자비를 보여주신다. 이 "속죄소"에서 하나님이 메시아의 피를 흘리게 한 부정의의 역사를 흡수하시고, 하나님의 정의이자 영광이신 메시아를 통해 자신의 살아 있는 정의를 은혜롭게 수여하신다. 바울은 고린도후서 5:20-21에서 이 점을 적나라하게 제시한다. "그러므로 우리가 그리스도[메시아]를 대신하여…간청하노니 너희는 하나님과 화목하라. 하나님이 죄를 알지도 못하신 이를 우리를 대신하여 죄로 삼으신 것은 우리로 하여금 그 안에서 하나님의 의[정의]가 되게 하려 하심이라."

이제 하나님은 더 이상 부정의를 단순히 눈감아주시지 않는다. 하나님은 속죄소이신 예수 안에서 부정의의 예속시키는 힘을 파괴하시고 자신의 구속하시는 정의를 수여하신다. 예수는 모든 민족 가운데 계신 하나님의 은혜, 구속, 화해의 거룩한 장소이며, 하나님은 그분을 통해 관대하게도 자신의 정의를 선물로 주시며, 믿는 사람들을 예수 안에 있는 자기의 정의의

---

6 Belousak, *Atonement, Justice, and Peace*, 258.

형태에 일치하게 만드신다. 하나님은 메시아의 신실한 죽음에서 자신의 정의를 가시화하시고, 정의를 말씀하시고, 정의를 구현하시며, 우리 안에 정의를 만들어내신다. "하나님이 자신의 정의에 대한 공개적인 전시로서 이 일을 하셨습니다. 이는 하나님이 인내하시는 중에 전에 지은 죄들을 눈감아주셔서 이제(성취의 때에) 하나님이 정의로우시다는 것과 예수의 신실한 죽음에 동참하는 사람들 안에 정의를 만들어 내신다는 것을 보여주시기 위함입니다"(롬 3:25-26. 개역개정을 사용하지 아니함). 우리가 하나님의 정의를 어떻게 분별하고 배우는가? 우리는 속죄소이신 예수를 바라봄으로써 그것을 분별하고 배운다.

> 하나님이 예수 메시아의 성육신, 생애, 죽음, 부활, 높아지심에서 정의를 나타내신다(apocalypses, 드러내시고 구현하신다)는 것이 바울에게는 정의의 좋은 소식이다. 이 점이 당신이 이 장을 읽기 전에 정의에 관해 생각했던 바와 비교해서 이제 당신이 정의에 관해 생각하는 바를 어떻게 변화시키고 형성하는가?

3장

시스템들을 넘어서는
정의

이 장에서 다루는 내용

....

- 로마서 1:18: 하나님의 분노는 좋은 소식이다.
- 로마서 1:19-32: 우상숭배—이방 나라들의 체계적인 속박
- 로마서 2:1-29: 기본적인 수준에서의 선과 악
- 로마서 3:1-30: 율법—유데아인들의 체계적인 속박

하나님은 그분의 기준에 비춰보면 "모든 사람이 미치지 못하고", 그분을 통해 모든 사람이 정의를 받는 속죄소인 예수 메시아 안에서 정의를 나타내신다. 이 점이 우리가 로마서 1:18-3:20에서 발견하는 길고 어려운 논의를 이해하기 위한 단서다. 이 텍스트에서 바울은 두 가지 종합적인 의미—바울의 세상을 구성하는 시스템들인 로마의 시스템과 유데아의 시스템—에 기초하여 좋은 소식의 빛을 비춘다. 이 시스템들 각각은 어느 정도 종합적으로 다음 사항을 겨냥한다. (1) 존재하는 것을 제시한다. 즉 존재하는 모든 것을 관계 속에서 설명하고(진리), (2) 세상에 신적 질서를 구현하고 증진하여 세상을 좀 더 나은 곳으로 만든다(선). 자기들의 신들로부터 권위와 복을 받은 로마인들은 그 신들에게 받은 복을 나라들에 전파하기 위해—필요할 경우 정복을 통해—모든 나라 가운데 로마의 실재를 확립하려고 했다. 유데아인들은 하나님이 모세를 통해 자기들에게 계시하는 토라에 수록된 실재를 인식했다. 그들에게 토라는 일련의 많은 규칙과 규정보다 훨씬 더 큰 의미가 있었다. 그들에게 토라는 하나님이 우주를 창조하시고 다스리시는 양상인, 만물의 질서를 잡는 신적 원리였다. 토라에 따라 산다는 것은 신적 진리와 선함에 일치하게 사는 것이었다. 세상에서의 정의는 토라를 통해 식별되었다.

바울은 로마-이방인의 시스템과 유데아의 시스템 각각을 복음에 비춰 비판적으로 조사하고 나서, 그것들이 근본적으로—방식은 서로 다르지만—흠이 있으며 세상에 신적 정의를 가져올 수 없다고 생각한다.

물론 로마인의 관점에서는 유데아의 토라 시스템이 전혀 실재에 대한 종합적인 관점이 아니었다. 그것은 로마 제국 변두리의 작은 땅에 거주하는 소수 민족과 제국의 주요 도시의 좁은 지역에 모여 살면서 자기들의 이상한 관습과 전통을 유지하기를 고집하는 소수의 디아스포라 유데아인의 이상하고 심지어 불쾌한 일련의 아이디어, 전통, 관습들이었다. 로마인들에게 디아스포라 유데아인들은 로마-이방인 문화와 사회에 동화되기, 즉 실제 세상에 사는 "정상적인" 사람이 되기를 거부하는 고집 센 외국인들로서 용인되었다(그리고 때로는 멸시되었다). 로마인들에게 이상한 유데아인 소수 민족 사회는 대수롭지 않게 여겨졌다. 그것은 확실히 위대한 로마 문명보다 열등했고 조금도 위협이 되지 않는다고 생각되었다. 유데아의 율법 시스템은 기념되기보다는 억제되고 용인될 대상이었다.

이방인-로마 사회가 인구의 대다수를 차지했고 로마인들이 유데아를 포함한 방대한 제국을 통치했기 때문에 종교, 문화, 법률, 정치를 포함한 이방인-로마 사회가 세상을 지배했다. 그러므로 유데아인의 관점에서 볼 때 이방인-로마의 우주적-역사적 시스템—로마의 세계관과 세상에서의 로마의 목적과 운명—은 예컨대 그리스에 소재한 아테네의 전통 및 관습을 갈리아(프랑스)에 소재한 루그두눔(리용)의 전통 및 관습과 차별화할 미묘한 차이들과 세부 사항들에 주의를 기울임이 없이 전체적으로 평가될 수 있었다. 유데아인의 관점에서 볼 때 이방인-로마 사회는 가짜 신들의 숭배라는 끔찍한 병에 걸렸다. 이방 나라들 가운데 존재하는 모든 도덕적, 사회적, 정치적 문제는 궁극적으로 그들의 혐오스러운 "불경건" 또는 우상숭배의 열매였다. 그들과 대조적으로 유데아인들은 자기들에게 그분의 이름—자신의 신적 실재—을 계시하시고 그들의 종합적인 생활 방식으로서 토라라는 선물을 주신 참되신 한 분 하나님을 예배했다. 따라서 실재에 관한 유데아의 시스템과 사회 질서가 작은 소수 민족만을 대표했지만, 그들에게는 그것이 신학적·도덕적으로 훨씬 우수했다.

로마의 이방인들과 유데아인들은 거들먹거리며 서로를 의심하는 경향이 있었다. 두 집단 안에 있는 이 경향이 로마서 전체에 나타나는 한 가지 주제를 형성한다. 그 경향을 약화하는 것이 바울이 로마서에서 의도하는 주요 목표 중 하나다. 우리가 앞 장에서 살펴보았듯이, 메시아 안에 있는 하나님의 정의는 이방인과 유데아인 사이의 차이를 완전히 초월한다. 어떤 의미에서는 그 차이를 계속 인식하지만 말이다(이 주제는 뒤에서 다뤄질 것이다). 로마서 1:18-3:20에서 바울은 서로 거들먹거리는 경향에 대해 다른 방식으로 도전한다. 그는 예수 메시아 안에서 나타난 하나님의 정의에 비춰 볼 때 로마-이방 시스템이나 유데아 시스템 어느 것도 자랑하거나 다른 편을 비웃을 근거를 제공하지 않는다는 점을 보여준다. 어느 사회도 전체적으로 메시아 안에 있는 하나님의 정의의 실재라는 기준에 따라 살지 않는다. 두 사회 모두 그 기준에 미치지 못한다. 상대편보다 자기들이 진리와 정의를 참으로 그리고 영광스럽게 구현한다는 그들의 주장에도 불구하고 복음은 각각의 사회가 실상은 자신의 방식으로 죄(Sin)의 체제에 사로잡혔음을 드러낸다.

나는 방금 전에 죄(Sin)의 체제에 관해 말할 때 죄를 대문자 S로 썼다. 바울에게 있어 실제로 "죄들"—사람들의 악행들—이 존재하지만, 모든 인류를 지배하는 우주적 힘 또는 체제로서의 죄(Sin)도 있다. 로마서 3:9에서 바울은 유데아인들과 나라들이 죄 아래 있다고 말한다. 그는 우주적 힘들 또는 체제들로서의 사망 아래에 있음과 율법 아래 있음에 대해서도 말할 것이다. 죄를 단순히 "죄들"로 생각하는 것 외에 우주적 체제로 생각하는 것이 어떤 차이를 만드는가?

하나님의 분노가 나타남(롬 1:18)

하나님의 정의는 예수 메시아로서 도래한다. 그러나 바울에 따르면 하나님의 정의의 묵시적 좋은 소식은 **동시에** 인간의 우상숭배와 부정의에 대한 하나님의 **분노**의 묵시적 좋은 소식이기도 하다. 바울이 좋은 소식에 "하나님의 정의[*dikaiosynē theou*]가 나타나고[*apokalyptetai*]"(롬 1:17), "하나님의 진노[*orgē theou*]가 나타난다[*apokalyptetai*]"(롬 1:18)라고 말하기 때문이다.

예수 메시아의 하나의 사건이 하나님의 정의이기도 하고 하나님의 분노이기도 하다. 바울은 "복음은 구원을 주시는 하나님의 능력"(롬 1:16)이라고 말한다. 복음이 세상에 침투할 때 예수 안에 있는 하나님의 이상한 정의는 나라들의 사회적·문화적·정치적 시스템들에 관한 진실을 드러낸다. 좋은 소식의 계시에 비추어 볼 때 이런 시스템들은 정의에 미치지 못할 뿐만 아니라 종종 무질서·부패·폭력·부정의를 **강화한다**는 것이 드러난다. 그 시스템들의 열매는 종종 정의와 생명이 아니라 억압과 죽음이다. 좋은 소식이 강력하게 뚫고 들어와 인류를 속박하고 역사적으로 큰 피해를 끼친, 경건치 않고 불의한 시스템들을 열어젖히고 그것들의 민낯을 드러낸다. **복음은 정의와 생명을 위해** 이 세상의 시스템들을 심판하는 것으로 다가온다. 그렇다면 우리는 하나님의 분노가 하나님의 자비임을 알아야 한다. 우상숭배와 불의의 시스템들을 **향한** 하나님의 분노는 그것들에 예속되고, 짓밟히고, 파괴된 사람들을 **위한** 좋은 소식이다. 하나님의 분노가 해방한다! 예수 메시아의 나타나심(apocalypse)은 해방하는 단일한 사건으로서의 하나님의 정의, 분노, 자비의 도래다.

바울 자신이 하나님의 정의, 분노, 자비가 하나임에 대한 개인적인 예다. 갈라디아서에서 그는 복음이 동시에 자신을 파괴하기도 하고 재창조하기도 한다고 말한다. "내가 그리스도[메시아]와 함께 십자가에 못 박혔나니, 그런즉 이제는 내가 사는 것이 아니요 오직 내 안에 그리스도[메시아]께서 사시는 것이라. 이제 내가 육체 가운데 사는 것은 나를 사랑하사 나를 위하여 자기 자신을 버리신 하나님의 아들을 믿는 믿음 안에서 사는 것이라"(갈 2:19-20). 바울이 한때 "자기 자신으로서" 살았던 삶은 유대교와 모세 율법의 맥락 안에서 형성된 그의 삶이었다. 그러나 단순히 이런 관점(바울이 그것에 따르면 자신이 "흠이 없다"라고 여겼던 정의 시스템 안에서 구성된 그의 삶, 빌 3:6)은 그에게 임한 하나님의 아들의 나타나심(갈 1:16)을 견딜 수 없었다. 그 삶은 십자가에 못박혔다. 그것은 하나님의 큰 자비였다. 십자가에 못박힘의 다른 측면에서 육체 안에 있던 바울—여전히 **유데아인**인 바울—은 부활 생명의 능력, 곧 그의 안에 계시는 하나님의 아들의 능력에 의해 일으킴을 받았다. **새로 창조된** 유데아인 바울은 이방 나라들에 대한 메시아의 사절이 되었다. 갈라디아서의 끝 부분에서 바울은 다음과 같이 말한다. "그러나 내게는 우리 주 예수 그리스도[메시아]의 십자가 외에 결코 자랑할 것이 없으니, 그리스도[메시아]로 말미암아 세상[*kosmos*]이 나를 대하여 십자가에 못 박히고 내가 또한 세상을 대하여 그러하니라"(갈 6:14). 여기서 바울 자신의 개인적인 삶뿐만 아니라 세상—즉, 바울이 유데아의 우주적-역사적 시스템의 관점에서 세상을 이해한 **실재**—이 메시아 안에서 끝나고 십자가에 못박혔다. 바울의 세상이 자비롭게도 좋은 소식에 의해 파괴되고, 그 파괴의 다른 쪽에 "새로운 창조"가 존재할 수 있게 되었다(갈 6:15). 마찬가지로, 로마-이방의 우주적-역사적 시스템과 유데아의 그 시스템을 통해 정의된 진리(the Real)와 선(the Good)은 좋은 소식에 접함으로써 십자가에 못박히고 새로운 창조물로 일으킴을 받아야 한다(근본적으로 변화되어야 한다).

> 예수 메시아는 우상숭배와 불의의 시스템들을 향한 하나님의 분노라는 생각에 관해 숙고하라. 당신은 이에 동의하는가? 이 점이 하나님이 불의의 시스템들을 어떻게 다루시는지에 대한 당신의 이해에 어떤 영향을 주는가?

우상숭배: 이방 민족들의 체계적인 속박(롬 1:19-32)

로마서 1:18-3:20에서 바울이 말하려는 요점은 (흔히 생각되듯이) 모든 개인이 사악한 죄인이고 따라서 하나님께 정죄를 받은 "잃어버린" 사람이라는 결론에 도달하는 것이 아니라는 것을 우리가 이해할 필요가 있다. 사실, 우리는 로마서 2:1-16에서 바울이 개인 차원의 선과 악, 정의와 불의에 대해 제공하는 미묘한 설명을 볼 것이다. 내가 이미 말한 바와 같이 바울은 이 대목에서 **실재를 설명하는**, 그가 살던 세상의 두 가지 **종합적인 시스템**, 즉 그리스-이방 시스템(롬 1:18-32)과 유데아 시스템(롬 2:17-3:20)을 다루고 있다. 그가 로마서 3:9에서 모든 사람(*pantas*)이 죄 아래 있다고 결론지을 때 그가 의미한 바는 한두 개의 대규모 시스템—한편으로는 이방-로마의 우상숭배 시스템과 다른 한편으로는 유데아의 토라 시스템—아래 포함되는 모든 사람을 집합적으로 일컬은 것이다. (방식이 다르기는 하지만) 이 두 시스템 모두 또 다른 상위의 시스템인 죄의 시스템에 포함되고 그 시스템에 사로잡혔다. 바울이 로마서 3:19-20에서 "모든 입"(*pan stoma*)을 막고, "온 세상"(*pas ho kosmos*)으로 하나님의 심판 아래에 있게 하며, 율법의 행위로 그의 앞에 의롭다 하심을 얻을 "육체가 없다"(*ou...pasa sarx*)라고 한 말은 **시스템 차원의** 범주를 말한 것이다. 우상을 예배하는 시스템은 확실히 공정한 사회를 만들어 내지 않는데, 토라 시스템도 마찬가지다. 두 시스템 모두 그것들을 지배하는 시스템인 우주적인 죄의 체제에 사로잡혔기 때문이다. 죄 때문에 두 시스템 모두 예속되었다. 두 시스템 모두 원수를 만들어 내고, 자기들의 신민들이 예수 안에 있는 하나님의 정의를 보지 못하게 한다.

　　로마서 1:18-32에 기록된, 이방 시스템에 대한 바울의 묵시적 비판은 중요한 측면에서 낯익은 유데아의 사고방식이다. 바울이 "하나님의 진노가 불로 진리를 막는 사람들의 모든 경건하지 않음[*asebeian*]과 불의 [*adikian, dik-*가 어간임을 주목하라]에 대하여 하늘로부터 나타나나니"(롬 1:18)라고 말했을 때 유데아인은 이방 민족들의 비참한 상태, 특히 그들의 비도덕적인 통치자들과 강력한 엘리트 집단을 생각했을지도 모른다. **경건 치 않**음은 이방인 사회들을 꼭대기부터 바닥까지 혼란에 빠뜨리는 거짓 신들에 대한 예배를 집합적으로 가리킨다. 예를 들어 바울보다 1세기 전에 살았던 어느 유대인 철학자는 솔로몬 왕의 이름으로 쓴 작품(그의 작품은 솔로몬의 지혜라고 불리며, 외경과 위경을 포함하는 성경책에서 찾아볼 수 있다)에서 우리가 로마서 1:19-32에서 읽은 내용과 비슷한 내용으로 이방 민족들에 대한 긴 비판을 기록한다(바울의 글이 훨씬 짧지만 말이다).

　　그 철학자는 (이집트인들로 대표되는) 이방 민족들은 "눈에 보이는 좋은 것을 보고도 존재하시는 분을 알아보지 못하였고, 업적을 보고도 그것을 이룩하신 분을 알아보지 못하였다"라고 주장한다. 그들은 "피조물의 웅대함과 아름다움으로 미루어보아 우리는 그것들을 만드신 분을 알 수 있음"에도 이런 식으로 실패했다. 이방인들이 "하나님을 찾으려고 열렬히 노력할" 수도 있겠지만, 그들은 그럼에도 "용서받을 수 없다. 그들이 세계를 탐지할 수 있는 지식을 쌓을 능력이 있다면[그들은 훌륭한 과학자들이었다!] 어찌하여 세계를 만드신 분을 일찍이 찾아내지 못했는가?"(지혜서 13:1-9) 대신에 그들은 우상 숭배자들이었다. 이방 민족들은 자기들의 사회가 번성할 수 있도록 신들을 존경했지만, 유데아 철학자들이 생각하기에 그런 우상숭배는 "간음의 시작"이자 "삶의 부패"이며, 지혜서의 저자가 길게 열거하는 모든 종류의 도덕적·사회적 혼란으로 이어졌다(지혜서 14:12-31).

이방 민족들이 자기들이 조사한 세상에 대한 과학적 지식이 그들을 이끄는 지향점을 따랐더라면, 즉 그들이 **창조주**와 **도덕법**을 **알았더라면** 그들은 횡행하는 우상숭배, 폭력, 불의로부터 구원받았을 것이다. 그러나 그 일은 일어나지 않았다. 그들의 우상숭배와 불의는 그들의 무지, 어리석음, 명백한 진리에 대한 완고한 거부에 기인한다. 그들에 대한 하나님의 심판은 불가피하며 자업자득이다. "하나님은 불경스러운 자[asebōn]와 그가 만든 불경스러운 물건[asebeia]을 똑같이 미워하시고 그 물건과 그것을 만든 자를 똑같이 벌하신다"(지혜서 14:9-10).

바울은 어떤 면에서는 그 유데아 철학자에게 동의한다. 이방 민족들은 하나님을 어느 정도 알았어야 했다. 바울은 하나님이 자신이 창조하신 것들을 통해 그들에게 하나님의 보이지 않는 실재를 나타내셨다고 말한다(롬 1:19). 하나님이 피조물들을 통해 자신의 신적 실재의 표지들을 주셨지만, 하나님은 피조물들 가운데 하나로 생각되어서는 안 된다. 이방인들은 적어도 창조주와 피조물 사이의 **근본적인 차이**를 분별해야 했다. 즉, 그들에게 하나님의 "영원하신 능력과 신성"이 알려졌다(롬 1:20). 그들은 하나님이 어떤 존재가 아니신지를 알 수도 있었을 것이다. 하나님은 보이지 **않으신다.** 그분은 만들어진 어떤 것이 **아니시다.** 바울에게 하나님은 유데아의 그 철학자가 주장하듯이(지혜서 13:3) 단순히 신들보다 훨씬 뛰어난 존재가 아니시다. 하나님은 비교될 수 없는 분이시다. 아마도 신들에 관한 일종의 무신론이 우상숭배보다 하나님을 훨씬 더 공경하는 사고방식이었을 것이다. 하지만 이방 민족들은 보이는 피조물들과 인간의 손에 의해 만들어진 것들에게 신적 능력과 본성을 돌렸다. "하나님을 영화롭게도 아니하며 감사하지도 아니하고 오히려 그 생각이 허망하여지며 미련한 마음이 어두워졌나니, 스스로 지혜 있다 하나 어리석게 되어 썩어지지 아니하는 하나님의 영광을 썩어질 사람과 새와 짐승과 기어다니는 동물 모양의 우상으로 바꾸었느니라"(롬 1:21-23). 이처럼 상상된 신들은 인간의 목적과 대의명분에 봉사하도록 만들어졌고 이방 나라, 사회, 정치 질서의 신적 토대이자 원천이라고 믿어졌다.

그러나 그 유데아 철학자와 달리 바울은 "경건치 않은" 사람들이 그들의 "경건치 않음"만큼 하나님께 "똑같이 밉상"이라고 말하지 않는다. 바울은 시스템과 사람을 철저히 구분한다. 바울에게 있어 하나님의 분노는 경건치 않은 사람들을 향해 표출되는 것이 아니라 **경건치 않음**(*asebeia*)에 대해 폭발한다. 사실, 우리는 하나님이 메시아 안에서 바로 그 **경건치 않은 사람들에게** 오시고 그들을 위해 죽임을 당하신다는 것을 살펴볼 것이다. 하나님은 경건치 않은 이방 민족들을 처벌하시는 데 열중하시는 것이 아니라 그들을 불경건과 억압의 시스템으로부터 구원하기를 열망하신다. 그것이 하나님의 정의다.

그러나 이방 나라들의 속박 이야기는 복잡한 이야기다. "그러므로 하나님이 그들을 넘기셨다[*paredōken*]." 바울은 몇 구절(롬 1:24, 26, 28)에서 이 표현을 세 번 반복한다. 그리스어 동사 **파레도켄**(*paredōken*, 넘기다)은 재판관이 유죄 판결을 받은 범죄자를 투옥하기 위해 간수에게 "넘기는" 것처럼 하나님의 계획적이고 의도적인 행동을 말한다.[1] 사실 바울에 따르면 이 일이 일어났다. 하나님이 우상을 숭배하는 나라들을 신들에게 넘겨주셨고, 그 신들에 대한 그들의 예배와 신적 힘의 중재자로 여겨진 사람들(통치자들과 제사장들)의 행위를 통해 그 나라들에 대한 신들의 힘이 강해졌다. 그 나라들은 자유로운 행위자들이 아니라 이 악의적인 신적 힘들에 종속되어 있으며, 이는 나아가 그들의 문화, 사회, 정치 질서를 형성한다. 바울은 타협하지 않는 언어로 우상을 숭배하는 사회들의 몇 가지 특징―정욕, 몸을 격하함, 어지러운 성적 정열, 마음이 어두워짐, 사회적 무질서, 체계적 불의, 폭력, 악―을 묘사한다(롬 1:24-32). 문제는 그 나라들이 자기들의 상태를 예속되었고 무질서한 것으로 인식하지 않고 본받을 가치가 있는 것으로 본다는 것이다. 바울이 말하듯이 그들은 "자기들만 행할 뿐 아니라 또한 그런 일을 행하는 자들을 옳다고 한다"(롬 1:32).

닐 엘리어트(Neil Elliott)는 로마서 1:18-32에서 바울이 이방 나라들을 다스리고 대표하는 엘리트들, 특히 로마 황족들의 행위와 방식을 묘사한다고 주장한다. 그들은 거만하고, 극악무도하며, 종종 일반적인 도덕

---

1   "하나님이 그들을 넘겨주셨다"라는 어구에 대한 중요하고 설득력이 있는 논의가 Beverley Roberts Gaventa, *Our Mother Saint Paul* (Louisville, KY: Westminster John Knox, 2007), 113-23에 제시되어 있다.

이방 민족들에게는 자기들의 신들, 통치자들, 사회적·문화적·정치적 삶의 형태들이 자연스럽기도 하고 필요하기도 하며, 그것들이 삶이 번성할 수 있는 상태를 제공해주고, 따라서 축하하고 증진할 가치가 있었다. 그러나 복음의 빛이 비치면 이런 상태들은 나라들이 자신을 예배와 순종에 내준 힘들의 파괴적인 효과임이 드러난다. 하나님이 그들을 이 힘들에 넘겨주셨다.

나는 이 대목에서 진행을 멈추고 몇 가지 중요한 점을 언급하려고 한다. 첫째, 바울이 이방 나라들이 우상들과 불의에 예속된 것은 그들이 하나님을 하나님으로 존중하기를 거부한 결과일 뿐만 아니라 하나님 자신이 그들을 넘겨주신 행동의 결과이기도 하다고 말하는 것이 우리에게는 이상하게 생각될지도 모른다. 그러나 바울은 하나님이 이방 민족들을 우상 숭배자로 **만들지** 않으신다는 점을 명확히 한다. 우상숭배는 그들 자신이 하나님을 자연과 문화의 신들로 바꾼 행동이다(롬 1:23, 25). 그럼에도 하나님은 나라들을 그들이 스스로 만들어 낸 신들에게 (관리받도록) 넘겨주신다. 이 신들은 (실제로 존재하지는 않을지라도) 인간의 사회들에 대한 실제적인 영적·정치적 힘을 획득하며, 사실상 나라들에 대한 천상의 감독자들이 된다(갈 4:1-11을 보라). 의심할 나위 없이 이것이 바울이 로마서 1:18에서 "하나님의 진노가 **하늘로부터** 나타난다"라고 말하는 이유다.

　　나라들이 신들과 세력들에게 어떤 지위를 부여하든, 높아지신 하나님의 아들이 신적 권위로 그들을 다스리신다. 따라서 바울은 이방 민족들이 신들의 감독하에 놓인 것조차도 하나님이 궁극적으로 복음의 목적에 이바지하게 만드시는 상태라고 이해한다(바울은 궁극적으로 이 점을 롬 11:30-32에서 선언할 것이다). 이 대목에서 요점은 이방 나라들이 그들의 우상숭배와 불의에도 불구하고 하나님에게서 벗어나지 않았다는 것이다. 오히려 하나님이 그들을 해방하시고 되찾으실 때까지 그들을 넘겨주셨다. 그들이 궁극적으로 하나님의 소유가 **아닌** 것이 결코 아니기 때문이다.

> 당신은 세 번 반복되는 "하나님이 그들을 넘겨주셨다"(롬 1:24, 26, 28)라는 표현에 어떻게 반응하는가? 바울의 표현이 그런 가정들에 어떻게 도전하는가? 어떤 영적 힘들(신들이 아니라면 이상들과 궁극적인 가치들)이 당신의 국가와 사회를 움직이고, 인도하는가? 당신은 그것들에 얼마나 헌신하는가? 당신은 당신이 그 안에서 살아가는 좀 더 넓은 사회문화적 시스템들 안에서 개인으로서 삶의 틀을 그 시스템이 요구하는 바와 얼마나 자유롭게 다르게 짜고 있는가?

둘째, 사회적·문화적·정치적 힘에 대한 바울의 이해는 복잡하다. 바울에게 있어 신들과 군주들, 세상의 구조들과 원칙들, 영적 세력들과 권위들, 지상의 주권·정부·기관들, 사회적 규범과 압력들, 보통 사람들과 그들의 희망들 및 욕구들이 모두 세상의 실재라는 복잡한 얼개 안으로 함께 엮인다. 바울은 그것을 때때로 "이 세상" 또는 "이 악한 세대"라고 부른다. 갈라디아서 4:8-9, 고린도전서 2:6-8과 8:4-5, 로마서 8:38-39 같은 텍스트들에서 바울은 "우리를 우리 주 그리스도 예수 안에 있는 하나님의 사랑에서 끊으려고" 위협할 수도 있는 일련의 복잡한 세상의 원칙들과 힘들을 열거한다(롬 8:39 NRSV). 집합적인 민족사회적·정치적 실체로서의 나라들은 "본질상 하나님이 아닌 자들에게 종 노릇한다"(갈 4:8). 바울에게 있어 가장 넓은 의미에서의 우상숭배는 우리 시대에 우리가 문화, 세계관, 사회적 상상력으로 부를 수도 있는 것, 즉 특정한 사회 또는 국가에서 "사물의 존재 방식"에 대해 당연하게 여겨지는 것들이다. 그것은 일반적인 생활을 가능하게 하고 세상 사람들 안에서와 사이에서 어느 정도 정체성과 안정성을 만들어 내는 모든 이상, 가치, 제도, 규범, 규칙, 습관, 가정, 동의, 개인적·사회적 관습을 포함한다. 이교 사회들에는 단순히 혼돈과 폭력만 있는 것이 아니라 종종 상당한 번성도 존재한다. 삼위일체 하나님과 그분의 메시아 예수의 통치를 인정하지 않는 그런 시스템들 안에도 일종의 **오도된 질서**(disordered order)가 존재한다.

바울이 이방 국가들을 "하나님이 넘겨주셨다"라고 한 말은 궁극적으로 어떤 의미에서는 하나님이 **섭리적으로** 그렇게 하셨다는 말이다. 즉, 하나님이 예수의 죽음과 부활 및 성령의 능력 안에서 도래하는 자신의 **참된 메시아적 해방과 정의의 질서**를 나타내실 때까지 나라들을 오도된 질서("신들")에게 넘기셨다(하나님이 이방 나라들을 감금하셨다). 그럴지라도 남아 있는 세상의 시간에서 메시아 안에 있는 신적 정의의 좋은 소식이 침투하고 하나님이 그분의 해방하시는 분노에서 그 감옥을 여실 때까지 "경건치 않음과 불의"는 체계적으로 노예가 되어 있는 나라들의 상태를 말한다. 그러고 나서 또 다른 실재가 상상할 수 있게 된다.

일반적인 이방인들과 유데아인들 사이에서 선과 악(로마서 2:1-29)

이방 민족들이 하나님을 인정하지 않고 계속 우상숭배와 불의를 실행했기 때문에 솔로몬의 지혜를 쓴 유데아 철학자는 나라들과 그 민족들이 하나님의 심판의 벌을 받아야 한다며 그들을 정죄한다. "그러나 그들이 지은 두 가지 죄에 대해서 정당한 벌이 내릴 것이다. 우상 숭배자들로서 하나님을 잘못 인식한 죄와 거룩한 것을 경멸하고 진리를 거슬러 정당하지 않게 맹세한 죄가 그것이다"(지혜서 14:30). 그러나 그 철학자의 민족인 유데아인들은 그런 처벌에서 면제된다. 그는 다음과 같이 말한다. "그러나 우리 하나님은 인자하시고 진실하시고 참을성이 많으셔서 만물을 자비로 다스리신다. 우리[유데아인]는 죄를 지을 때에도 하나님의 힘을 인정하기 때문에, 여전히 하나님의 자녀들이다. 그러나 우리는 하나님의 자녀임을 알기 때문에 죄를 짓지 않는다. 하나님을 아는 것이 의를 완전히 이루는 것이며 하나님의 힘을 아는 것이 불멸의 근원이다"(지혜서 15:1-3). 이방 나라들의 우상 숭배와 정당한 처벌과 대조적으로 유데아인들은 하나님을 알며, 그들이 죄를 지을 때 하나님의 친절과 자비에 의존할 수 있다. 그 철학자가 말하듯이 그들은 하나님과 하나님의 능력을 알기 때문에 죄를 짓지 **않을** 것이지만 말이다. 하나님에 대한 그들의 참된 지식이 유데아인들에게 정의와 불멸을 보장한다.

바울은 로마서 2장에서 그런 가정들에 도전한다. 바울은 악에 대한 하나님의 심판에 관해 그 유데아 철학자에게 동의한다. "이런 일[바울이 롬 1:24-32에서 열거하는 악행들]을 **행하는** 자에게 하나님의 심판이 진리대로 되는 줄 우리가 아노라"(롬 2:2). 그러나 그는 유데아 민족이 단순히 하나님을 **알기** 때문에 하나님의 심판을 피하리라는 그 철학자의 주장을 받아들이지 않는다. 바울은 "네"(그 철학자의 관점을 수용하는, 상상 속의 유대아인)가 이방인들과 같은 일을 한다면 너 역시 심판을 받을 것이라고 말한다. 하나님의 "친절과 받아주심과 인내"는 참되신 하나님을 알기만 하는 사람들(유대아인)에 대한 보험이 아니다. 오히려 그것은 "너를 인도하여 회개하게 하고"(롬 2:4) 선한 일을 하게 만들도록 의도되었다. 하나님의 "공정한 심판"(*dikaiokrisias*)이 나타나는 날(롬 2:5)에 유데아인이나 이방인은 그들이 알았던 것을 토대로 심판을 받는 것이 아니라 그들이 **행한** 것을 토대로 심판을 받을 것이다.

높은 수준의 관점에서 보면 이방 민족들은 실로 집합적으로 하나님에 대한 지식을 얻지 못했고 하나님을 예배하지도 않았다. 따라서 하나님은 나라들을 그들 스스로 선택한 신들과 세력들에게 넘겨주셨고, 이제 그것들이 그들을 다스린다. 개인들 역시 이런 집합적인 우상숭배 시스템들과 사회 질서들 안에 감금되었고, 종종 그것들의 희생자가 된다. 하지만 그런 시스템들과 질서들이 반드시 일반적인 이방인들이나 유대아인들이 하나님이 요구하시는 선을 행하지 못하게 하는 것은 아니다. 선을 행하라는 신적 요구는 나라들 가운데 존재하는 모든 종교적, 사회적, 법적, 정치적 시스템을 능가한다. 선을 행하라는 하나님의 요구(즉 이웃을 자신과 같이 사랑하라는 요구, 롬 13:9)는 친구, 외인, 원수들 사이의 구체적인 일상의 삶에 처해 있는 모든 인간에게 적용된다. 어떤 사람이 선을 행함으로써 하나님의 (암묵적인) 요구에 반응하면 그 사람은 어떤 측면에서는 자신의 체계적인 속박을 뛰어넘는 셈이다. 그리고 사실 그런 일이 일어난다. 사회문화적·정치적 시스템들이 죄에 예속되었고 종종 억압적이며 사람을 노예로 만들지만, 심지어 우상을 숭배하는 나라들에서도 보통 사람들은 여전히 종종 선을 행하고 선한 삶을 산다. 그리고 하나님이 택하신 유데아 민족 가운데서도 악을 행하는 보통의 개인들이 존재한다. (신적인 율법을 지닌) 유데아인만 선을 행하는 것이 아니고, (신적인 율법이 없는) 이방인만 악을 행하는 것이 아니다.

바울이 모든 사람이 죄를 짓는다는 생각을 논박하지는 않았겠지만, 그는 개별적인 죄에 대한 일괄적인 관점(예컨대 전적인 부패 개념)을 제시하지 않는다. 그는 보통 사람들 가운데서의 일상의 삶이라는 밑바닥 계층의 실재를 진지하게 고려한다. 보통 사람들은 언제나 역사와 나라들이라는, 모든 것을 포함하는 시스템들에 붙들려 있지만—그리고 종종 그것들에게 매료되고 억압되지만—그들은 자기들이 붙들려 있는 시스템들 **이상**이다. 그들은 종종 자기의 가족, 친구, 이웃들과 평화롭게 산다. 그들은 결혼하고 자녀를 양육한다. 그들은 비싼 대가를 치르고 서로를 돌본다. 그들은 외인들을 환대한다. 그들은 들과 가게와 사업체에서 열심히 일한다. 그들은 공정한 가격에 물건을 매매하고 교역한다. 그들은 함께 슬퍼하고 웃고 축하한다. 그들은 체계적인 분리를 무시한다. 그들은 범죄와 폭력과 전쟁을 싫어한다. 밑바닥 계층에서는—아마도 바울은 특히 로마에 있는 메시아 추종자들의 모임에서 발견되는 사람들 같은 노예, 소작농, 이주자, 노동자, 기능공들을 생각하고 있을 것이다—사람들이 종종 선을 행하며 좋은 일들이 오기를 기다린다. 우리는 이런 사람들을 일상의 메시아 추종자라고 부를 수 있을 것이다. 하나님의 정의에 대한 바울의 이해에서 이 점이 어디에 나타나는가? 바울은 다음과 같이 말한다. "참고 선을 행하여[ergou agathou—문자적으로는 '선한 일을 하는 사람들'] 영광과 존귀와 썩지 아니함을 구하는 자에게는 [하나님이] 영생으로 하시고 오직 당을 지어 진리를 따르지 아니하고 불의를 따르는 자에게는 진노와 분노로 하시리라"(롬 2:7-8). 나라들과 사회 질서들을 지배하면서 일반 시민으로부터 순응과 복종을 요구하는 부패, 허위, 불의의 구조·시스템·힘에도 불구하고 하나님은 모든 인간에게 선을 행하고 진리에 순종할 것을 요구하신다. 그것은 유데아인들과 이방인들에게 똑같이 해당한다. "하나님은 편애하시지 않기 때문이다"(롬 2:11, 개역개정을 사용하지 아니함). 바울은 적어도 민족들 중에서 몇몇 보통 사람, 아마도 많은 보통 사람이 그 시스템들은 줄 수 없지만 하나님은 주실 수 있고 실제로 주시는 최종 운명인 좀 더 높은 목적─"영광과 명예와 불멸─을 위해 노력하면서 하나님이 요구하시는 바를 행한다고 믿는 것처럼 보인다. 율법을 지니고 있는지를 불문하고 선을 **행하는** 사람들은 정의롭다고 판단될 것이다(*dikaiōthēsontai*, 롬 2:13).

대략 바울의 동시대인인 또 다른 유데아인 저자가 한 이 말을 고려해 보라. "주님의 눈에 땅의 거주자들이 언제 죄를 짓지 아니하였나이까? 어떤 나라가 주님의 계명들을 잘 지켰나이까? 주님은 확실히 주님의 계명들을 지킨 개인들을 발견하실 테지만, 계명들을 지킨 나라는 발견하지 못하실 것입니다"(「에스드라2서」 3:35-36 NRSV). 당신은 이 언급의 어떤 측면에 대해 동의하거나 동의하지 않는가? 당신은 다른 나라나 민족은 선을 행하지 않더라도 적어도 당신의 나라나 민족은 선을 행한다고 믿는 편인가? 당신은 심지어 당신의 적국에 사는 많은 일반 시민조차 진지하게 선을 행하려고 하며 실제로 선을 행한다는 점을 기꺼이 인정하겠는가?

체계적인 속박에 대한 하나님의 분노의 복음은 유데아인들과 이방인들로 하여금 그들을 정의하고 서로를 분리하는 체계적인 경계들을 가로질러 생각할 것을 요구한다. 어느 쪽도 순전히 악하거나 선하지 않다. 민족-국가의 경계의 다른 쪽에 있는 사람이 단순히 그 이유로 모두 정죄되어야 하는 것은 아니다. 하나님께만 모든 사람을 심판하실 권리가 있다.

그러나 하나님의 심판이라는 이 문제에 관해 바울은 매우 중요한 주장을 한다. 하나님은 **정의로운 분이신 예수 메시아를 통해** 모든 사람을 심판하실 것이다(롬 2:16). 선은 예수 메시아다(롬 3:21-26). 예수가 정의의 척도이시다. 예수를 떠나서는 어떤 인간에 대한 심판도 없을 것이다. 바울은 심판 날에 하나님이 "예수 메시아를 통해 모든 사람의 감추인 것들을 심판"하실 것이라고 말한다(롬 2:16). 예수의 살아있고 다스리는 실재는 하나님이 그것을 통해 모든 사람과 행동을 심판하시는 선의 기준이자 하나님이 자신을 위해 모든 인류를 화해시키시고 구속하시는 속죄소다. 예수 그리스도를 통한 모든 사람에 대한 하나님의 **심판**은 사실 **좋은 소식**이다.

그렇다면 한 민족으로서의 유데아인들은 그들 가운데 또는 그들을 위해 정의를 가져오는 모세의 율법을 갖고 있다거나 그 율법을 듣는다는 것에 의존할 수 없다. 모세의 율법에서 이스라엘에게 주어진 하나님에 대한 지식이나 하나님의 뜻에 따른 지시는 (우리가 위에서 살펴본 그 유데아인이 자랑하는 것처럼) 유데아인이 이방인과 관련하여 자랑할 이유가 되지 못한다. 바울은 모세의 율법을 받은 유데아 민족에게 독특하고 불가결한 선물("지식과 진리의 모본", 롬 2:20)과 민족들 가운데서 독특한 소명("맹인의 길을 인도하는 자요 어둠에 있는 자의 빛"이 되라는 소명, 롬 2:19, 사 42:6-7을 상기시킨다)이 주어졌다는 것을 논박하지 않는다. 사실 우리는 뒤에서(롬 9-11장에서) 이스라엘에게 수여된 이 "하나님의 선물들과 소명이" 결코 취소되지 않았으며 적절하게 성취되리라(롬 11:28)는 점을 살펴볼 것이다. 그러나 유데아 민족—그들이 자신을 가리키는 명칭인 "할례자"—은 율법을 지녔음에도 중대한 불의의 죄를 범했다. 하나님의 계명들을 앎에도 그들 중 몇몇은 절도, 간음, (그들이 우상들을 부인함에도) 우상의 신전 탈취, 기타 범죄와 불의를 저질렀다(롬 2:21-22).

따라서 모세의 율법을 지녔다는 사실은 독특한 선물이자 소명이지만, 율법 자체가 이방 민족들과 다른 참으로 정의로운 민족을 **만들어 내는 데** 효과적인 것은 아니다. 그 점에 관해 유데아인들은 자랑할 수 없다. 바울은 다음과 같이 선언한다. "하나님의 이름이 너희 때문에 이방인 중에서 모독을 받는도다"(롬 2:24, 사 52:5의 인용—**그리스도인들**은 수 세기 동안 이 말씀에 충분히 귀를 기울이지 않았다). 모세의 율법을 지녔고 할례를 받았다(그것은 전체로서의 그들의 사회문화적 차이를 나타낸다)는 사실은 율법이 증언하는 선이 **행해질** 때만 가치가 있다. 그리고 모세의 율법을 지니고 있지 않은 민족들인 "할례받지 않은" 사람들 가운데서도 때때로 또는 자주 선이 행해진다. 율법이 요구하는 선을 행함(사실 예수 메시아가 이 일을 하신다, 롬 10:4)이 없이는 율법을 지니고 있다는 사실에 관해 자랑할 이유가 없다. 불의하게 율법을 위반하는 유데아인은 사실상 무할례자, 즉 이방인의 일원이 된다. 그리고 율법이 요구하는 선을 행하는 이방인은 사실상 할례자, 즉 유데아인의 일원이 된다(롬 2:25-29). 하나님이 그것을 통해 (유데아인이든 이방인이든) "사람들의 감추인 것들"을 심판하실 유일한 기준은 예수 메시아이시다(롬 2:16). 그는 하나님이 그분을 통해 모든 사람의 행위들을 심판하실 선이시다. 이방인의 우상숭배든 유데아인의 율법이든 우주적-역사적 시스템들은 하나님의 심판에서 결정적인 요인이 아니다. 메시아 안에 있는 하나님의 선하심, 정의, 자비가 결정적인 요인이다.

율법: 유데아 민족의 체계적인 속박(롬 3:1-20)

이 대목에서 바울은, 우리가 상상할 수 있는 바와 같이, 반유데아적으로 보이는 바울의 결론들에 예리하고 적절한 이의를 제기할 유데아 철학자의 음성을 다시 도입한다. 우리는 그들의 논쟁을 다른 표현으로 들어볼 것이다(롬 3:1-10).

철학자: 바울 선생, 당신이 방금 말한 내용이 사실이라면 유데아인이라는 것에 어떤 이점이 있나요? "할례자"라는 사실, 즉 계시된 모세의 율법을 지님으로써 이방 나라들과 분리되고 구분된 민족이라는 사실에 어떤 의미가 있나요?

바울: 우선 유데아인들에게 하나님의 말씀[*logia*]이 맡겨졌기 때문에 매우 실제적인 이점이 있습니다.

철학자 (바울의 말을 끊으면서): 그리고 당신이 지적한 바와 같이 몇몇 유데아인이 율법에 성실하지 않으면 **어떻게 되나요**? 그들의 불성실이 유데아 국가에 대한 하나님의 성실하심을 취소하나요?

바울: 절대로 그렇지 않습니다! 모든 사람이 거짓말쟁이라고 할지라도 하나님은 거짓말쟁이가 아니십니다. 하나님은 언제나 이스라엘에게 하신 자신의 신실한 말씀을 지키십니다. 시편에 "주님의 말씀은 언제나 정당함이 입증되고 주님의 판단은 언제나 편만할 것입니다"[시 51:4]라고 기록되어 있듯이 말입니다. 당신은 하나님의 성실하심을 공격할 수 없습니다!

철학자: 하지만 당신이 주장하듯이 몇몇 유데아인의 불성실한 불의가 하나님의 성실한 정의를 확인하는 데 기여한다면 하나님이 유데아인의 불의를 정죄하는 것은 하나님이 **불공정**하심을 암시하는 것이 아닌가요? (하나님, 제가 그런 말을 한 것을 용서해 주소서!)

바울: 절대로 그렇지 않습니다! 하나님은 언제나 정의로우시다는 것이 자명한 사실입니다. 하나님이 불공정하시다면 그분이 어떻게 세상 사람들을 심판하시겠습니까?

철학자: 다른 방식으로 그 문제를 질문해 보겠습니다. 내 거짓말로 인해 하나님의 진리가 훨씬 더 영광스럽게 빛난다면 (내가 거짓말을 할 경우) 내가 왜 죄인으로서 정죄를 받아야 합니까? [몇몇 사람이 우리가 그렇게 말한다고 비난하듯이] "하나님의 훨씬 더 많은 선이 그것을 통해 빛나도록 악한 행위를 하자"라고 말하는 것이 일리가 있지 않나요?

바울: 그런 말을 하는 사람은 누구나 정죄를 받아 마땅합니다. 그것은 우스꽝스럽습니다!

철학자: 하지만 바울 선생, 당신은 "유데아 민족이 이방 민족들에 비해 어떤 이점을 갖고 있는가?"라는 질문에 아직 대답하지 않았습니다.

바울: 짧게 대답하자면 어떤 이점도 없습니다! 그 점에 관해 설명하겠습니다. 나는 이미 유데아인과 이방인이 마찬가지로 모든 사람이 적대적이고 지배하는 세력으로으로서의 "죄 아래" 있으며 죄에게 사로잡혀 있다고 말했습니다. 그러나 나는 유데아인과 관련해서 그 점을 아직 충분히 설명하지 않은 것 같습니다. 나는 이제 우리 자신의 성경, 즉 율법과 관련해서 그 점을 설명하겠습니다. 그곳에 뭐라고 쓰여 있는지 들어보세요.

바울은 이제 구약성경(대체로 시편)에 기록된 일련의 구절을 인용한다. 그 인용구들에서 율법(롬 3:19)은 명확한 언어로 유데아 민족이 이방 민족들처럼 경건치 않음과 불의에 대해 똑같은 심판 아래 있게 된다고 선언한다. 시편 14:1-3에서 취한 첫 번째 인용 구절(롬 3:10-12)은 그 유데아 철학자가 이방 민족들에게 가하는 비난에 비춰볼 때 특히 중요하다. 바울이 이방 민족들이 하나님을 구하고 그분을 발견하기 위해 노력할 수도 있음을 인정하지만, 그럼에도 그들이 창조세계로부터 하나님에 관해 이해했어야 할 것들에서 벗어나 계속 우상숭배, 부패, 불의에 빠져들었다고 말한 것을 상기하라. 그러나 바울이 인용하는 첫 번째 시편은 **유데아** 민족에 관해 (다소 과장되게) "의인은 없나니 하나도 없으며, 깨닫는 자도 없고, 하나님을 찾는 자도 없고, 다 치우쳐 함께 무익하게 되고, 선을 행하는 자는 없나니 하나도 없도다"라고 선언한다.

달리 말하자면, 그 시편 저자는 이스라엘이 참되신 하나님의 계시와 율법의 계시를 받았다는 사실에도 불구하고 이스라엘에 관해 그 철학자가 이방 민족들에 관해 말한 것과 같거나 더 나쁘게 말한다. 이스라엘은 이방 민족들과 마찬가지로 자기들이 알았어야 할 내용에 따라 살지 않고, 자기들이 받은 명확한 계시의 지식에서 벗어나 있으며, 하나님을 추구하지 않는다. 그 결과도 비슷하다. (이방인들 가운데서와 마찬가지로) 유데아인들 가운데서 거짓말, 속임수, 비방, 저주, 앙심이 존재한다. 그들 가운데 폭력, 파괴, 피 흘림도 있다. 그들은 "평화의 길"을 따르지 않았다(롬 3:17, 사 59:7-8을 인용함). 그들은 하나님을 하나님으로 공경하지("두려워하지") 않는다(롬 3:18). 율법을 지닌 민족으로서 그들은 율법을 지니지 않았고 우상을 숭배하는 민족들과 어떻게 다른가?

바울은 이처럼 **유데아인들 자신의 성경으로부터** 모세의 율법을 지니고 있다는 사실이 유데아 민족이 "죄[의 힘] 아래" 들어오는 것을 막지 못했음을 보여준다(롬 3:9). 이 점에서 ─그 철학자의 질문으로 돌아오자면─ 율법을 가지는 것의 이점이 무엇인가? 전혀 없다! 바울이 인용하는 성경 구절들에 명백히 제시된 바와 같이 율법 자체가 "율법 아래" 있는 자들─유데아인들─에게 직접 말하여 바울의 요점을 증명한다는 점 **외에는** 말이다. **궁극적으로 유데아의 율법이 그 유데아 철학자를 침묵하게 만든다.** 바울은 유데아의 시스템이 정의를 가져오지 못한다는 성경의 증거를 갖고 있다. 따라서 이방 나라들뿐만 아니라 유데아 민족 역시─그들은 함께 "온 세상"(롬 3:19)을 구성한다─똑같이 불의의 체제 아래 있으며, 똑같이 하나님의 심판 아래 있다. (유데아의 것이든 로마의 것이든) 율법[법률] 시스템은 하나님이 모든 민족에게 요구하시는 정의를 가져오지 않는다. 율법은 불의에 대한 좀 더 충분한 인식─일종의 설명─을 낳을 뿐이며(롬 3:20), 실제로 그런 일이 많이 일어난다.

지금까지의 논의

바울이 로마서에서 지금까지 논의한 내용을 복습할 가치가 있다. 우리는 이제 로마서 1:18-3:20을 그 서신 자체의 순서로 돌려놓을 것이다. 로마서 1장에서 바울은 곧바로 하나님과 죽은 자들 가운데서 일으킴을 받으시고 모든 나라의 통치자로 임명되신 하나님의 아들 예수 메시아의 좋은 소식을 선포한다. 예수는 이스라엘과 (로마를 포함한) 모든 나라가 충성해야 할 최고의 주권자시다. 바울은 사도로 따로 세워져 나라들에 메시아의 통치를 선포하고, 그들에게 예수를 신뢰하고 그에게 복종하도록 요구하라고 보냄을 받았다. 바울이 (롬 1:16-17에서) 좋은 소식에 대한 예비적인 정의를 제시할 때, 그는 좋은 소식에 관해 다음과 같이 선언한다.

- 좋은 소식은 민족들을 그들의 속박에서 해방하시는 하나님의 적극적인 능력이다.
- 그 해방("구원")은 유데아인이든 이방인이든 간에 좋은 소식을 믿는 사람들에게 온다.
- 좋은 소식에서 하나님은 매우 독특한 정의, 즉 하나님 자신의 정의를 "나타내시는데"(apocalypses), 그 정의가 바로 구원이다.
- 하나님의 정의는 정의로우신 분 안에서 독특하게 구현된 하나님의 신실하심과 인간의 믿음을 통해 모든 사람에게 오며 세상에서 구현된다.
- 이스라엘과 나라들에 대한 좋은 소식 선포에서 **율법이 빠져 있음**을 주목할 필요가 있다.
- 정의는 율법을 통해 세상에 오지 않는다.

이 정의의 좋은 소식에 율법이 존재하지 않는다는 사실에 대해 많은 그리스인, 로마인, 유데아인은 그것을 이상하게 생각하고 적절한 정의 이론의 핵심 요소가 빠졌다고 여겼을 것이다. 이 모든 위대한 전통은 오랫동안 정의에 관해 율법(법률)의 관점에서 생각했었다. 바울은 자기가 선언하고 있는 정의가 사실은 계시(apocalypse)라고 선언함으로써 자신의 사상이 얼마나 이상한지를 인정한다. 그것은 보통 사람의 인식이나 소유나 입법을 통해 도래하지 않는다. 이 정의는 완전히 다른 곳에서 오며, 완전히 다른 토대

위에 확립된다. 그것은 하나님**으로부터** 오며, 부활 생명의 능력을 통해 하나님**에 의해** 온다. 그 정의는 그것의 묵시적 타자성이 믿어지고 신뢰되어야 한다. 이 묵시 자체의 능력이 믿음과 신뢰를 낳고, 정의에 관한 모든 생각을 그것에 집중시킨다. 이것이 바울이 로마서 1:1-17에서 선언하는 좋은 소식이다.

하나님의 정의가 나타나는 것과 동시에 나라들의 "경건치 않음"과 "불의"에 대해 하나님의 분노가 나타난다(롬 1:18). 하나님의 분노는 나라들을 예속시키는 우상숭배 시스템들과 구조들을 폭로하고 그것들의 정체를 드러내기 때문에 좋은 소식이다. 바울은 우상을 숭배하는 민족들이 단순히 자기 마음대로 하도록 방치되고 버려져 그들의 우상숭배와 그에 합당한 처벌이라는 자연스러운 결과에 이르게 된다고 믿지 않는다. 모종의 신비로운 방식으로—바울은 이 점을 신비의 계시를 통해서 알게 되었을 것이다(롬 16:25-27)—하나님 자신이 능동적으로 이방 민족들을 그들의 우상숭배 시스템, 즉 속박하는 세력들에게 넘겨주셨다. 이 체계적인 속박은 신들에 대한 그들의 헌신을 통해 집합적인 민족적·사회적·정치적 실체들로서의 나라들에 임하며, 아마도 특히 그 시스템들을 대표하고 그것들의 법을 제정하며 집행하는 그들의 통치자들과 황제들에게서 집중될 것이다. 이 대목에서 하나님이 그들을 넘겨주신 **이유**는 설명되지 않는다. 바울에게 중요한 점은 이방 민족들이 우상을 숭배하는 중에도 하나님이 예수 메시아 안에서 그들을 통치하시며 그들을 버리시지 않는다는 것이다. 달리 말하자면 지금은 감금하는 세력들이 민족들을 관리하고 있을지라도 그것은 하나님의 명확한 허용과 목적 아래 그렇게 하고 있을 뿐이다.

율법이 있든 없든 간에 이방인들과 유데아인들 모두 선을 행해야 한다. 율법이 선을 가리킬 수는 있지만, 율법 자체가 시스템들과 법률들을 뛰어넘는 선을 확립하거나 성취하지는 않는다. 사람들만 선을 행하거나 악을 행한다. 그리고 선과 악 모두를 행하는 일이 유데아인들과 이방인들 모두에게서 일어난다. 시스템들은 선이나 신적 심판의 기준을 정의하지 않는다. 하나님이 선악 간에 어떤 사람의 행위를 심판하시는 기준은 바로 자신이 선의 실재이자 형태(롬 2:16)이며 모든 사람을 위한 하나님의 속죄소인 예수 메시아이시다. 유데아인들은 참되신 하나님을 알며 율법을 가지고 있지만, 그 사실이 유데아인들이 악을 행할 때 그들을 하나님의 심판으로부터 보호해 주지 않는다. 모세의 율법은 그것이 행해야 할 선을 가리킬 때 유용하지만, 그 선이 행해지지 않으면 율법을 가지고 있다는 사실이 심판의 날에 쓸모가 없다. 사실 율법을 가지고 있다는 사실이 유데아인들로 하여금 그들 가운데서 일어난 메시아 안의 하나님의 정의라는 강력한 사건을 놓치게 했을지도 모른다. 이것이 로마서 2장의 요약이다.

따라서 "계시된 모세의 율법을 가지고 있다는 사실이 이스라엘에게 어떤 이점이 있는가?"라는 질문이 제기될 때(롬 3:1-9) 바울은 실제로 몇몇 이점이 있을 수도 있음을 암시하지만, 그는 이 아이디어를 즉시 다루지 않는다. 하나님이 계속 유데아인들에게 성실하시다고 할지라도 그것은 그들이 율법을 지녔기 때문이 아니며 그들 가운데 불의가 없기 때문도 아니다. 사실, 율법 자체는 이와 반대로 "율법 아래" 있는 자들에게 자기들(유데아인들)도 "죄 아래" 있으며 정의에 적대적인 이 불경한 세력에게 종속되어 있다는 것을 알려준다. 이방 민족들과 유데아인들 모두 하나님의 공정한 심판대 앞에 서게 되며, 율법은 어떤 토대나 보호도 제공하지 않는다. 사실 로마서 3:19-20에서는 율법과 정의가 서로에게 대항한다.

로마서 3:21-26에서 바울은 자신이 로마서 1:1-17에서 시작했던 주제, 즉 예수 메시아 안에 있는 하나님의 정의로 돌아온다. 이제 그는 매우 담대하게 하나님의 정의가 **율법과 별도로** 세상에 계시되고, 발생하고, 성취된다고 선언한다. 율법과 예언자들은 이 정의의 원천과 능력이 아니다. 대신 그들은 이 정의를 **증명**하고 그것을 증언한다. 그들은 바울에게 성막의 지성소에 놓인 속죄소의 이미지를 제공함으로써 그렇게 한다. 속죄소는 하나님의 해방하시는 정의가 행해지고 믿는 모든 사람에게 선물로서 주어지는 장소다. 예수 메시아 자신이 하나님이 자기 민족과 함께하시며, 그들에게 말씀하시고, 그들을 깨끗하게 하시고, 그들을 자신에게 화해시키시려고 사람의 몸으로 오시는 속죄소이시다. 사람으로 오신 속죄소로서 신실하신 예수 메시아는 하나님 자신의 정의가 도래하고, 행해지고, 죄의 적대적인 세력 아래 속박된 **모든 사람**—이방인과 유데아인 모두—을 구속하시는 장소이시다. 정의는 메시아 안에서 하나님이 하신 행동에 의해 정의된다. 정의는 이곳에서 정의를 발견하고, 그것을 받고, 그 안에 자신의 자리를 잡는 사람들에게 임한다.

4장

의로움

이 장에서 다루는 내용

....

- 로마서 4:1-12: 율법과 별도로 오는 정의의 조상 아브라함
- 로마서 4:13-16: 세상의 상속자 아브라함
- 로마서 4:17-25: 죽음과 부활 사이의 아브라함과 사라
- 로마서 5:1-11: 정의로운 전쟁의 끝

예수 메시아가 하나님의 정의시다. 이는 이방 민족들이 스스로 도달할 수 있었던 진리가 아니다. 오히려 그들이 많은 신과 주를 공경하는 것은 그 진리에 반한다. 그러나 유데아인들은 모세의 율법을 통한 정의를 추구했기 때문에 그들 역시 그들의 성경 자료로부터 이 진리에 도달하지 못했다. **하나님의** 묵시만이 예수가 하나님의 정의임을 드러내고 확립한다. 그러나 진리에 대한 이 특별한 신적 묵시가 바로 그것을 유데아인뿐만 아니라 **모든 사람**을 위한 좋은 소식이 되게 만드는 요소다. 바울은 로마서 3:29-30에서 다음과 같이 말한다. "하나님은 다만 유대인의 하나님이시냐? 또한 이방인의 하나님은 아니시냐? 진실로 이방인의 하나님도 되시느니라. 할례자도 믿음으로 말미암아 또한 무할례자도 믿음으로 말미암아 '의롭다' 하실 하나님은 한 분이시니라." 우리가 앞 장에서 살펴본 바와 같이, 그들의 신들의 관리에 "[나라들을] 넘겨주심"에 있어서도(또는 바로 그 넘겨주심에서) 하나님은 언제나 모세의 율법을 지니지 않은 나라들에 대해서조차 그들의 하나님이셨다. 하나님의 정의는 모세의 율법이나—마치 이방 민족들이 유데아인들에게 뭔가를 자랑할 것이 있기라도 한 것처럼—그리스와 로마의 사회적·문화적·정치적 시스템들에 의존하지 않는다. 하나님이 한 분이시듯이 예수로서의 하나님의 정의는 하나다. 그것은 모든 민족(*ethnē*)을 뛰어넘는다.

그러나 (율)법이 지상에서 정의가 구현되게 하는 가장 효과적인 방법인 것처럼 보인다. 그것은 도시, 사회, 국가, 국가들 사이에서 정의가 내면화되는 방법이다. 하나님이 예수 안에서 정의를 구현하심에 있어 (율)법(모세의 율법에 의해 독특하게 대표된다)을 제쳐두신다면, 이 정의가 이스라엘이나 다른 나라들의 매일의 삶에서 어떻게 효과를 발휘하는가? 그것이 어떻게 차이를 만들어 낼 것인가? 보통 사람들이 정의를 실제적이고, 구체적이고, 효과적으로 만드는 데 어떻게 참여하는가? 바울은 이제 이 문제로 향하며, 자신이 이미 소개했지만 지금까지는 대체로 정의되지 않은 단어인 믿음(그리스어로는 *pistis*)의 의미를 밝힘으로써 이 문제를 다룬다. 이 단어는 바울의 맥락에서 (신민이 통치자에게 부담하는) "충성" 또는 "충절", 맹세나 약속을 지킴에 있어서의 "좋은 믿음" 또는 "성실", "신뢰" 등의 다양한 의미를 갖는다. **피스티스**(*pistis* [믿음])가 무슨 의미인지는 그것이 사용되는 맥락에 크게 의존한다. 좋은 소식에 대한 그 단어의 의미를 설명하기 위해 바울은 율법에 나오는 이야기를 사용하여 **율법 자체가** 유데아인들과 민족들 모두에게 **율법과 별도로 오는 하나님의 정의를 증언한다**는 것을 보여준다. 바울은 우리가 좋은 소식이 나타났다고 해서 율법을 "취소"하는 것이 아니라, 오히려 특히 율법에 예견된 좋은 소식을 발견함으로써 좋은 소식을 통해 "율법을 확립한다"라고 말한다(롬 3:31). 예수 메시아 안에서의 하나님의 정의의 계시는 우리로 하여금 율법에 기록된 이야기들 안에서조차 정의가 작동하고 있음을 분간할 수 있게 해준다.

조상 아브라함: 의로운 이방인과 의로운 유데아인(롬 4:1-12)

(그때에만 그랬던 것은 아니지만) 고대 때는 특정한 민족 또는 나라의 선조들 또는 조상들은 그들 안에, 참나무 씨앗이 참나무의 정수를 품고 있는 것처럼, 그 민족의 원래의 정수를 구현했다. 한 민족은 조상들의 이야기들을 떠올림으로써 자신의 참된 특질을 기억할 수 있었다. 유데아인들에게는 아브라함, 이삭, 야곱이 그런 조상들이었다. 창세기에 기록된 그 조상들에 관한

이야기들은 이스라엘 민족이 어떻게 존재하게 되었으며, 그들이 어떤 사람이 되라고 부름을 받았는지에 대해 말하기 때문에 창조 이야기들과 비슷한 기능을 한다. 로마서 9장에서 바울은 아브라함의 이야기와 더불어 이삭과 야곱의 이야기들을 다룰 것이다. 이 대목에서 그는 유데아인들에게 "육신에 따라[*kata sarka*] 우리 조상"인 아브라함에 초점을 맞춘다. "육신에 따라"라는 뜻인 그리스어 어구 **카타 사르카**[*kata sarka*]는 이 대목에서 두 가지 의미를 지닌다. 한편으로 그 어구는 아브라함이 이스라엘 민족의 계보상의 조상임을 의미한다. 즉 이스라엘은 아브라함의 유전적인 씨에서 나왔다. 다른 한편으로 **카타 사르카**는 아브라함이 모형상의(figural) 조상임을 나타낸다. 그는 아브라함의 진정한 후손이라는 표지가 된 할례를 통해 "육신에" 표시를 한 최초의 인물이었다. 할례는 유데아 민족의 정체성에 필수적이었으며, 그들이 아브라함의 형태에 참여한다는 것을 나타냈다. 아브라함은 최초의 유데아인이었다. 아브라함의 후손, 아브라함의 안에 있음, 아브라함과 같음, 유데아인은 모두 같은 의미였다.

당신의 나라나 민족은 자신의 정수를 나타내는 조상들을 인정하는가? 이 조상들은 어떤 독특한 표지나 특징을 당신의 민족에게 물려주었으며, 그것이 어떻게 현재까지 전해져 왔는가?

놀랍게도 바울은 아브라함의 이야기를 복음에 비춰 고찰할 때 유데아인들에 대해서뿐만 아니라 **이방 민족들에 대해서도** 하나님의 정의의 복음이 그곳에서 이미 선포되어 작동하고 있었음을 발견한다(갈 3:8을 보라). 아브라함과 사라는 예수 메시아가 오시기 오래전에 이미 모든 사람을 위한 좋은 소식을 들었고 그 소식에 따라 살았다. 그리고 바울이 아브라함의 이야기에서 가장 먼저 본 내용은 정의가 아브라함에게 **율법과 별도로** 온다는 점이다.

바울의 동료 유데아인들에게 있어 모세의 율법의 모든 요구사항은 사실상 (모세의 율법이 주어지기 오래전에) 아브라함에게 주어진 한 가지 율법, 즉 그와 그의 모든 후손이 할례를 받아야 한다는 요구를 통해 예견되고 표명되었다(창 17:9-14). 율법 준수가 정의로운 사람을 만들어 낸다면 아브라함의 정의는 무엇보다 할례의 법을 실천하는 것으로 대표되었다. 율법을 준수하는 아브라함의 정의의 형태 안에서 모든 유데아인은 그들이 아브라함처럼 특히 할례를 통해 대표되는 율법 준수를 실천하는 한, 하나님 앞에서 그들 자신의 정의의 형태를 발견할 수 있었다.

그러나 바울은 아브라함의 이야기에서 현저히 다른 뭔가를 발견한다. 바울은 창세기에 기록된 이야기의 내러티브 순서를 주의 깊게 읽음으로써 아브라함이 할례의 법을 받아 그것을 순종하기 **전에** 이미 의인으로 여겨졌음을 발견했다. (바울이 인용하는) 창세기 15:6은 "아브람이 여호와를 믿으니[epistheusin] 여호와께서 이를 그의 정의[dikaiosynēn]로 여기셨다[elogisthē]"라고 말한다(롬 4:3). 하나님은 아브라함이 자신과 사라의 자연적인 능력에 반해 자신의 몸에서 나올 많은 후손을 주겠다고 하신 **하나님의 약속을 믿었을** 때 그를 의롭다고 여기셨다. 그것은 **나중에** 창세기 17장에서 하나님이 아브라함에게 할례의 표지로 그 약속의 인을 치라고 지시하셨을 때 일어난 일이 아니다. 그래서 바울은 "그렇다면 [정의가] 아브라함에게 어떻게 여겨졌습니까? 그것이 할례를 한 상태[onti]에서였습니까, 아니면 할례를 하지 않았을 때[문자적으로는 '포피 안에' 있었을 때]였습니까? 그는 [자기가 여전히] 할례를 하지 않았을 때 믿음으로 의롭게 된 것에 대한 인 침으로서의 할례의 표지를 받았습니다"라고 말한다(롬 4:10-11, 개역개정을 따르지 아니함). 나는 바울과 그의 동료 유데아인들에게 할례와 무할례가 어떻게 상태로 이해되었는지를 보여주기 위해 이 문장들을 문자적으로(그리고 어색하게) 번역했다. 유데아인의 관점에서 볼 때 할례를 한 상태에 있다는 것은 율법 안에 있다는 것을 의미했으며, 정의 안에 있는 것 또는 의로운 것을 의미했다. 할례는 하나님이 그 안에서 정의를 구현하시는 인간의 영역을 나타냈다. 포피를 베지 않고 있는 이방 민족들은 이 모든 것 밖에 있었다.

그러나 바울은 아브라힘이 그의 포피를 베어내지 않고 있었을 때 그가 이방인, 즉 **경건치 않은** 자(*asebē*, 롬 4:5. 이 단어는 롬 1:18에서 우상을 숭배하는 이방 나라들을 지칭하기 위해 사용된 단어[*asebeia*]와 같은 단어다)였음을 보았다. 그러나 하나님은 경건치 않고 할례를 받지 않은 이방인 아브라함이 그가 많은 자손을 주시겠다고 하신 약속을 이행하실 것을 믿었을 때 그에게 정의를 귀속시키셨다(*dikaiounta*, "의롭다고 하셨다," 롬 4:5). 바울은 다윗의 시편(시 32:1-2)에 의존하여 그 점을 다른 방식으로 표현한다. "불법[*anomiai*]이 사함을 받고 죄가 가리어짐을 받는 사람들은 복이 있고, 주께서 그 죄를 인정하지 아니하실 사람은 복이 있도다"(롬 4:7-8). 이 대목에서 하나님은 무법자를 용서하시고 죄인들에게 죄의 책임을 돌리지 않으신다. 로마서 1:18-3:20에 따르면 이방 민족들과 유데아인들 모두에게서 발견되는 불경건, 불의, 무법, 죄에도 불구하고 바울은 이 대목에서 **하나님은 무법이나 합법적인 행위라는 척도에 따라 정의를 인정하시지 않는다**는 놀라운 주장을 한다. 대신 하나님은 법이라는 척도에 따라서가 아니라 하나님 자신의 은혜에 따라 정의를 **주신다.** 정의는 하나님의 말씀을 통해 하나님의 선물로서 수여된다(롬 4:4). 하나님은 자비롭게도 아브라함의 **신뢰**를 아브라함의 정의라고 선언하신다. 그러므로 조상의 머리인 아브라함은 그가 그랬던 것처럼 신뢰를 통해 하나님의 정의에 동참하는 **모든** 사람의 아버지다. 그들이 "할례를 받지 않았든""할례를 받았든", "율법 밖에 있든"(outlaws) "율법 안에 있든", 이방인이든 유데아인이든 말이다.¹ 하나님은 자비롭게도 그들의 신뢰를 정의로 여기신다. 이것이 정의의 복음이다.

우리는 잠시 "여기다"(*logizomai* — 종종 "간주하다"로 번역된다)라는 동사를 살펴봐야 한다. 그 단어는 확실히 "~이라고 여기다", "~으로 간주하다", "~에게 귀속시키다"라는 의미를 가지고 있지만 이 대목에서의 의미는 그 이상이다. 나는 위에 제시된 로마서 4:10-11의 번역에서 바울이 "~ 안에 있음" 또는 참여의 언어를 사용한다는 것을 언급했다. 유데아인의 관점에서 볼 때 사람은 (할례를 통해 대표되는) 토라에 순종함으로써 신적·인간적 정의에 참여한다. 바울에게 있어 정의는 능동적인 신적 은혜로서의 하나님의 선물로 수여되는데, 그 신적 은혜가 정의를 효과가 있게 만든다. 아브라함이 살아계신 하나님의 음성을 들었을 때 그는 하나님을 신뢰했고, 하나님에 의해 하나님 자신의 능동적인 정의 안으로 들어갔다. 즉 그는 의로워졌다. 신뢰와 정의는 둘이 아니라 하나다. 하나님의 **정의는 아브라함의 신뢰를 통해 세상에서 능동적으로 구현된다.** 따라서 그것은 바울이 말하는 바와 같이 "아브라함이 무할례시에 가졌던 믿음[*pistis*]의 자취를 따르는"

---

1 나는 율법 밖에 있다는 용어를 Theodore W. Jennings Jr., *Outlaw Justice: The Messianic Politics of Paul*(Stanford: Stanford University Press, 2013)에서 차용했다.

자들에게도 마찬가지다(롬 4:12). 하나님의 정의가 그들 안에서 실현된다. "[아브라함처럼] 의에 주리고 목마른 자는 복이 있나니 그들이 배부를 것임이요"(마 5:6).

하나님을 신뢰하는 것이 하나님의 정의가 땅에서 구현되는 방법이라면, 그것은 정의를 구현한다는 것이 무엇을 의미하는지에 대한 당신의 이해를 어떻게 재형성하는가? 정의가 어떻게 퍼지겠는가?

세상의 상속자인 아브라함(로마서 4:13-16)

하란 땅에서 살고 있던 아브라함의 이야기의 시작(창 12장)부터 모리아산에서 이삭을 바친 절정(창 22장)에 이르기까지 "믿음의 길을 걷는 것"(롬 4:12)이 아브라함의 생애의 특징이다. 그의 신뢰의 여정은 그가 갑자기 야웨로부터 "너의 고향과 친척과 아비 집을 떠나 내가 네게 보여줄 땅으로 가라"라는 놀라운 명령의 말씀을 들은 것으로 시작한다(창 12:1). 아브람의 맥락에서 이는 그에게 가시적으로 정체성, 안정성, 번영, 안전을 제공해 줄 기존의 모든 가족, 사회, 경제, 정치 시스템으로부터 **멀어지라**는 명령에 해당한다. 그러나 그것은 비가시적인 미래, 즉 하나님이 그에게 보여주실 땅을 **향해** 가라는 명령이기도 하다. 그래서 아브람은 하나님으로부터, 하나님과 함께, 하나님을 향해 걸었다. **이렇게 걸은 것 자체가 하나님의 음성이 진실하다는 아브람의 신뢰의 행동이다.** 보이지 않는 음성의 말씀이 그가 여정을 시작하도록 움직이고 이끈 힘이다.

그 음성이 약속하는 내용도 중요하다. "내가 너로 큰 민족을 이루고 네게 복을 주어 네 이름을 창대하게 하리니 너는 복이 될지라. 땅의 모든 족속이 너로 말미암아 복을 얻을 것이라"(창 12:2-3). 아브람과 사래의 이야기의 몇 문장 앞에서 우리는 "사래는 임신하지 못하므로 자식이 없었더라"라는 말을 듣는다(창 11:30). 그것은 약속이 없는 문장이다. 계보상으로 사래의 불임은 "죽은 가지"(dead end)로서 셈부터 아브람까지 중단되지 않고 이어진 많은 세대(창 11:10-27)가 끊어짐을 의미한다. 즉 죽은 가지다. 그럼에도 아브람이 그 음성을 들었을 때 "그는 여호와의 말씀을 따라 갔다"(창 12:4). 그는 보이지 않고 불가능한 가운데 약속의 말씀에 자신을 맡겼다.

바울이 로마서 4장에서 하나님의 약속을 해석하는 방식은 인상적이다. 그는 아브라함이 "세상을 상속하리라는 약속"(또는 "세상의 상속자가 될 것이라는 약속")을 받았다고 말한다. 그것은 창세기 12:2-3에 기록된 하나님의 말씀을 요약하는 놀라운 방법이다. 그것은 아브라함에게 하신 약속을 **세계적·역사적 무대** 위에 두며 세상 전체의 운명을 아브라함과 그의 후손들의 운명과 관련짓는다. 세상을 상속한다는 말이 아브라함과 그의 후손들에게 무슨 의미였을까?

확실히 역사는 우리에게 세상을 상속하리라는 신적 약속을 받는 것은 위험한 일이라고 말해준다. 고대 때 이집트, 아시리아, 바빌로니아, 페르시아, 로마의 통치자들과 민족들이 그런 신적 약속과 명령을 받았다는 것이 무엇을 의미했을지 생각해보라(그들은 확실히 그런 약속과 명령을 받았다고 생각했다). 이 민족들은 자기들이 신적 명령을 받은 군사적·정치적 권위를 가급적 멀리 그리고 널리 확산하고, 자기들이 정복한 민족들에게 그들의 통치와 정의의 "복을" 수여하려고 하였으며, 한편으로 피정복민들에게 공물,

세금, 군 복무, 명예의 형태로 독실한 충성을 요구했다.

　세상을 상속하는 이런 방식이 고대 때 끝난 것이 아니다. 기원후 시대 때 콘스탄티누스, 테오도시우스, 카롤루스, 자신의 통치를 유럽과 그 너머로 확산시키려고 한 "기독교" 제국과 국가들의 다른 많은 통치자를 생각해 보라. 식민지 시대의 거대한 제국들—스페인, 네덜란드, 프랑스, 영국—은 모두 어떤 의미에서는 신적 명령을 받아 해외의 민족들을 정복했으며 문명화, 법의 지배, 기독교로 그들에게 "복을 주었다." 심지어 오늘날에도 미국과 그 동료인 글로벌 자본주의는 세상을 상속하라는 명백한 숙명을 받았다는 확신하에 전 세계에 그들의 영향을 확산하면서 그들이 가는 곳마다 정의, 평등, 민주주의, 자유, 번영, 평화를 수여하고 그들의 후의에 대한 대가로서 감사, 충성스러운 헌신, 세계의 자원의 큰 부분을 요구한다.

세상을 상속한다는 생각에 관해 좀 더 숙고해 보라. 혹자는 과거에 콘스탄티누스 같은 그리스도인 황제가 세상을 상속했던 것이나 현재 미국 같은 나라가 세상을 상속하는 것이 좋은 일이라고 주장했다. 당신은 이 주장에 동의하는가, 동의하지 않는가? 그 이유는 무엇인가? 당신은 세상을 위해 좋은 일일 수도 있고 그렇지 않을 수도 있는, 세상을 상속하는 것에 관한 다른 예를 생각할 수 있는가?

아브라함과 그의 후손들에게 한 약속은 어떻게 다른가? 아브라함, 이스라엘, 교회가 다른 민족들을 지배하겠다는 똑같이 위험한 결정—물론 모두 정의, 평화, 행복을 위한 것이라고 표방한다—을 내리지 않겠는가? 그러나 바울은 이 측면에서 아브라함의 이야기에 나타나는 근본적인 차이를 탐지한다. 하나님이 아브라함에게 그가 세상을 상속하리라고 약속하셨다. 아브라함은 하나님의 말씀을 신적 **약속**으로 받고 그것을 신뢰했지만, 그 말씀을 신적 **명령**으로 받지는 않았다. 사실 아브라함이 하나님의 말씀을 자신의 행위를 통해 그 약속을 실현하라는 명령으로 여겼다면, 그는 하나님에 의해 의롭게 여겨지지 **않았을** 것이다. "만일 아브라함이 행위로써[그리스어 *ex ergōn*, 영어 단어 energy를 보라] 의롭다 하심을 받았으면 자랑할 것이 있으려니와 하나님 앞에서는 없느니라"(롬 4:2).

아브라함은 자신의 에너지와 힘을 통해 달성되어야 할 명령으로서의 세상을 상속하는 것과 많은 민족의 아버지가 되는 것을 거부했다. 그는 또한 그 결과로 자격이 생기는 것에 대해 자랑─역사상 승리한 모든 통치자와 민족으로부터 자연스럽게 발생하는 종류의 자랑─하지도 않았다. 아브라함은 **하나님이** 그에게 약속된 상속과 "많은 민족의 아버지"가 될 자신의 운명을 가져오시리라고 **믿었다. 그런 방식으로** 그는 "의롭다고 여겨졌다." 즉, 그는 하나님의 의로운 목적 안으로 인도함을 받고 하나님의 세계 선교에 참여했다. 그의 상속과 운명은 그것을 가져올 자신의 힘에 대한 보상으로서가 아니라 오직 "은혜의 선물"로서 받게 될 터였다(롬 4:4). 아브라함의 지복(beatitude)은 온유함을 통해서 왔다. "온유한 자는 복이 있나니 그들이 땅을 기업으로 받을 것임이요"(마 5:5).

우리는 로마서 4:4-5을 다음과 같이 바꿔 쓸 수 있을 것이다.

이제 자신의 힘을 통해 [언제나 경건치 않은 자에 대한 "경건한 대의"에서] 세계적·역사적 운명을 달성하기를 열망하는 설립 선조에게는 그 결과[세상을 상속받고 나라들 가운데 위대한 인물이 되는 것]가 은혜롭게 주어지는 선물로 여겨질 수 없고, 사용된 모든 전략적·정치적 수완과 군사력에 합당한 보상으로서 자랑거리가 될 것입니다. 그러나 자신의 힘으로써 신적으로 약속된 운명을 이루려고 애쓰지 않고, 대신 하나님이 은혜롭게—심지어 경건치 않은 자에게도—그것을 가져오시고 선물로서 그것을 수여하시리라고 믿는 사람에게는 그 신뢰 자체가 **하나님의 정의에 참여하고, 의로워지며, 세상에서 하나님의 정의를 행하는 것입니다.**

아브라함이 그런 사람이었다. 그래서 그는 모든 민족에 대해 신적 정의의 조상이 되었다.

죽음과 부활 사이의 아브라함과 사라(롬 4:17-25)

하나님의 정의는 "경건치 않은" 자에게 "경건한" 율법을 부과하려는 아브라함의 노력을 통해 세상 안으로 들어오지 않는다. 의로운 아브라함이 많은 민족의 조상이 되고 세상을 상속한다면 이 일은 "죽은 자에게 생명을 주시고 존재하지 않는 것을 생기게 하시는"(롬 4:17, 개역개정을 사용하지 아니함) 하나님을 통해 발생할 것이다. 이 대목에서 바울은 우리에게 하나님이 애초에 왜 아브람과 사래를 선택하셨는지에 대한 실마리를 제공한다. 우리가 창세기에 기록된 이야기에서 본 바와 같이 아브람이 신적 명령과 약속을 듣기 전에 아브람에 관해 우리에게 주어진 한 가지 정보는 그의 아내 사래가 임신하지 못했다는 것이다(창 11:30). 그녀에게는 아이가 없었고 아이를 낳을 능력이 없었다. 사래와 관련해서 아브람의 미래는 계보상으로 죽은 가지였다. 바로 아브람과 사래가 자기들이나 다른 사람들을 위해 미래를 창조할 자체의 능력이나 잠재력이 없었기 때문에 하나님이 그들을 선택하신 것처럼 보인다. 따라서 아브람이 사래를 통해 많은 민족의 조상이 되리라는 것과 그의 후손이 하늘의 별과 바다의 모래처럼 많아질 것을 하나님이 약속하셨다면, 하나님은 아브람이 스스로 성취할 수 없는 어떤 것을 약속하신 것이다. 사실 바울이 그 이야기를 말하듯이 아브람과 사래 **모두** 그 약속이 실현되기 전에 죽은 가지였었다.

> 아브라함이 바랄 수 없는 중에 바라고 믿었으니 이는 "네 후손이 이 같으리라" 하신 말씀대로 많은 민족의 조상이 되게 하려 하심을 인함이라. 그가 백 세나 되어 자기 **몸의 죽은 것 같음**과 사라의 태의 **죽은 것 같음**을 알고도 믿음이 약하여지지 아니하고, 믿음이 없어 하나님의 약속을 의심치 않고, 믿음에 견고하여져서 하나님께 영광을 돌리며, 약속하신 그것을 또한 능히 이루실 줄을 확신하였으니(롬 4:18-21).

바울이 말하는 요점은 (상속자의 형태로) 스스로 정의를 이룰 능력이 없는 아브람이 죽은 것들에게 생명을 주시고 무에서 사물들을 창조하시는 하나님을 굳게 믿는다는 것이다. 오직 하나님만 아브람과 사래에게 그들에게 약속되었지만 그들 자신의 능력과 행위로 달성할 수 없는 미래, 즉 상속물로서의 후손들과 민족들과 세상을 주실 수 있다. 부활시키시고 창조하시는 하나님에 대한 그들의 흔들림 없는 신뢰가 정의로 여겨지는데, 이 정의는 "예수 우리 주를 죽은 자 가운데서 살리신 이를 믿는" 다른 모든 "죽은 자들"(무력한 자, 가난한 자, 피난자, 소외되고 버려지고 포기된 자들)에게도 주어진다(롬 4:24).

이 점을 주목하라. 바울은 "그리고 아브라함과 사라는 상속자인 아들을 낳았다"라고 말하지 않는다. 마치 그들에게 정의는 성공의 순간에만 도래하기라도 하는 것처럼 말이다. 정의는 아브라함이 약속된 것을 **받은** 순간에 그에게 귀속하는 것으로 여겨지지 않았다. 바울은 아브라함과 사라의 이야기를 결과 측면에서 **설명**하지 않는다. 대신 바울은 그들이 자기들의 기원과 목적지 사이, 그들의 이미 죽은 몸들과 부활과 새 창조의 약속 사이에서 신뢰와 순종의 길을 걸었다고 설명한다. 바울은 그들이 희망이 없지만 희망으로 가득 찬 신뢰의 길을 걸었다고 설명한다. 바울에게는 이것이 복음 자체다. 세상에서 정의가 구현되는 방식은 바로 아브라함이 신뢰의 길을 걷고 결과를 하나님께 맡긴 것 **안에** 있다. **이것**이 아브라함의 세계적·역사적 유산이다. 이것이 세상이 "정의"의 이름으로 이루어지는 "자애로운" 자기주장과 침략과 정복과 지배와 자랑으로부터 구원받게 될 방법이다. 그리고 조급함과 빠름으로부터 구원받는 방법이다. 아브라함의 신뢰하며 동행하는 정의는 **느린** 정의다. 그것은 빠르거나, 맹렬하거나, 강제되지 않는다. 아브라함은 하나님의 정의 안에 거하고, 정의 안에서 끈기 있게 걸으며, 정의가 이루어지기를 바라면서 기다린다. "의인은 믿음으로 말미암아 살리라"(롬 1:17).

그렇다면 우리가 잠시 진행을 멈추고 정의를 행한다는 것이 무엇을 의미하는지 숙고할 필요가 있다. 세상에는 개인적·사회적·경제적·정치적·국제적·환경적 차원의 여러 종류의 불의가 팽배하다. 그것은 종종 유력한 자들이 자신의 이익을 위해 사용하는 국가의 시스템들과 법률들에 내장되고 그것들을 통해 확대된다. 그리스도인들이 항의의 목소리를 내고 상황이 어떻게 달라질 수 있는지를 질문하는 것은 옳은 일이다. 그들은 자기들이 어떻게 좀 더 많은 정의를 실현하기 위한 변화의 대리인들이 될 수 있을지를 질문할 수도 있다. 그러므로 아브라함으로 대표되는 정의의 방식은 일종의 수동성을 격려하기 때문에 정의를 위한 기독교 행동주의에 반한다고 생각될지도 모른다. 그것은 그리스도인들이 적극적인 항의나 개입 또는 대안적 행동을 하지 않고 뒤로 물러나 불의가 득세하도록 내버려 두는 것을 허용하는 것처럼 보인다. 하나님의 부활시키시는 힘에 대한 아브라함의 신뢰가 카를 마르크스(Karl Marx)가 생각했던 것처럼 "인민의 아편"인가? 이는 반드시 다뤄져야 할 중요한 문제다.

　　나는 창세기 이야기와 바울의 서신 모두로부터 신뢰 또는 믿음은 언제나 본질적으로 **능동적인** 걷기임을 강조하려고 노력했다. 걷는 행위―믿음 자체―는 흔히 전쟁에 의해 세워지고 법과 강제력에 의해 확보되는 위안, 안정, 안전의 장소를 떠나 하나님이 보여주실 보이지 않고 가보지 않은 곳인 다른 땅으로 가라는 하나님의 말씀에 의해 시작된다. 아브라함이 자기 고향을 떠나 아직 보이지 않는 장소로 가라는 음성에 순종하지 않았더라면 우리는 그가 신적 음성을 신뢰했다고 말할 수 없을 것이다. 신뢰는 약속되었지만 아직 보이지 않는 목적지를 향해 순종하는 마음으로 나아갈 때만 실현되고 진정한 신뢰가 된다. 하나님은 그런 신뢰를 정의라고 "여기신다." 정의는 목표를 달성하는 데서가 아니라 참을성 있게 걷는 데서 발생한다. 또는 달리 표현하자면 정의는 달성된 목적에서가 아니라 **수단**에서 일어나고 구체화된다. 바울에게 있어서와 마찬가지로 아브라함에게 있어 바울이 "세상을 상속한다"고 부르는 것(우리는 그것을 세상을 구원하는 것이라고 부를 수도 있을 것이다)인 목적은 자비롭게 주어진 선물로서만 받을 수 있는 대상이다.

좋은 소식에는 그리스도인들에게 결과를 강제하고 필요한 어떤 수단을 사용해서라도(우리는 종종 그 수단에 현실적으로 모종의 강제나 폭력 또는 불의가 포함되어야 한다고 생각한다) 정의라는 목적을 달성하라는 명령이 없다. 오히려 하나님을 신뢰하는 것은 애초에 우리로 하여금 그런 식의 치명적인 도구적 사고(instrumental thinking)에서 **벗어나게** 한다. 대신에 그것은 우리를 이끌어 무로부터 새로운 것들을 창조하시고 죽은 것들을 새로운 생명으로 일으키시는 하나님의 약속을 통해서 열린, 지금은 상상할 수 없는 미래를 향해 느리고 기대에 찬 여정을 떠나게 한다. 이 여정의 과정에서 우리는, 큰 결과를 확보할 능력이나 잠재력이 없음을 알면서, 우리에게 하라고 주어진 선을 행한다. 아브라함의 백 세 된 몸과 사라의 불임의 태처럼 희망이 죽은 것으로 보이는 현재의 불의의 상황에서 우리는 결과를 달성할 필요성에 의해 견인되지 않으며, 대신 현재 상황의 죽은 가지 너머로부터 길이 열리고 선물이 주어질 것임을 신뢰하면서 희망 가운데 걷도록 격려를 받는다. 우리는 하나님으로부터만 올 수 있는 부활―정의의 부활―을 희망한다.

바울에게 있어 신뢰의 길을 걷는 것은 하나님의 선물로서 도달하는 목적지를 향하는 참을성이 있는 행동이다. 그리스도인들이 정의를 위해 적극적으로 일하는 바라고 생각하는 많은 (그러나 전부는 아닌) 형태가 이 의미에서의 걷기로 여겨질 수도 있을 것이다. 그러나 바울은 로마서에서 목적을 **달성하라**는 명령이 우리에게 주어지지 않았다는 것을 우리가 알기를 원한다(우리는 대개 목적을 달성하는 것을 정의가 구현되는 것이라고 생각한다. 특히 어떤 결과가 법에 규정되고 법에 의해 강제될 경우에 그렇게 생각한다). 대신 우리는 자비롭게도 그 목적을 선물로 주시는 하나님을 신뢰하라는 요구를 받는다. 우리가 이 신뢰 안에서 적극적으로 걷고 행하는 것 자체가 **주어진 정의, 도래하는 정의, 구현되는 정의**다. 그리고 그것으로 충분하다.

> 당신은 어떤 종류의 정의를 위한 행동을 하고 있는가? 당신이 희망하는 목표들은 무엇인가? 당신은 그 목표들을 어떻게 (그리고 얼마나 빨리) 달성하리라고 예상하는가? 정의를 위한 당신의 행동이 주로 "결과를 위해 일하는 것"을 나타내는가 아니면 "선물을 신뢰하는 것"(롬 4:4)을 나타내는가?

정의로운 전쟁의 끝(롬 4:25-5:11)

바울은 예수는 "우리가 범죄한 것 때문에 내줌이 되고[*paredothē*] 또한 우리를 의롭다 하시기 위하여 살아나셨느니라"(롬 4:25)라고 말함으로써 "예수 우리 주를 죽은 자 가운데서 살리신 이[하나님]를 신뢰하는 것"에 관한 그의 생각을 마무리한다. 우리는 앞 장에서 이미 바울이 로마서 1:24, 26, 28에서 하나님이 우상을 숭배하는 나라들을 메시아 안에서 정의가 나타날 때까지 세력들과 열정들의 관리에 "넘겨주시고[*paredōken*]" 그들을 "죄 아래" 속박하신 것에 관해 말하는 것을 살펴보았다. 바울은 로마서 4:25에서 예수가 민족들과 똑같은 상태에 처해지신 것—죄와 사망의 세력에게 넘겨지신 것—을 묘사한다. 아브라함이 한때 "무할례 상태"에 있었던 것처럼"—즉 경건치 않고 의롭지 않다고 여겨진 것처럼—예수는 경건치 않고 의롭지 않은 사람들 가운데 계셨는데, 그들에 대항하여서가 아니라 신적으로 지정된 세력들의 관리하에 있는 그들과 근본적으로 연대하여 계셨다. 그들의 운명이 그분의 운명이 되었다.

그러나 **본래** 의로웠던 것이 아니라 그의 신뢰가 하나님에 의해 그에게 정의로 "여겨졌던" 아브라함과 달리 예수 메시아는—바울이 로마서 3:21-26에서 이미 확증한 바와 같이—**본인이 직접** 하나님의 정의이시다. 그의 죽음과 부활은 하나님의 정의가 우상 숭배자들과 불의한 자들 가운데서 구현되는 **사건**, 그들 안에 정의를 가져오기 위해 **그들이 그 안으로 데려 가지는** 사건이다. 이는 누가 그것을 위해 "싸울" 수 있는 정의가 아니며, 누가 정의의 이름으로 불의한 다른 사람들에 대항하여 싸울 수 있는 정의도 아니다. 사실 바울은 이미 불의한 사람들은 그 "다른 사람들"(예컨대 율법이 없는 이방 민족들)이 **아니라**, 하나님의 율법을 지닌 유데아인들을 포함한 "모든 사람"이라고 주장했다. 하나님 자신이 불의한 민족들에 맞서 싸우시지 않고 메시아 안에서 그들 가운데 오셨고, 메시아 자신이 넘겨지셨고, 그의 죽음에서 그들의 예속된 상태를 자신의 상태로 취하셨다. 메시아가 자신의 화해시키는 죽음과 생명을 주는 부활에서 그들을 위한 정의의 싸움에서 이기셨다. 불의한 자들이 신뢰를 통해 메시아 안에 있으면 의롭다고 인정된다. 즉 그들은 메시아의 정의를 공유함으로써 의로워진다.

이 의미에서 정의를 위한 싸움은 끝났다. "그러므로 우리가 믿음으로 의롭다 하심을 받았으니 우리 주 예수 그리스도로 말미암아 하나님과 화평을 누리자"(롬 5:1). 정의가 메시아 안에서 임하듯이 **평화**도 마찬가지다. 주권자 자신이 이방인들과 유데아인들 사이의 치명적인 반목의 공간을 점령하시고, 거기서 십자가에 처형당하시고, 모든 사람에게 하나님의 정의와 자비의 장소가 되심으로써 그들을 위한 평화를 쟁취하셨다. 바울이 로마서 5:2에서 말하듯이 메시아가 그분의 은혜를 통해 모든 사람이 이 평화의 자리에 서게 하셨다. 그러므로 우리가 만든 것이 아닌 이 평화에서 민족들과 이스라엘은 자신을 자랑할 것이 아니라 **하나님의** 도래하는 영광의 희망을 자랑해야 한다. 바울이 이 대목에서 말하는 하나님 앞에서의 평화는 내적 평화의 느낌 이상이다(그것일 수도 있지만 말이다). 그것은 이제 우리가 하나님과의 반목이 극복된, 하나님과의 평화로운 관계에 있다는 것 이상이다(확실히 그것을 포함하지만 말이다). 그러나 "불의한" 자에 맞선 "의로운" 자의 전쟁이 끝났기 때문에 그것은 또한 **지상의** 평화의 한 형태이기도 하다. 바울이 에베소서에서 말하듯이 그의 피와 "자기 육체로" 할례자와 무할례자 사이의 "원수 된 것 곧 중간에 막힌 담"을 무너뜨리셨기 때문에 메시아는 "우리의 평화"이시다(엡 2:13-15). 주권자이신 메시아 예수가 십자가에 처형당하시고 부활하신 자기 몸 안에서 정의와 평화를 위한 전쟁에서 이기셨다.

하지만 그렇다고 해서 모든 싸움이 멈춘 것은 아니다. 확실히 그렇지 않다. 메시아 안에 있는 하나님의 정의를 신뢰하는 사람들(메시아 공동체)은 정의를 위한 싸움을 멈췄지만, 그들 **자신**은 여전히 모종의 스스로 쟁취하는 정의를 위해 싸우고 있는 사람들에게 공격받을 수도 있다. 그런 사람들은 하나님의 정의를 신뢰하지 않기 때문이다. 달리 말하자면, 메시아 공동체는 전쟁을 하지 않지만―방어적인 전쟁조차도 말이다―그 공동체의 구성원들은 전쟁의 **희생자들**이 될 수도 있고 그 전쟁이 가져오는 온갖 문제를 겪을 수도 있다. 그들은 민족들의 전쟁에 가담하기를 거부할 때 박해받을 수도 있다(그리고 종종 박해받았다). 사실 바울이 로마서 곳곳에서 되풀이하듯이, 메시아 공동체는 주권자 예수 메시아 안에 있는 하나님의 정의를 신뢰하고 자신이나 다른 사람들을 위해 정의를 확립할 자신의 힘을 신뢰하지 않기 때문에 종종 고난당할 것이라고 예상할 수 있다(롬 5:3). 세상에서 그 공동체의 상태는 **메시아적 약함**(우리가 앞으로 살펴보겠지만 그것 자체가 "좀 더 나은 세상"을 가져오는 힘이다)이다. 따라서 그 공동체는 하나님을 자랑하고 정의를 가져올 자신의 능력을 자랑하지 않기 때문에 자신의 고난 가운데서 자랑하게 된다. 이는 그 공동체가 고난을 즐기거나 고난 자체가 좋은 것이기 때문이 아니다. **고난은 그 공동체가 자신의 강함으로 성취한 것이 아닌 정의에 참여한다는 표지**이기 때문에, 그 공동체는 고난 가운데서 자랑한다.

신뢰에서 오는 이 고난이 자체로 좋은 것은 아니지만 고난으로부터 인내, 성품, 소망 같이 좋은 것들이 생성될 수도 있다. 아브라함과 사라의 이야기에서와 같이 바울은 다시 한번 희망에 도달한다. 메시아적 삶은 언제나 우리의 행동이 지향하는 좋은 결말(그것이 참으로 좋다면 말이다)이 하나님으로부터 **주어질** 것이라는 확실한 희망 안에서 살아간다. 그 결말이 아직 보이지 않고 우리 자신의 힘으로 그것을 달성하라는 명령이 없더라도 말이다. 이 희망 자체가 하나님에게서 오는 선물이다. "소망이 [약함과 고난의 상태에서] 우리를 부끄럽게 하지 아니함은 우리에게 주신 성령으로 말미암아 하나님의 사랑이 우리 마음에 부은 바 됨이니"(롬 5:5).

나라들과 민족들 사이에 의로운 전쟁이 존재하는가? 당신이 그런 전쟁이 존재한다고 생각한다면 그 전쟁을 의롭게 만드는 요인은 무엇인가? 예수 메시아는 그런 전쟁에서 누구의 편을 드시겠는가?

바울은 이제 믿음/신뢰와 희망에서 사랑으로 논의를 옮긴다. 예수 메시아 안에 있는 하나님의 **정의**의 이야기 전체가 이제 메시아 예수 안에 있는 하나님의 **사랑**이라는 훨씬 더 큰 이야기 안에 위치한다. 정의의 언어는 본질적으로 뭔가 잘못되어 교정될 필요가 있는 것을 다룬다. 물론 그 점은 나라들 안에서와 나라들 사이에서 그리고 역사를 통틀어 인간이 사는 모든 곳에 적용된다. 그러나 인간의 관점에서 정의나 교정을 향한 욕구는 종종 복수, 보복, 정당화, 지배에 대한 욕구와 혼합되거나 동일시된다. 그러나 바울은 이 대목에서 하나님의 정의는 하나님의 사랑 외의 어떤 시작이나 끝도 없다는 점을 명백히 밝힌다. 정의를 향한 하나님의 욕구가 충족된다면 하나님은 사랑하시기만 할 수 있다거나, 하나님의 정의가 모종의 방식으로 하나님의 사랑을 제한한다는 의미에서 사랑과 정의가 하나님 안에서 서로 균형을 이루거나 긴장 관계에 놓이지는 **않는다**. 정의는 민족들과 이스라엘이 그 아래서 고통당하고 있는 우상숭배와 불의에 대한 속박 상태를 교정하기 위해 하나님의 사랑이 취하는 형식이다. 바울이 명백히 설명하듯이 하나님의 정의 사역의 목표는 죄 아래 있는 속박으로부터 구원하시고 원수들을 화해시키시는 것이다.

　　하나님의 사랑은 메시아 안에서 도래한다. 몇 문장 앞에서 바울은 주권자 예수가 죽음에 넘겨져(롬 4:25) 이스라엘 및 민족들과 똑같은 상태에 처하셨다고 말했다. 그는 이제 메시아가 죽임을 당하신 것은 스스로 기꺼이 취하신 운명이며, 그것을 통해 속박당한 사람들을 향한 자신의 사랑과 하나님의 사랑을 증명하셨다고 말한다. 요점은 자기의 죽음과 부활에서 하나님의 정의를 가져오시기 위해 메시아는 자신의 사랑에 감동되어 예속된 자, 경건치 않은 자, 죄인들, 원수들의 상태를 **자신의 상태로** 취하셨다는 것이다. "정의"가 일반적으로 경건치 않은 자, 불의한 자, 죄인들, 원수들에 맞선 싸움을 요구하는 반면(롬 5:6-10)—예컨대 바울의 시대에 로마의 점령에 맞선 유데아인들의 전쟁이 정당화되었다—메시아 안에서 구현된 정의는 근본적으로 다르다.

첫째, 인간의 상황에는 한 측면만 존재한다. 바울은 로마서 1:18-3:20에서 이미 온 세상이 불경건과 불의 쪽에 있음을 확증했다. [우리가 위에서 보았던] 유데아의 철학자는 유데아인들이 민족들 가운데 약한 쪽이며 우상을 숭배하는 로마의 경건치 않은 적의 세력에게 부당하게 노예화되었다고 생각했을 수도 있는데, 그런 생각에는 일리가 있었다. 확실히 다윗처럼 신적으로 기름 부음을 받은 메시아인 위대한 주권자가 강한 힘을 지니고 도래해서 로마에 맞서 유데아인들이 바라왔던 정의를 실현할 터였다. 이것이 참된 하나님을 알고 하나님의 율법을 소유한 유데아인들이 기대할 수 있었던 바가 아닌가? 그러나 바울은 자신 안에서 하나님의 정의가 나타난 **실제** 메시아 예수의 계시의 빛에 비추어, 혁명적인 진리를 알아차린다. 한편으로, 로마인들은 그들이 세상을 지배할 힘을 가지고 있다고 자랑했음에도 그들 자신이 예속되어 있고 약한 존재다. 그들은 하나님에 의해 자기들보다 강력한 힘을 지닌 세력에게 넘겨졌으며 그 힘으로부터 신적 **해방**을 받을 필요가 있다. 로마인들은 "죄 아래" 있는데, 그 점은 그들의 오만한 자랑에서 드러난다. 그들은 죄 아래 있으면서 우상숭배, 불의, 유데아인들을 향한 적대적인 태도를 계속 유지한다. 다른 한편으로, 유데아인들은 로마 앞에서 참으로 약하고 그들에게 압제를 받지만 그렇다고 해서 유데아인들이 단순히 불의한 자에게 맞서는 의로운 자, 경건치 않은 자에게 맞서는 경건한 자, 율법이 없는 자에게 맞서는 율법을 준수하는 자인 것은 아니다. 율법 자체, 즉 유데아인의 성경이 그렇지 않다고 증언한다. 유데아인들은 그들 나름의 방식으로 불의하고, 의롭지 않고, 경건치 않다. 그들은 로마인들과 마찬가지로 죄 아래 있다.

로마와 이방 나라들을 압제자들이자 전적으로 악한 자들이라고 혹평하는 것 자체가 유데아인들의 죄를 드러낸다. 죄는 유데아인들로 하여금 할례자들 가운데서뿐만 아니라 무할례자들 가운데서도 발견되는 일반적인 인간의 선함과 무할례자들에게서뿐만 아니라 할례자들 가운데서도 발견될 수 있는 악(그것이 롬 2장에서 바울이 말하는 요점이다)을 보지 못하게 한다. 이 점이 더 중요한데, 죄는 유데아인들이 메시아 안에 있는 하나님의 정의를 보지 못하게 한다. 이스라엘과 민족들을 위한 해방의 전쟁에는 한 편만 있기 때문이다. 하나님은 메시아 안에서 "온 세상"이 그 아래서 고통당하고 있는 죄의 예속하는 체제에 맞서 싸우신다(롬 3:19).

메시아는 사랑으로 죄의 체제에 맞서는 신적 전쟁에서 한편(존재하는 유일한 편)에 자신의 위치를 두신다. 그는 예속된 자—경건치 않은 자, 죄인, 심지어 원수까지—의 편에 서신다(롬 5:6-11). 그것은 이방 민족들과 유데아인들이 서 있는 부정의의 편이다. **이**편에서 그리고 그편을 위해 예수 메시아는 자신을 모든 사람을 위해 기꺼이 내어주심으로써 죄의 체제의 속박을 정복하신다. 사랑에 의해 견인된 그의 죽음에서 메시아는 "자신의 피로"(롬 5:9) 이스라엘과 민족들 **모두** 필요로 하는, 해방하는 정의를 가져오신다. 그들은 "그로 말미암아 진노하심에서 구원을 받는다"(롬 5:9).

여기서 "분노"는 다가올 세대에 회개하지 않는 개인을 기다리는 영원한 운명이 아니다. 그것은 하나님이 "그들을 넘겨주셨을" 때 이질적인 죄의 힘 아래 있는 이방 민족들의 체계적인 속박이다. 그것은 자기들이 율법 아래 있는 특권적인 위치에 있다고 주장하지만 율법을 소유하고 있으면서도 "죄 아래" 감금된 유데아인들의 체계적인 속박이다. 분노로부터 해방된다는 것은 이스라엘과 나라들 모두를 다스리면서 그들을 하나님께 대항하게 만드는 죄의 감금하는 체제로부터 해방되는 것이다.

하나님의 아들은 자신의 사랑 때문에 죽은 자들로부터의 부활을 통해 **모든 민족**을 죄의 체제에서 하나님의 체제 안으로 구원하신다. 이스라엘과 민족들은 다시 하나님의 "편"으로 옮겨진다. 그들은 함께 하나님께 대항하지 않고 하나님과 같은 편에 서게 된다. 그들은 유데아인들과 이방인들 모두의 유일한 주권자이신 예수 메시아 안에서 하나님께 화해된다(롬 5:10-11). 이스라엘과 민족들 사이의 전쟁이 끝난 이유는 그들이 평화 조약에 서명했기 때문이 아니라 각자가 더 이상 상대를 적으로 여기도록 허용되지 않기 때문이다. 서로를 적으로 여겼을 때 그들은 공동의 원수인 죄를 보지 못했다. 그들은 함께 죄의 이질적인 체제에 감금되었다. 그들은 함께 하나님의 체제 안으로 구원을 받았다. 그들은 함께 한 분이신 주권자 예수 메시아 아래 모였다. 하나님과 그분의 아들 예수 메시아 안에서 정의가 모든 사람을 위해 구현된다. "하나님께서 그리스도 안에 계시사 **세상**을 자기와 화목하게 하시며 그들의 죄를 그들에게 돌리지 아니하셨다"(고후 5:19). 이스라엘과 민족들의 진정한 원수가 폭로되고, 패배하고, 좋은 소식을 믿는 모든 사람에게 작동하지 못하게 되었다. 그들에게 있어 전쟁은 끝났다.

5장

의로운 존재

이 장에서 다루는 내용

....

- 로마서 5:12-14: 아담과 예속하는 힘들 — 죄, 사망. 주권
- 로마서 5:15-17: 메시아와 해방하는 힘 — 정의, 생명, 주권
- 로마서 5:18-21: 의로운 존재 예수

바울은 로마서의 처음부터 예수 메시아를 하나님의 정의로 제시했다. 정의는 그와 별도로 생각될 수 없다. 그들에게 정의가 있는 것처럼 간주된 아브라함과 그의 후손들과 달리 예수 메시아는 본래 하나님의 정의로서 정의의 실재와 형식, 사람 안에서 이뤄진 하나님의 정의이시다. 로마서 5:12-21에서 바울은 이 진리를 다시 선언하지만, 이번에는 초점과 강조 대상을 바꾼다. 로마서 1:1-5, 16-17; 3:21-26에 수록된 복음의 핵심적인 선언에서 바울은 정의가 예수 메시아 안의 그리고 그를 통한 **하나님의 행동**임을 강조했다. 그는 속죄소로서의 예수 메시아의 구속적인 죽음(롬 3:25) 안에서 하나님이 자신의 정의를 나타내셨던 "하나님의 좋은 소식"(롬 1:1), "하나님의 능력"(롬 1:16), "하나님의 정의"(롬 1:17; 3:21-22), "[하나님의] 은혜"(롬 3:24)에 관해 썼다. 나아가 로마서 4장에서 바울은 약속하시고, 죽은 자에게 생명을 주시고, 없는 것을 존재하게 하시고, 예수를 죽은 자 가운데서 살리시고, 하나님이 정의를 주실 것을 신뢰하는 모든 사람을 의롭게 여기시는 것에 관해 썼다. 메시아 안에 있는 하나님의 완벽과 능력과 경이는 아브라함에게서 신뢰를 촉발했듯이 우리에게서도 신뢰를 일으킨다.

로마서 5:12-21에서 바울은 **인간의** 행동, 즉 메시아의 완전하고 진정한 인간의 행동으로서의 정의에 초점을 맞춘다. 그분 안에서 신적 행동과 인간의 행동이 결합하고 동시에 발생하여 완벽한 정의를 이룬다. 예수 메시아는 의롭다고 여겨지심으로써가 아니라, 그의 삶과 죽음 전체에서 **정의로우심**으로써 정의로운 존재이시다. 하나님은 메시아를 죽은 자 가운데서 일으키심으로써 그의 인간적 정의를 옹호하시는데(vindicates) 이는 메시아를 향한 하나님의 정의를 보여준다. 메시아 안에서 하나님의 정의의 행동과 인간의 정의의 행동이 완벽하게 동시에 내재하기 때문에, 그리고 오직 메시아를 통해서만 속박하는 불의의 사슬이 결정적으로 풀어지고 인간이 해방되어 정의와 자유를 얻게 된다.

죄, 사망, 주권(롬 5:12-14)

복음은 **근본적인**(radical) 원수를 드러낸다. 그것은 민족들 사이의 반목이 아니라 모든 인류에 대해 주권을 주장하는 상반된 주권들이다. 이질적인 주권인 죄가 이방 민족들과 유데아인을 불문하고 모든 민족에 대한 지배권을 얻었으며, 하나님의 주권적인 지배에 대해 근본적인 반대자의 자리에 서게 되었다. 죄는 사망을 동맹으로 삼는다. 그들은 함께 불의의 체제의 폭군들이다.

　　나는 죄가 **능동적인 힘**을 지닌 행위자로 생각되어야 한다는 것을 나타내기 위해 (대문자 S로 시작하는) 죄(Sin)라는 단어를 사용하고 있다. 이 대목까지는 바울이 죄의 그 측면을 강조하지 않았지만, 그 점은 이미 로마서 3:9에 암시되어 있다. 거기서 바울은 "유대인이나 헬라인이나 다 [힘으로서의] 죄 **아래에** 있다"라고 말한다. 그러나 바울은 로마서 5장에서 죄가 세상에 들어와 인간의 역사를 탈취한 침략적인 태도와, 죄가 자신의 지배를 확산시키는 공격적인 태도를 폭로한다. 우리는 로마서 5:12을 다음과 같이 다른 말로 풀어 쓸 수 있을 것이다. "죄가 하나님의 영역인 세상에 은밀하게 침입했고, 죄와 더불어 사망도 침입해서 죄로 하여금 모든 인류에게 공격적으로 자신의 통치를 확산하여 전체 죄의 역사를 만들어 낼 수 있게 했다." 그러나 바울은 죄의 침입과 주권적 통치에 관해 중요한 두 가지 다른 주장도 한다.

첫째, 죄는 모형상의 최초의 인간인 아담 "한 사람을 통해" 침입한다 (롬 5:14). 그러나 (이 점이 매우 중요하다) 인류에 대한 죄의 지배가 애초에 존재했던 것은 아니었다. 그것은 창조세계에 원래 존재하지 않았다. 죄에는 **시작이 있다**. 그것은 태초로 거슬러 올라가지 않는다. 죄는 처음에는 죄 또는 위반으로서, 즉 인간의 확실한 불순종의 행위로서 창조세계에 들어왔다. 죄는 그때 비로소 **모든 사람**을 정복하고 다스릴 자신의 치명적인 사명을 시작할 장소를 발견했다.

둘째, 이 일은 바울이 로마서 5:13-14에서 분명히 밝히듯이 인류가 모세의 율법을 지닌 사람과 지니지 않은 사람으로 나뉘기 전에 일어났다. "죄가 율법 있기 전에도 세상에 있었으나…아담으로부터 모세까지…사망이 왕 노릇 하였나니." 이스라엘과 이방 나라들이 분리되기 전에 죄가 창조세계에 침입했으며, 이스라엘과 이방 나라들 사이의 경계가 다른 측면에서는 아무리 중요하다고 할지라도 죄의 체제는 그 경계를 존중하지 않는다. 따라서 죄의 보편적인 주권은 태초로 거슬러 올라가지 않지만, 그것은 죄를 판단할 모세의 율법이 존재하기 **오래전**에 시작되었다. 모세의 시대 즈음에는 죄의 치명적인 지배가 세상에 이미 확고해졌다. 우리가 로마서 1:18-3:20에서 본 바와 같이 이방 민족들은 우상숭배를 통해 죄의 힘에 넘겨졌으며, 유데아 민족 역시 율법을 통해 죄 아래 있게 되었다. 따라서 가장 위대하고 가장 훌륭한 나라들과 민족들조차 자기들보다 힘이 센 체제에 굴복당하며 그것에 대해 힘을 발휘하지 못한다. 그들은 죄의 신민들이다.

당신은 역사에서 능동적으로 활동하는 힘으로서의 죄와 사망을 상상할 수 있는가? 죄가 어떻게 개인적 또는 집단적 죄들 이상의 것이 되는가?

사망이 어떻게 개인들이나 민족들의 자연적인 죽음 이상의 것이 되는가? 그런 문제들을 운동, 시스템, 제도, 구조, 세계 질서의 관점에서 생각하는 것이 도움이 되는가? (『반지의 제왕』[The Lord of the Rings]에서 모르도르의 역할을 생각하면 도움이 될지도 모른다.)

죄의 체제에 관한 이 논의의 많은 부분은 다소 비유적이고 추상적이다. 죄와 사망의 주권적 지배가 인간 역사의 현장에서 어떻게 일어나는가? 바울이 죄(*hamartia*)와 사망(*thanatos*)이라는 단어들을 **주권적 지배**(*basileuō*, "왕으로서 다스리다", 롬 5:14, 21과 롬 6장의 여러 곳)와 결합하는 것도 우연이 아니다. 죄는 왕으로서 다스린다. 사망도 왕으로서 다스린다. 주권적 지배가 그 문제의 핵심이다. 바울이 로마서 5:15-17에서 아담과 메시아 사이의 대조를 제시할 때 이 점이 명확해지지만, 우리는 지금으로서는 창세기 2-3장에 기록된 이야기를 다시 살펴볼 것이다. 그곳에서 최초이자 대표적인 인간인 아담에게 생물의 영역에서 하나님의 섭정이자 돌보는 자가 되라는 권위가 부여된다. 창세기 1:26에서 하나님이 "우리의 형상을 따라 우리의 모양대로 우리가 사람을 만들고 **그들로** 바다의 물고기와 하늘의 새와 가축과 온 땅과 땅에 기는 모든 것을 **다스리게 하자**"라고 말씀하신다. 그 지배는 "여호와 하나님이 지으신 들짐승"인(창 3:1) 뱀에 대한 지배를 포함했을 것이다. 하나님의 섭정으로서 모든 생물을 통치할 권위는 하나님에 의해 인간에게 **주어졌다**. 그것이 하나님 자신의 형상을 따라 하나님의 모양대로 지어졌다는 것이 의미하는 바다. 만일 인간이 하나님이 통치하시듯이 통치한다면, 그것은 인간이 하나님이 주권을 행사하시는 것처럼 주권을 행사하면서 모든 생물의 행복과 번성에 봉사하는 **샬롬**의 통치일 것이다.

창세기 1-2장에서 인간에게는 서로를 통치할 권한이 주어지지 **않았다.** 남성과 여성, 아담과 하와 사이에는 생물들을 다스리고 땅을 보살필 과제에서 상호 기쁨과 협력 관계만 존재했다. 그러나 창세기 3장에서 뱀이 인간들에게 다른 형태의 주권을 고려하고 그것을 붙잡으라고 초대한다. "너희가 하나님과 같이 되어 선악을 알게 될 것이다"(창 3:5). 이때까지는 남자와 여자가 상호 존중과 사랑이라는 선을 포함한 선만을 알았다. 그것으로 충분하고 즐거웠다. 하나님(또는 신들)처럼 되어 선악을 알려고 하는 것이 세상과 인간의 삶에 도덕적 불화와 분열을 가져온다. 인간은 선**과** 악 사이 그리고 선이나 악을 행하는 것 사이에서 "자유롭게" 주권적인 결정을 하게 되었다.

자율성으로서의 이 자유가 즉각적으로 사안들의 개인적·사회적 핵심에서 갈등을 만들어 낸다. 이제 무엇이 선하고 무엇이 악한지를 누가 결정하는가? 이제 인간 사회에서 사안들이 어떻게 진행될지를 누가 결정하는가? 누군가가 인간의 사회들에 대해 그리고 그 사회들 가운데서 신처럼 선과 악을 결정하는 지배권을 맡아야 한다. 지배로서의 주권이 탄생한다. 그런 종류의 주권은 하나님에 의해 주어지지 **않았다.** 그것은 인간에 의해 붙들어졌다. 창세기에 기록된 이야기와 같이 그 결과는 재앙적이었다. 신과 같아지기를 추구한 직후 서로를 지배하는 저주받은 인간의 역사가 시작되었다. 남자에게 내린 저주는 여자에 대한 그의 "지배"에서 명백하게 나타난다. 여자에게 내린 저주는 남자의 지배를 가능하게 만들어 주는 남자—또는 생존? 또는 안전?—에 대한 그녀의 "욕구"에서 명백하게 드러난다(창 3:16). 창세기에 따르면 그 후 지배로서의 주권은 남성과 여성을 넘어 급속히 확산한다. 우리가 창세기 4장과 6장에서 발견하는 바와 같이 폭력·죽음·보복·우상숭배·무법의 파괴적인 역사가 이어진다.

달리 말하자면 우리는 죄의 주권뿐만 아니라 **주권의 죄**도 말해야 한다. 특정한 종류의 주권—종종 처벌과 죽음의 위협을 가하는, 다른 인간에 대한 인간의 지배—은 그것 자체가 죄의 통치다. 아담에 관한 바울의 요점은 우상 숭배적이고 죽음을 주는 이 형태의 주권이 아담의 죄의 본질이며 세상의 역사가 된다는 것이다. 그것은 모세의 율법(또는 다른 법률)이 존재하기 훨씬 전에 그리고 (율)법에 의해 가해진 제한을 훨씬 뛰어넘어 존재한다. 세력으로서 죄와 사망은 몇몇 인간과 민족들이—신의 권한 부여를 받아—다른 사람들에 대한 주권적 힘을 지닐 때 세상에서 전진한다. 다른 사람들이 그 힘을 보호로 보고 그것을 원하거나 요구할 경우나 그것을 압제로 보고 그것에 저항하고 반역할 경우 모두에 말이다. 모든 인간이 이 점에서 죄를 지었다. 우위를 점하고 지배하려는 욕구가 모든 인간의 마음에 숨겨져 있으며, 가정에서 제국에 이르기까지 모든 사회 질서에서 드러난다.

그러나 주권의 죄는 특히 정치적, 사회적, 경제적 영역에서 나타난다. 죄는 세상의 힘들을 자신의 대의를 위해 사용하며, 그것들은 죄의 중요한 불의의 도구들—황제들·왕들·폭군들·장군들, 총독들·대통령들·수상들과 군대들·국가들·주들·계급들·인종 집단들 그리고 글로벌 회사들·은행들·산업들·미디어·시장—이 된다. 그들은 안전, 평화, 번영을 약속함으로써 다른 사람들에 대한 주권을 얻고 때때로 그런 것들을 달성한다. 그들은 충성 서약, 순종, 희생을 요구함으로써 자신의 주권을 유지하며 때때로 그런 것들을 받는다. 그들은 전쟁, 몰수, 죽음의 위협을 통해 다른 사람들에 대해 자신의 힘을 행사하며 때때로 그런 일을 저지른다. 이런 일 중 많은 부분이 명시적이라기보다는 암묵적이지만, 그것은 실제적이다. 이것이 아담이 남긴 유산이다.

　종교, 국가의 헌법, 법률 시스템, 사회 계약, 경제 구조, 의회, 법원, 행정 관청, 학교, 대학, 군대, 정치 세력, 감옥 등을 포함한 최고의 그리고 좋은 의도의 문화, 사회, 정치의 측면에 아담의 주권과 같은 방식의 주권이 엮여 있다. 이 모든 제도가 민족들과 국가들에게 어느 정도의 질서와 안정과 번영을 제공하며, 우리가 이것들을 단순하게 경멸해서는 안 된다(우리는 이 점을 롬 13장에서 살펴볼 것이다). 그러나 세상의 주권들에서 언제나 공포와 처벌의 위협을 통한 지배가 어느 정도 작동하고 있다. 이것이 대개는 보이지 않지만, 극단적인 상황에서는 이 형태의 주권이 특히 가시적으로 된다. 예를 들어 정치적 영역에서 국가의 국경, 독립, 생활 방식 등이나 민주주의, 법, 질서, 정의, 평화 등의 가치들이 위협받을 때 그것들을 확보하거나 보호하기 위해 비상 상태가 선언될 수 있다. 비상 상황은 다양한 보호 또는 공격 수단을 사용할 것을 "요구"할 수 있는데 그런 수단 가운데 일부는 비상 상황이 아니라면 불법이라고 여겨질 수도 있다. 그런 수단 몇 가지를 열거하자면 다음과 같다. 징집이나 군사적 방어 또는 침공, 시위와 반대 억압, 정치적 반대자들을 국가의 적이자 테러분자로 취급함, 시민권 박탈, 국외 추방, 재판을 거치지 않은 구금, "심문 강화", 법외의 죄수 수용소, 대규모 투옥과 처형, 표적 살해 등.

　그런 수단들이 처음에는 극단적이고 이례적이라고 보이지만, 보통 시민들은 통상적인 주권이 힘을 통해 뒷받침될 필요가 있어서 그런 수단들이 "필요할 경우" 종종 그것들을 (혐오스럽기는 하지만) 타당한 도구로 수용하고 지지하게 된다. 그런 논거가 수를 셀 수 없을 만큼 많은 유명한 소설이나 영화의 대본들에 표현되는데, 그런 대본들에서 다른 상황에서라면 법률을 준수하는 군인이나 경찰 또는 보통 시민(또는 초인간적인 능력을 지닌 영웅)이 정의를 구현하기 위해 법을 위반"해야 하며", 보통 시민들을 구하기 위해 악한 반대자(들)를 죽"여야 한다." 이와 마찬가지로 주권들과 신민들, 통치자들과 시민들은 비상 상황에서는 죄(일반적인 법률의 한계를 위반하는 행동들)가 "있어야 하며", 다른 힘으로부터 위협받는 죄와 죽음을 억제하기 위해 죽음이 "있어야 한다"는 것을 받아들인다. 그러므로 인간의 주권들은 자신의 힘을 얻고 유지하기 위해 죄와 사망에 의존해야 하기 때문에 죄와 사망이 세상의 모든 주권을 다스린다.

> 당신은 세상에서 옳은 것과 선한 것을 유지하기 위해 당신의 정부가 이례적인 조치를 사용할 경우 어떤 조치를 합법적이거나 필요하다고 생각하겠는가? 어떤 조치가 당신이 받아들일 수 있는 선을 넘어가겠는가? 그 선은 무엇인가?

정의, 생명, 주권(롬 5:15-17)

우리가 묘사해 온 아담이 행사한 것과 같은 방식의 주권은 아담의 범죄의 역사적 열매다.

"그러나 이 은사는 그 범죄와 같지 아니하니"(롬 5:15). 이처럼 바울은 "한 사람" 아담에 의해 시작된 체제와 "한 사람 예수 메시아"에 의해 시작된 체제 사이의 일련의 근본적인 대조를 시작한다. 그러나 이 대조의 핵심은—우리가 그렇게 예상할 수도 있지만—인간의 주권을 부정하는 것이 아니다. 그 대조의 핵심은 근본적으로 다른 방식으로 오는 다른 종류의 주권인 메시아적 주권인데, 그것은 **은혜**를 통해 **선물**로서 온다. 이 방식의 주권만이 그것의 결과로서 불의와 죽음이 아닌 정의와 생명을 가져온다.

아담의 범죄에서 인간 역사에 침입한, 신과 같아지는 주권은 인지된 결핍에 뿌리를 두고 있다. 하나님은 은혜롭게도 (모형상의) 최초의 인간들에게 동산 중앙에 있는 생명나무(불멸성의 원천)에 대한 접근을 포함하여 인간의 번성을 위해 필요한 모든 것을 **주셨다**. 그러나 뱀이 여자에게 제기한 질문은 즉각적으로 인간에게 주어지지 **않은** 것에 대한 인식, 즉 뭔가 **빠졌**다는 느낌을 일으킨다. 그들에게는 선악을 알게 하는 나무가 주어지지 않았다. 그들은 이제 그 나무의 열매가 주어지지 않았기 **때문에** 그것을 탐낸다. 그것은 하나님의 명령을 정면으로 불순종하여 그것을 취함으로써만 얻을 수 있다. 주어지지 않은 것을 취하는 것은 신과 같아지는 주권의 특징적인 죄다. 그것을 지배하는 것은 세상에 탐욕, 약탈, 정복, 몰수의 공포를 풀어 놓는다.

이 점에 대한 성경의 명확한 예가 이스라엘 민족이 사사 사무엘에게 "다른 나라들처럼" 자기들을 다스릴 왕을 임명해 달라고 요구했을 때(삼상 8:5) 제시된다. 야웨는 사무엘에게 이스라엘의 이 요구가 사무엘을 거절한 것이 아니라 왕으로서의 하나님을 거절한 것에 상응한다고 알려주시는데, 이 거절은 그들의 우상숭배에 뿌리를 두고 있었다(삼상 8:7-8). 야웨는 사무엘에게 이렇게 말씀하신다. "그러므로…너는 그들에게 엄히 경고하고 **그들을 다스릴** 왕의 제도를 가르치라"(삼상 8:9). 그 뒤에 왕이 **취할** 대상에 대한 긴 목록이 이어진다(삼상 8:10-17) "그가 너희의 아들들을 취해" 군인, 농사꾼, 제조자로 삼을 것이다. "그가 너희의 딸들을 취해" 하녀로 삼을 것이다. 그가 농산물의 "가장 좋은 것을 취해" 자기의 궁정을 위해 사용할 것이다. 그가 들에서 생산되는 다른 모든 것의 "십분의 일을 취해" 자기의 군대를 위해 사용할 것이다. 그가 노예, 황소, 나귀를 "취해" 자기의 일을 시킬 것이다. "그가 너희의 양 떼의 십분의 일을 취할 것이고, **너희가 그의 노예들이 될 것이다**(삼상 8:17). 그리고 이스라엘의 가장 위대한 주권자였던 솔로몬 치하에서 그 일이 일어났다. 이스라엘의 군사적·정치적·경제적·문화적 영광―그것 자체로는 매우 인상적이었다―은 모든 단계에서 민족의 고초 위에 세워졌다(왕상 4:22-28; 5:13-18). 주권자는 빼앗아 가고 민족은 그의 노예가 되었다. 바울 시대의 로마의 지배 계층 엘리트와 가난한 많은 민족에 관해서도 같은 판단이 내려져야 한다. 죄에 예속되는 것은 탐욕스러운 주권 권력에 예속되는 것을 포함했다.

"그러나 이 은사는 그 범죄와 같지 아니하니." 탈취하는 지배자들과 현저히 대조되는 주권자 예수 메시아가 계신다. 아담과 그에게서 나온, 예속시키고 죽음을 주는 주권과 달리 메시아 예수는 하나님의 생명의 풍성함을 통해 사시며, 모든 사람에게 풍성하게 생명을 주신다(롬 5:15). 그 결과 역시 현저하게 대조된다. 한 사람 아담의 한 범죄가 지배, 징발, 몰수와 예속화하는 치명적인 인간 역사를 만들어 냈다. "한 사람의 범죄로 말미암아 사망이 그 한 사람을 통하여 왕 노릇 하였은즉"(롬 5:17). 그러나 오랜 범죄의 역사 안으로―묵시적으로, 과도하게―도래하는 은혜로운 선물은 즉각적으로 정의의 새 역사를 창조한다. **정의 자체**가 그 선물이다.

정의의 선물은 단순히 불의의 역사와 동등하고 그것에 반대되는 것이 아니다. 오히려 정의의 선물은 불의의 역사를 풍성하게 능가한다. 은혜의 지배는 죄의 체제를 풍성하게 능가한다. 메시아는 아담을 능가하신다. 생명은 죽음을 능가한다. "**더욱** 은혜와 의의 선물을 넘치게 받는 자들은 한 분 예수 그리스도를 통하여 생명 안에서 왕 노릇 하리로다"(롬 5:17). 메시아 안에 있는 정의의 선물은 정의가 강제력, 심판, 정죄, 처벌, 죽음을 통해 인간 역사에서 구현된다는 아이디어를 압도한다. 예수 자신의 정의는 신적 풍성함으로부터 나와서 모든 사람에게 풍성하게 주어진다. 이 주권자는 취하시지 않고 주신다. 그는 예속시키시지 않고 해방하신다. 그는 죽음의 위협을 가하시지 않고 생명을 주신다.

모든 사람을 위한 정의가 없는 한 모든 사람을 위한 생명이 있을 수 없다. 모든 사람을 위한 정의는 하나의 인간 사회 또는 그것의 통치자들에 의해 정의되거나 결정될 수 없다. 그것이 세상의 주권이 작동하는 방식이다. 그것은 언제나 어떤 사람들에게는 번성을 의미하고 다른 사람들에게는 고통을 의미한다. 그러나 좋은 소식은 하나님이 주권자 예수 그리스도를 통해 자신의 정의, 곧 모든 사람을 위한 번성의 정의를 세상에 주신다는 것이다. 하나님의 은혜와 정의의 선물을 통해 새로운 종류의 역사가 열린다. 그것은 **생명**의 역사다. 좀 더 구체적으로 말하자면 그것은 **생명 안에 있는, 생명을 위한 참된 인간의 주권**의 역사다. 메시아의 주권에 동참함으로써 사람들과 민족들은 죄와 그것의 예속하는 힘에 관련하여 주권자가 되고 사망의 공포에서 자유로워진다. 하나님은 메시아 안에서 모든 인간에게 생명의 힘을 아낌 없이 후하게 선물로 주신다. 신적 생명의 **결핍이 없으며** 풍성함만 존재한다. 그것은 자신의 힘으로 움켜잡을 수 없으며, 오직 주어지는 것을 받기만 할 뿐이다. 예수 안에서 지배하고 취하는, 경건치 않은 주권(죄와 사망의 주권)이 극복된다. 예수 안에서 그런 종류의 주권에 대한 인간의 중독이 무너진다.

인간의 삶을 주장하고 인간의 충성을 요구하는 세상의 주권들에 대한 예속도 무너진다. 복음이 모든 인간 가운데서 생명을 주는 주권―자유― 을 풍성하게 회복하기 때문에 이 세상의 주권들은 이제 그것들이 제공하는 생존과 안전에 대한 강박적인 욕구로부터 해방된, 메시아 안에 있는 사람 들에게 더 이상 구속력이 있는 주장을 하지 못한다. 메시아 안에서는 정의 와 생명을 제공하겠다는 세상 주권들의 기만적인 주장들이 그것들의 "신 민들"에게 더 이상 진지하게 고려되지 않을 수 있으며, 진지하게 고려되지 않아야 한다. (나는 롬 13장과 관련하여 이 점에 관해 좀 더 말할 것이다.) 메시아 자 신이 주권을 축적하고 다른 사람들을 지배함으로써가 아니라, 모든 인간을 자신을 제공하신 정의의 몸 안으로 모으시고 모든 인간에게 부활 생명의 힘을 수여하심으로써 통치하시기 때문이다. 예수 메시아는 정의와 생명의 새 역사를 여신다. 하나님은 정의와 생명을 선물로 주신다. 그것들은 [자신 의 힘으로] 붙잡을 수 없다. 그것들은 [주어지는 것을] **받을** 수 있을 뿐이 다.

지배하지 않는 인간의 주권은 어떤 모습이겠는가? 그것이 어떻게 작동 하겠는가? 당신은 구체적인 예를 생각할 수 있는가? 당신은 그런 예들 을 **주권** 또는 다른 어떤 단어로 묘사하겠는가? 예수의 생애와 죽음에 관한 복음 내러티브들이 우리가 어떻게 주권을 다르게 생각할 수 있게 해 주는가?

의로운 존재(롬 5:18-21)

바울은 로마서 5:18-19의 몇 문장에서 예수 메시아의 전체 복음 이야기를 요약한다. 좀 더 구체적으로 말하자면 그것은 "한 의로운 행동"과 "한 사람의 순종"이라는 어구 두 개로 요약된다. 우리가 이 어구들을 협소하게 예수의 십자가상의 죽음에만 초점을 맞추지 않는 것이 중요하다. 그것은 확실히 메시아의 정의와 순종이 절정에 이르는 장소다. 그러나 바울이 이 대목에서 말하는 정의와 순종은 예수의 세례부터 십자가 처형에 이르는 그의 생애 전체로 확대된다. 실제로 그것들은 훨씬 더 이전에 기꺼이 아버지의 뜻을 행하려고 하신 영원하신 신적 아들의 의지에 뿌리를 두고 있다. 예수의 세례는 그의 메시아 직의 공식 취임과 현시이며, 성자 예수가 성령으로부터 신적 힘과 성부로부터 신적 권위를 받으시는 순간이다. 세례 사건에서 예수에게 이스라엘의 정치적 주권자―이스라엘의 왕―가 될 권위가 **주어진다.**

그런데 그는 어떤 종류의 주권을 행사하실 것인가? 그는 즉각적이고 극적이고 폭력적으로 예루살렘의 왕위에 앉아 이스라엘을 구할 기회를 붙잡으실 것인가? 예수의 시험 때 이런 질문들이 제기되었다. 예수가 세례를 받으신 직후 성령이 그를 광야로 보내셔서 사탄에게 시험을 받게 하셨다. 마태복음 4:1-11과 누가복음 4:1-13에 기록된 바와 같이, 각각의 유혹들은 사탄이 예수에게 메시아적인 정치적 주권을 붙잡으라고 유혹한 것으로 이해되어야 한다. 그는 이스라엘의 정치적 희망들에 따라 자신을 위해서가 아니라 이스라엘을 위해서 행동하라는 유혹을 받는다. 그 유혹들은 이스라엘 사람인 예수에게는 실제적이었다. 그 유혹들은 (그의 세례 때) 자기 민족과 연대하여 나라들 가운데서 그들의 대의를 확보하고 방어하며 진척시키도록 결정된, 이미 신적으로 기름 부음을 받은 이스라엘의 메시아적 통치자로서의 예수에게 호소한다. **예수에게 있어 이스라엘의 대의는 참으로 자신의 대의다.** 로마의 압제하에 있는 이스라엘 민족으로서는 자기들의 경제적 복지를 확보하고, 그들을 압제에서 해방하며, 민족들 사이에서 그들의 지위를 회복할 메시아적 통치자를 기대하는 것이 정당했을 것이다. 예수는 이스라엘의 **왕**이시다. 그에게 다른 무엇이 기대되어야 하는가?[1]

그래서 예수는 사막의 돌들을 빵으로 변화시키라는 유혹을 받았다. 이런 종류의 메시아적 이적은 예수 자신의 배고픔을 다룰 뿐만 아니라 이스라엘 민족에게 경제적 구조, 행복, 풍요를 제공할 그의 헌신과 능력도 보여줄 터였다. 예수는 그의 많은 자비의 행동들에서 보여주신 것처럼 자기 민족의 가난에 매우 민감하셨다. 그는 동정심에 의해 움직이셔서 적어도 두 번 많은 군중에게 음식을 제공하셨다. 그러나 그는 그 지위로부터 그들의 사회적, 경제적 행복을 제공하실 수도 있었을 강력한 행정적 지위를 추구하지 않으셨다. 그것은 (무거운 세금을 부과한) 로마의 시스템의 전복과 (역시 무거운 짐을 부과한) 성전 시스템의 정비를 요구했을 것이다. 그는 이 두 시스템 모두에 대해 비판적이셨다. 그러나 그는 그런 힘을 손에 넣기를 거절하심으로써 하나님의 말씀에 순종하시는 데 온전히 헌신하셨다. 그는 자신의 메시아적 사명이 어떤 모습이 되든 간에 그것을 통해 하나님이 이스라엘에게 하나님의 경륜을 드러내시기를 기다리셨다.

---

1   나는 예수의 유혹에 관한 이후의 설명은 John Howard Yoder, *The Politics of Jesus: Vicit Agnus Noster*, 2nd ed.(Grand Rapids, MI: Eerdmans, 1994)의 영향을 받았다.『예수의 정치학』, 알맹e 역간.

예수는 또한 성전 꼭대기에서 뛰어내려 천사들에게 받들려 그 도시 안으로 내려감으로써 예루살렘에 극적이고 기적적으로 들어가라는 유혹도 받으셨다. 그런 메시아적 이적은 그의 신적 권리와 통치권의 권위를 즉각적이고 명확하게 보여주었을 것이다. 그는 이 권위를 통해 이스라엘 민족을 군대로 소집하시고, 유데아인들을 이끌어 로마인들을 정복하시고, 왕으로서 이스라엘을 다스리실 수 있었을 것이다. 예수는 마귀에게 답변하시기 위해 자신이 이스라엘의 왕이시라는 사실을 부인하지 않으셨다. 나중에 그가 예루살렘에 들어가셨을 때 그는 "다윗의 자손"으로 환영을 받으셨다. 그는 약한 모습으로 오셨고 정복하는 영웅으로 오시지 않았지만, 그 칭호를 거부하지 않으셨다. 예수는 하나님이 천사 무리의 군대를 보내 자신을 도우러 오시기를 시험하기보다는, 하나님이 자신의 왕적인 사명의 형태를 드러내시기를 기다리셨다. 역설적으로, 그의 왕적 사명은 그의 십자가 처형에서 가장 완전하게 드러났다.

마지막으로, 사탄은 예수에게 그가 자기를 경배하기만 하면 땅의 모든 나라에 대한 정치적 주권을 주겠다고 말했다. (바울에 따르면 하나님이 어떤 의미에서 나라들을 경건치 않은 힘들에 "넘겨주셨음"을 기억하라.) 자기 주장이 강한 정치적 주권과 사탄의 힘 사이에는 명백한 연결 관계가 있다. 그것은 메시아에게뿐만 아니라 이스라엘에게도 나라들 가운데서 승리의 영광과 힘을 약속한다. 예수는 사탄의 제안에 저항하심으로써 나라들을 지배하는 사탄의 방식을 거부하셨지만, 정치적 주권을 거절하지 않으셨다. 그는 하나님으로부터만 주권을 받기로 결심하셨고 하나님만을 경배하셨다. 결국 예수는 실제로 "하늘과 땅의 모든 권세"를 받으셨고 **받으신다**(마 28:18). 그것은 오직 그 후에 그리고 **그가 십자가에 달리셨을 때** "유대인의 왕"으로 지명

되셨기 때문에 하나님에 의해 그에게 "주어졌다." 그 주권자는 사탄이 제공하는 종류의 "힘"을 포기하신 분이시다. 십자가에 처형당하신 메시아가 죽은 자 가운데서 일으킴을 받으셨을 때 그는 제자들에게 자기의 이상한 주권을 모든 민족에게 선포하라고 명령하셨다. 제자들은 군사적 정복자들로서가 아니라 상처받기 쉬운 "증인들"(*martyres*, 행 1:8; 특히 마 10장에 기록된 그들의 임무를 보라)로서 보냄을 받았다. 그들의 목적은 다른 사람들을 그들의 주권에 굴복시키는 것이 아니라, 그들에게 "내가[예수가] 너희에게 분부한 모든 것을 행하도록" 가르쳐 메시아의 추종자들이 되게 하는 것이었다(마 28:20).

> 예수의 유혹을 정치적 유혹으로 읽는 것이 예수의 메시아적 사명에 대한 당신의 이해를 어떻게 변화시키는가? 예수가 유대아인들의 참된 정치적 지도라고 계시되었다는 점에 비춰볼 때, 그것이 세상에서 메시아와 같은 정치적 리더십이 어떤 모습이어야 할지에 관한 당신의 이해를 어떻게 변화시키는가?

각각의 유혹에서 예수는 사탄이 제안한 정치적 주권의 **형태**를 거부하셨다. 그는 대신에 하나님만이 자기에게 메시아적 왕권의 진정한 형태를 보여주실 것을 순종하시고 그것을 신뢰하셨다. 예수가 정치적 주권을 거부하지 않으셨음을 우리가 이해할 필요가 있다. 그는 사탄에게 "너는 틀렸다. 나는 주권자가 아니다"라거나 "너는 오해했다. 나는 민족들이나 나라들을 다스리는 것이 아니라 마음들을 다스린다"라고 말씀하시지 않았다. 예수는 사탄의 조건으로, 즉 공개적인 이적과 자명한 신적 권리와 군사적 승리를 통해 정치적 주권을 **취하려고** 하지 않으셨다. 각각의 유혹에 대한 대응으로 그는 자기에게 주권의 방법을 보여주실 하나님께 순종하기로 서약하셨다. 그가 나사렛부터 예루살렘과 골고다까지 신뢰와 순종의 길을 걸으셨을 때 이스라엘의 왕으로서 그의 주권의 형태가 그에게 드러나고 주어졌다. 유대 인들의 왕이 되는 그 길의 어느 곳에서도 예수는 사람들에 대한 강압적인 힘으로서의 자기 주권을 주장하지 않으셨다. 대신 그는 배고픈 자들을 먹 이시고, 병든 자들을 치유하시고, 악한 힘들을 쫓아내시고, 죽은 자들을 살 리셨다. 그는 이스라엘에게 로마의 지배에도 불구하고 하나님의 통치를 신 뢰하라고 촉구하셨다. 이런 방식으로 그는 사실상 이스라엘의 지배자였으 며 주권의 **진정한** 성격을 보여주셨다.

궁극적으로 십자가 위에 "이는 유대인의 왕이라"라고 붙인 죄패는 예 수에 관한 참되고 최종적인 진실을 말했다. 그 죄패는 예수의 주권을 조롱 할 의도였지만, 대신 "이 세대의 통치자들"(고전 2:8)의 주권을 조롱했다. 그 들은 "비상 상황"에서 죄 없는 사람을 공개 처형하라는 명령을 집행하는 그들의 힘에서 **자기들의** 주권이 어떤 종류인지를 보여주었다. 그런 종류의 주권 게임에 대한 예수의 거절이 그것의 경건치 않음과 불의를 폭로했다. 십자가와 부활은 **신적이고 인간적인 정의의 한 행동**으로서 예수의 신실하 신 순종의 삶 전체를 드러낸다. 예수는 하나님을 신뢰하시고 하나님께 순 종하심으로써 태어나실 때부터 십자가에 처형당하실 때까지 하나님의 정 의를 살아내셨다. 메시아는 그의 생애와 죽음과 부활에서 아담이 취한 방 식의 주권을 정복하셨다. 정의와 생명의 놀라운 새 질서가 시작되었다.

바울이 로마서 5:18-19에서 예수의 이야기를 다음과 같이 요약하기 때문에(나는 아래에 그것을 다른 말로 바꿔 쓴다) 그 이야기를 길게 언급했다.

그러므로 주권을 인간의 권리로 붙잡은 아담의 한 행동이 모든 인간을 그것의 치명적인 결과 아래 놓이게 했듯이, 주권을 선물로 받은 메시아의 한 행동—즉 그의 전 생애에 걸친 정의의 행동—이 모든 인류를 그의 살아 있는 정의 아래로 들어가게 했습니다. 한 사람 아담의 불성실한 불순종이 인간 불의의 역사를 가져왔듯이, 한 사람 예수의 신실한 순종이 인간 정의의 역사를 가져올 것입니다.

하나님이 메시아 예수를 통해 정의와 생명의 선물을 은혜롭게 그리고 풍성하게 주신다는 절정의 선언을 하고 난 뒤에 바울은 율법이라는 주제를 다시 *끄*집어낸다. 이 이야기에서 율법의 역할은 무엇인가? 그는 율법이 정의를 더하지 않는다고 선언한다. 율법은 죄와 불의의 증가로 이어질 뿐이다. "율법이 들어온 것은 범죄를 더하게 하려 함이라"(롬 5:20). (율)법은 인간 사회에서 범법이 인식되고 심판받고 처벌될 수 있는 많은 방법을 정의하고, 다듬고, 늘림으로써 작동한다. 예를 들어 법과 별도로 얘기하자면, 생존을 위해 부유한 사람으로부터 빵 한 덩이를 훔치는 배고픈 사람은 해서는 안 되는 짓을 하는 것이지만(그것은 죄다), 그 행동은 어느 정도 이해가 될 만하며 부유한 사람으로부터 용서와 관대함을 일으킬지도 모른다. 그러나 (어떤 의미에서는) 법이 들어와서 그 빵을 취한 것을 절도 "범죄"로 규정하고 가해자와 피해자를 만들어 낸다. 사실 그런 상황에서 사실상 피해자와 가해자의 역할이 바뀐다. 많이 가진 사람은 피해자이고 아무것도 가지지 않은 사람은 범죄자다. 범죄에 대한 심판이 "필요하고", 범인은 벌을 받아야 한다(역사에서 일어난 적이 있듯이 때때로 죽음을 통해 처벌된다). 또는 (다른 시나리오에서는) 법이 들어와 많이 가진 자에게 관대한 행동으로서가 아니라 법적 의무로서 가지지 않은 사람의 유익을 위해 빵을 양도하도록 요구한다. 빵을 양도하지 않는 것은 "범죄"로 규정되며—가해자와 피해자가 있다—그것은 반드시 처벌되어야 한다(역사에서 일어난 적이 있듯이 때때로 죽음을 통해 처벌된다). 법은 위반을 새로운 차원으로 옮기고 적절한 대응으로서 처벌을 도입한다. 죄는 그것의 범위를 넓히고 사망은 그것의 지배를 확장한다.

(율)법을 통해 강화된 위반의 주권이 계속 확장하는 데 대한 하나님의 대응은 정부들이 종종 그러는 것처럼 법을 늘리고 법의 지배를 강제함으로써 반격하는 것이 아니다. 하나님은 "범죄에 대해 강경하게" 대처하고, 불법의 범위를 확대하며, 좀 더 엄한 처벌을 부과하고, 감옥을 더 많이 짓고, 사형을 좀 더 자주 적용하는 것(또는 사형을 부활시키는 것)으로 불의에 대응하시지 않는다. 바울은 너무 인간적인 이런 것들은 법과 법의 처벌을 점점 더 엄격하게 적용함으로써 사망의 지배를 늘리게 된다고 말한다. 그러나 좋은 소식에 따르면 **하나님은 하나님으로서 행동하신다.** 그것은 하나님이 **법의 시스템을 뛰어넘어** 행동하신다는 뜻이다. 하나님은 법을 능가하신다. 하나님은 예수 메시아의 십자가 처형과 부활 안에 있는 자신의 다함 없는 정의와 생명으로써 죄와 사망과 법의 체제를 극복하신다. 법의 계산법은 범죄들과 그에 상응하는 처벌을 만드는 반면에 하나님은 측량할 수 없는 자신의 선하심의 수혜자들을 만드신다. (율)법이 끼어들어 죄가 "증가한" 곳에 하나님의 "은혜가 더욱 넘쳤다"(롬 5:20). 넘치는 은혜는 완전히 새로운 주권 즉 신적 관대함의 주권이다(롬 5:21). 법이 아니라 은혜가 세상에서의 정의와 생명의 새로운 토대이자 힘이다. 주권적 은혜의 묵시적 사건에서 하나님은 한 의로운 인간, 즉 우리의 주권자이신 예수 메시아를 통해 모든 사람을 위해 정의와 영원한 생명을 쏟아부으신다. 그분은 진정한 인간

이시자 하나님의 참된 형상이시다. 우리는 그분의 인간성에서 우리 자신의
인간성을 발견해야 한다.

6장

의로워지기

이 장에서 다루는 내용

....

- 로마서 6:1-12: 메시아 안에 있기—하나님의 정의가 되기
- 로마서 6:13-14: 하나님께 굴복하기—정의의 무기가 되기
- 로마서 6:15-22: 하나님께 순종하기—정의의 노예가 되기
- 로마서 6:23: 신적 생명의 은혜

로마서 5장의 마지막 선언에서 바울은 인간의 삶을 다스리는 두 체제에 대한 현저한 대조를 제시한다. 한편으로는 죄와 사망과 법의 체제가 있고, 다른 한편으로는 훨씬 더 뛰어난 정의와 생명과 은혜의 체제가 있다. 한 사람 예수의 순종과 정의를 통해 아담의 불순종과 불의 아래 노예가 된 인류는 은혜롭게 해방되어 정의와 생명을 얻을 수 있게 되었다. 십자가에 처형당하시고 살아나신 예수 메시아는 참된 인간, 하나님의 형상의 의미, 참된 지배권 또는 주권의 구현이시다. 그분이 **바로** 정의이자 영원한 생명이시다. 우리가 그분이 정의롭게 사신 것처럼 정의롭게 살기 위해서는 메시아의 주권적 영역 안에 있어야 한다. 십자가에 처형당하시고, 다시 살아나시고, 높아지신 메시아 **자신의 몸이 바로** 그 영역이다. 그것이 우리에게는 이상하게 보일 수도 있지만, 예수는 우리를 자기의 몸 안으로 데려가셔서 우리가 그의 살아 있는 정의에 참여하게 하신다. 이것이 바로 바울이 이제 세례의 실천을 논의하는 이유다.

몸들은, 개인적이든 사회적이든 정치적이든 간에, 역사가 일어나는 장소다. 몸을 지닌 존재로서 우리는 순종하거나 불순종하고, 정의나 불의를 행하고, 우리의 이웃을 사랑하거나 미워한다. 하나님은 십자가에 처형당하신 예수의 몸 안에서 아담이 몸으로 지은 범죄와 함께 시작된 불의의 역사를 무너뜨리셨다. 하나님은 부활하신 예수의 몸 안에서 정의의 새 역사를 가져오신다. 몸으로 하는 세례의 행동을 통해 우리는 메시아가 자신의 성육신과 순종적인 삶부터 그의 신실하신 죽음과 부활과 하나님의 주권자로서의 높아짐에 이르는, 자기의 몸을 통해 일어난 역사 안으로 우리를 데려가셨다는 신호를 보낸다. 인간의 정의의 새 역사는 여기서 시작한다.

하나님의 정의가 되기(롬 6:1-12)

바울은 인간의 삶을 지배하는 힘들로서의 죄와 사망을 방대하게 언급함으로써 "죄에 거한다"(죄 안에 있다, 롬 6:1)는 것이 무엇을 의미하는지에 대한 생생한 이미지를 만들어 낸다. 인간 전체가 범법과 불의의 영역 안에 붙잡혀 있다. 창조세계와 서로를 섬기도록 하나님이 주신 권위는 거의 알아볼 수 없을 정도로 왜곡되었다. 아담 이후 권위는 지배와 통제로서 행사되어 왔다. 개인과 집단, 통치자와 국가는 서로 위에 그리고 다른 피조물 위에 군림한다. 그들은 국가 안보, 자기방어, 사회경제적 행복, 자유, 인권, 가치, 관습, 생활 방식 등 정당한 대의로 보이는 것들을 위해 자기들의 주권을 주장한다. 그런 정당한 대의들의 적들은 제압되거나 정복되거나 제거 "되어야 한다." 현실적으로, 그것이 세상이 작동하는 방식이다. 정치적 지배자들은 불의한 세상에 정의를 가져올 "책임을 맡는다." 그것이 강압, 폭력, 전쟁을 요구할지라도 말이다. 그렇게 하지 않는다면 불의가 지배할 것이다. 바울 시대에 로마는 확실히 세상에서의 자신의 사명을 그렇게 이해했다.

그러나 바울에 따르면 그 "현실적인" 논리가 죄 안에 있다는 것이 의미하는 바다. 인류 전체가 제국과 식민지, 지배자와 신민, 정부와 시민, 상사와 종업원, 주인과 노예가 있어야 한다는 죄의 논리에 붙들려 있다. 사실 사람들과 사회들에게 이런 식으로 요구하는 것이 종종 정의로 여겨진다. 신민들과 노예들과 가난한 자들이 있더라도, 그것은 세상이 그렇게 돌아가는 방식이며 아마도 그렇게 되어야 하는 방식일 것이다. 그리고 어떤 사람들은 운명이나 신들에 의해 지배자들로 정해진다. 그들은 지배 계층이 아닌 사람들에 대한 자기들의 정당한 힘을 행사함으로써 정의를 확립하고 지탱한다. 이 점 역시 로마의 자기 이해의 특징이다.

당신은 당신의 정치적 지도자들(또는 당신이 지도자가 되기를 원하는 사람들)
이 어느 정도로 정의를 확립하고 지탱할 것으로 기대하고 신뢰하는가?
당신이 생각하기에 그들이 그렇게 할 권리가 어디서 나오는가?

그러나 복음에 따르면 이 세대의 지배자들은 세상의 불의에 대한 해결책
이 아니다. 실제로 그들은 죄와 사망이 그들을 통해 주권을 유지하고 세상
을 망치는 일반적인 수단이다. 예수 메시아 안에서 나타난 하나님의 묵시
는 세상의 지도자들이 죄의 체제 위에 그리고 그 너머에 있으며, 따라서 불
의를 다룰 특별한 위치에 있다는 아이디어에 담긴 거짓을 폭로한다. 결국
바울은 고린도전서 1장에서 "영광의 주를 십자가에 못 박은" 사람들은 바
로 그들이라고 말한다. 복음은 세상의 정치 권력 자체가 죄에서 구원받고,
특히 그것의 강압적인 주권 행사를 정의로 포장하는 경향에서 해방되어야
한다는 것을 드러낸다. 그것은 완전히 다른 힘, 즉 죄의 시스템에 장악당하
지 않은 신적 힘인 은혜로부터 와야 한다. **하나님의** 힘으로서의 은혜는 죄
의 주권과 세상 주권의 죄와 현저히 다르고 그것들과 정면으로 맞선다. "죄
가 세상에서 사망의 힘으로 통치한 것과 마찬가지로, 이제 은혜가 훨씬 더
승리를 거두고 다스리며 우리의 주님이신 예수 메시아를 통한 영생을 위해
정의를 가져온다"(롬 5:21, 개역개정을 사용하지 아니함).

"그런즉 우리가 무슨 말을 하리요? 은혜를 더하게 하려고 죄에 거하겠
느냐?"(롬 6:1) 누군가가 바울에게 그렇게 도전할 수도 있다. 바울은 "결코
그럴 수 없다!"라고 대답한다. 죄의 체제와 은혜의 체제 사이에 힘의 균형,

협상을 통한 해결, 주권의 공유는 없다. 그것들은 서로 배타적이다. 그럼에도 인간의 일상에서 죄의 지배와 널리 퍼진 그것의 군림의 논리로부터 자유로워지려는 실제적인 투쟁이 존재한다. 이 투쟁은 궁극적으로 죽음—죄의 체제 아래 세상에서 생각하고, 관계를 맺고, 바라고, 믿고, 행동하고, 존재하는 방식 전체의 죽음—을 요구할 것이다. 그것은 주권과 정의에 관한 우리의 일반적인 아이디어에 대한 죽음을 요구할 것이다. 그 모든 개념이 메시아 안에서 십자가에 못박히고, 우리가 그것에 대해 십자가에 못박혀야 한다(바울 자신에게 일어난 것과 마찬가지로 말이다. 갈 6:14을 보라). 그러나 충격적이게도 **이** 죽음은 좋은 소식이다. 그것은 해방이다. 메시아의 십자가 처형은 죄의 체제와 사망을 주는 그것의 강압적인 주권의 논리를 거짓이라고 폭로한다. 메시아의 부활은 은혜와 정의와 생명—인간이 정의를 위해 투쟁하는 한가운데 있는 신적 생명—의 주권적 통치를 시작한다. 예수 메시아가 통치하신다. 정의의 새 질서가 도래했다. 세례는 우리가 이 새 질서에 참여한다는 표지다.

우리는 로마서 1:1-6에서 **메시아**는 정치적 용어로서 다윗의 계보에서 나서 이스라엘뿐만 아니라 모든 나라를 다스릴 주권자에 대한 성경의 호칭이라고 한 점을 상기해야 한다. 예수가 죽은 자 가운데서 살아나셔서 하나님 우편으로 높아지셨을 때 새로운 실체가 탄생했다. 부활하셔서 다스리시는 메시아는 세상에 새로운 정치적 공동체(*ekklēsia* = "교회")를 창조하시는데, 바울은 그것을 자주 "메시아의 몸"이라고 부른다. 메시아의 통치는 세상에서 강압을 통해서가 아니라 은혜를 통해 전진한다. 그것은 좋은 소식의 몸을 입은, 설득력이 있는 힘을 통해 정복한다. 예수 메시아는 복음이 선포되고 믿어지고 실천될 때 우리의 삶에 대한 자신의 주권을 주장하신다. 물론 모든 사람과 정치적 공동체가 이미 메시아에게 종속되었다. 그들이 그것을 믿든지 믿지 않든지 간에 말이다. 그는 **하나님** 자신의 아들로서 통치하신다. 그러나 좋은 소식을 믿는 사람들은 그들의 메시아에 의해 창조된 정치적 공동체 안에 있는 그들의 새로운 시민권(그리스어로 빌 3:20에서는 *politeuma*이고 엡 2:10에서는 *politeias*다)을 자유롭게 받아들이며, 그의 충성스럽고 신뢰하는 신민들로서 적극적으로 **살고 행하도록** 요구된다. 메시아의 죽음과 부활에 참여하는 것은 일상에서 생각하고 관계를 맺고 "다스리기"에 관해 완전히 새로운 양상과 실천을 만들어 낸다. 이런 것들은 (율)법에 뿌리를 둔 것이 아니라 성령과 성령의 은혜-은사(*charismata*)에 뿌리를 둔 새로운 정치적 공동체를 세운다(우리는 이 점을 롬 12-15장에서 좀 더 자세히 살펴볼 것이다).

로마서 6:5-11에서 바울은 세례에서 메시아에게 가담하고 그의 살아 있는 실재―그의 부활한 몸―에 참여하는 것의 중요성을 설명한다. 메시아의 죽음에서 예속시키는 힘으로서의 죄가 패배당하고 정의의 힘(부활의 힘)이 발현했다. 바울은 로마서 6:7에서 "이는 죽은 자[메시아]가 죄에서 벗어나 의롭다 하심을 얻었음이라(*dedikaiōtai*)"라고 말한다. 우리는 이 대목에서 "죄에서 벗어나 의롭다 하심을 얻다"라는 말을 "하나님에 의해 메시아의 죽음에 책임이 있는 죄의 억압적인 체제로부터 정당하게 해방되다"라는 의미로 해석할 수 있다. 우리 자신은 아직 (메시아가 죽으신 것처럼) 문자적으로 죽지 않았지만 세례에서 그와 연합했으며 이미 죽으신 분과 "같은 모양으로 함께 성장한다"(롬 6:5). 우리는 메시아의 죽음이 이미 우리의 죽음 자체를 "포함한다"라고 말할 수 있을 것이다(고후 5:14을 보라. "한 사람이 모든 사람을 대신하여 죽었은즉 모든 사람이 죽은 것이라"). 그러나 세례를 통해

"메시아 안에" 참여하는 사람들은 이제 **적극적으로 그의 죽음에 순응한다**. 이는 죄에 대한 그의 죽음에 참여하는 사람들 역시 죄에 대해 죽었음을 의미한다. 아담 안에서 도래한 "옛 사람"의 죄악 된 주권은 메시아의 죽음과 부활에서 끝났고 풍성하게 극복된다. 하지만 그 "옛[군림하는] 사람"은 메시아의 통치 아래 합류한 사람들의(개인적·정치적) 몸 안에서 계속 "작동하지 않게 되고" "무력하게 되어"(*katargēthē*, 롬 6:6) 그들이 더 이상 주권적인 죄와 주권의 죄에 의해 노예가 되지 않아야 한다. 이것은 새로운 생명의 힘, 즉 예수를 죽은 자 가운데서 일으킨 바로 그 힘이 도래했기 때문에 가능하다.

> 로마서 6:6에 등장하는 그리스어 어구 *palaios anthrōpos*(개역개정에서는 "옛 사람"으로 번역되었음)는 종종 "옛 자아"로 번역된다. 그것은 내가 여기서 번역한 것처럼 "옛 사람"으로 번역하는 것과 어떤 차이가 있는가?

메시아의 죽음에 참여한다는 것은 동시에 그의 부활의 능력에 참여함을 의미한다(롬 6:8). 메시아의 죽은 몸 위에 작용한 신적 생명의 힘은 소진되지 않고, 멈출 수 없고, 끝나지 않는다. 사망이 더 이상 부활하신 메시아 위에 군림하지 못한다. 그는 한번 죽으셨다(이는 과거 시제다). 그에게 미쳤던 죄의 주권의 치명적인 힘은 거기서 끝났다. 완전히 끝났다! 이와 대조적으로 **부활하신** 메시아는 "**하나님께 대해** 살아계신다"(현재 시재다, 롬 6:10). 파괴할 수 없는 메시아의 신적 생명은 이제 그의 새로운 공동체인 그의 몸의 생명의 원천이자 그것을 지탱하는 힘이다. 그가 죄에 대해 한번 죽으시고 이제 하나님께 대해 살아계신 것처럼 "메시아 예수 안"에 참여하는 사람들 역시 자신을 "죄에 대해 죽고 하나님**께 대해** 살아 있는" 것으로 여긴다(롬 6:11). 이 절과 앞 절 모두에서 "하나님께 대해"라는 어구를 강조할 필요가 있다. 우리가 로마서 6:7과 관련하여 살펴보았듯이, 메시아의 죽음과 부활은 그 것을 통해 그가 의롭다고 인정받는, 또는 죄의 주권으로부터 정당하게 해 방되는 수단이다. 그러나 그 해방은 우리 시대에 우리가 종종 자유는 그런 것이라고 여기는, 목표 없는 자율로서의 자유—제약 없는 선택을 통해 자 신의 욕구, 흥미, 운명, 자아실현을 추구할 자유—가 **아니다**. 그런 종류의 자유는 사실상 죄의 힘을 보여준다.

좋은 소식의 자유는 "하나님께 대해" 살아 있는 삶 속으로의 해방이 다. 우리는 "메시아 예수 안에서 하나님께 대해 살아있다"(롬 6:11). 로마서 2장에서 살펴보았듯이 우리는 복음에 비춰 어떤 개인이나 사회 또는 민족 도 어느 주권적 힘을 섬길지에 관한 자율적인 결정을 할 수 있는 중립 지대 에 있지 않다는 것을 알게 된다. 우리는 언제나 주권의 시스템들 안에 포함 되어 있다. 우리는 죽음을 주는 죄의 힘을 섬기거나, 하나님의 은혜로운 구 원을 통해 생명을 주시는 하나님의 힘을 섬긴다. 하나님이 메시아의 죽음 과 부활 안에서 해방하는 힘을 갖고 오실 때, 그것은 온전히 하나님의 통치 를 위해 살기 위해 새 생명으로 일으킴을 받은 민족을 창조하시기 위함이 다. "죽을 몸"(그것은 동시에 개인적이고, 성별이 있으며, 사회적이고, 정치적이다)은 한때 죄의 소유가 되어 "악한 욕구들에 순종하고", 그 체제의 목적인 힘, 지 배, 정욕, 획득, 소유, 소비를 지향했다(롬 6:12). 바로 그 죽을 몸이 이제 하 나님의 소유가 되었으며, 그것의 욕구에 대한 죄의 체제의 요구는 완전히 거절되어야 한다.

정의의 무기가 되기(롬 6:13-14)

바울은 또 다른 놀라운 이미지를 도입한다. 그는 우리 몸의 부분들 또는 구성원들(지체들, *melē*)을 무기들(*hopla*)이라고 상상하도록 요청한다. 이 대목에서 말하는 몸은 사지가 달린 개인적·신체적 몸을 의미할 수도 있지만, 그것은 바울이 로마서 12장에서 메시아의 몸과 그것의 구성원들에 대해 말할 때 논의를 전개하는 것처럼 개인이라는 구성원을 지닌 사회적 또는 정치적 몸을 뜻할 수도 있다. 그리스어 단어 **홀파**(*hopla*)는 종종 다소 온건하게 "도구들"로 번역되지만((NRSV, NIV), 바울의 맥락에서 그것은 종종 "무기들" 또는 "갑옷"이라는 군사적 의미로 쓰인다. 바울 자신이 종종 그런 의미로 사용하듯이 말이다(다음 구절들을 보라. 롬 13:12; 고후 6:7; 엡 6:11, 13). 그러므로 바울이 지금까지 일관성 있게 힘의 체제라는 이미지를 전개해 왔다는 사실에 비춰볼 때 우리는 그 단어를 단순히 도구들의 관점에서 생각할 것이 아니라 무기들의 관점에서 생각해야 한다. 그는 죄의 체제에서는 우리가 우리의 몸과 그 구성원들을 죄의 전쟁에서 "불의의 무기"(*hopla adikias*)로 "내주었다"(*paristanete*)라고 말한다.

아담 방식의 주권은 종종 문자적으로 치명적이고 파괴적인 무기들로 힘을 행사한다. 모든 정치적 주권은 그것의 대의를 위해 대가를 지불하고, 그것을 방어하며, 진척시키기 위해 우리의 몸과 그 역량을 요구한다. 그 대의가 우리의 (국가적·경제적·사회적·개인적) 이해관계에 부합한다고 믿으면 우리가 그 주권의 조직적 활동(campaign)에 자발적으로 굴복할 수도 있을 것이다. 우리가 때로는 징집당할 수도 있지만 말이다. 바울의 이미지에서 주권자인 죄는 우리의 몸을 징집하고 불의의 난동에서 그것을 무기로 휘두른다. 이것에 대한 바울의 말은 단호하다. "너희 지체를 불의의 무기로 죄에게 내주지 말라!" 확실히 어떤 측면에서는 우리가 이 말을 개인적·도덕적 의미로 취해야 한다. "너희 몸을 부도덕과 사악함에 내주지 말라." 죄는 확실히 우리에게 이런 식으로 요구한다. 그러나 우리의 몸을 세상 주권들의 치명적인 활동들에 무기로 제공하지 말라는 암묵적이지만 강력한 권고도 존재한다. 우리의 몸이 이런 식으로도 죄의 손에서 무기가 되기 때문이다.

동시에 바울은 무기의 이미지를 사용해서 메시아적 생명에 대해 말하기를 주저하지 않는다. "너희 자신을 죽은 자 가운데서 다시 살아난 자 같이 하나님께 드리며, 너희 지체를 의의 무기(*hopla dikaiosynēs*)로 하나님께 드리라"(롬 6:13). 우리가 이 진술을 맥락에서 빼내면 이 진술에는 잠재적인 위험이 있다. 예를 들어 우리는 바울이 이제 우리가 정의의 다양한 대의, 아마도 심지어 "정당한 전쟁"에서 군사적으로 그리고 강압적으로 관여하게 되라고 격려한다고 생각할 수도 있다. 그러나 이 대목에서 모든 것이 우리가 바울의 복음에서 **하나님**과 **정의**라는 단어들의 의미에 관해 배운 내용에 의존한다. 우리가 로마서의 처음 몇 행에서 배운 바와 같이 "하나님의 좋은 소식"은 "그의 아들, 우리의 통치자 예수 메시아"의 좋은 소식**이다**(롬 1:1-4). 우리가 **바울의 복음**이 의미하는 맥락에서 "우리는 하나님을 신뢰한다"라고 말한다면, 우리는 **하나님**이라는 단어에 우리가 부여하기를 바라는 어떤 개인적 또는 국가적 의미에서 추상적으로 "하나님"을 신뢰하는 것이 아니다. 그 단어는 예수 메시아 안에서 나타난 하나님이며 우리는 이 하나님만을 신뢰한다. 하나님의 성품과 이스라엘과 나라들 가운데서의 하나님의 목적은 메시아적으로 정의된다. 그것은 하나님의 아들의 비폭력적이고 자신을 내어주는 죽음과 부활에서 드러난다. 따라서 우리가 우리의 구성원을 무기로 드리는 모든 대의는 **이** 하나님의 방식과 십자가를 통해 규정된 정의에 일치해야 한다. 그리고 무기들 자체가 죄의 체제를 정복하는 메시아의 방식에 적절해야 한다. 바울은 6:10-17에서 이 점에 관해 명확하게 밝힌다.

> 당신은 전쟁이 일어나면 당신의 몸을 당신의 국가의 목적에 무기로 넘겨주겠는가? 세상에서 하나님의 정의가 구현되는 방식에 대한 당신의 이해에서 세상의 무기(개인적 무기 또는 당신의 국가의 무기)가 어떤 역할을 하는가? 그것이 어떻게 복음과 일치하는가?

우리는 로마서 서두의 주제(롬 1:16-17)와 로마서 3:21-26로부터 **정의**에 매우 특별한 의미가 있음을 배웠다. 그것은 예수 메시아 안에서 나타난다. 그의 삶과 죽음과 부활은 하나님이 정의를 구현하시는 방식이자 모든 정의의 척도다. 정의로 여겨지는 것은 메시아의 십자가 처형과 부활을 통해 그릇된 것을 바로 잡으시는 하나님의 방식과 일치해야 한다. 이 기준에 비춰 보면 폭력, 강압적인 군사 행동, 세속적인 전쟁은 결코 정당하지 않다. 오히려 이런 것들은 죄의 주권의 발현이다. "우리의 씨름은 혈과 육을 상대하는 것이 아니다"(엡 6:12). 맨 주먹으로부터 창과 총과 폭탄과 사이버 공격에 이르기까지 세상의 무기들은 메시아의 전쟁에서 결코 적절한 무기들이 아니다. 이것들은 죄의 무기들이다. 메시아적 정의의 유일한 무기는 강력한 좋은 소식 자체다. 바울이 에베소서에서 말하는 바와 같이 "성령의 검은… 하나님의 말씀이다"(엡 6:17). 메시아에게 드려진 인간의 몸—메시아의 정치적 몸—은 그몸의 모든 부분에 메시아의 방식을 구현한다. 그렇다면 "우리의 지체를 의의 무기로 하나님께 드리는"(롬 6:13) 것은 우리의 구성원들이 우리의 주권자 예수 메시아의 대의가 아닌 다른 어떤 대의에도 주어지지 않아야 함을 의미한다. 그분 안에서 하나님과 모든 사람을 위한 하나님의 정의가 나타난다. 메시아의 대의에 우리의 구성원들을 드리는 이 드림은 마음을 다한 것이어야 하고 배타적이어야 한다. 무기들로서 우리의 몸들은 복음에 나타난 하나님의 정의의 사역만 섬긴다. 이런 식으로 "죄가 너희를 주장하지 못할 것이다"(롬 6:14). 주권자 죄와 세상의 주권들은 더 이상 메시아의 몸의 구성원들에게 명령하지 못하며, 정의를 위한 동기나 기준도 제공하지 못한다. 죄가 요구할 수 있는 권리가 결정적으로 무너졌다. 메시아의 몸은 자유롭게 하나님께만 순종할 수 있다.

정의의 노예가 되기(롬 6:15-22)

바울은 이제 또 다른 놀라운 이미지로 정의의 "노예들"이 되기에 관해 말한다. 그는 이 불쾌한 이미지에 대해 다소 불편한 것처럼 보이지만, 그는 우리가 요점을 놓치지 않도록 그 이미지를 사용한다고 말한다(롬 6:19). 우리는 내가 이미 언급한 내용, 즉 하나님의 정의의 자유를 우리의 문화가 제공하는 목표 없는 자유와 혼동할 수도 있다는 점을 놓칠 수도 있다. 우리는 해방이 우리가 "자유롭게" 우리의 방향을 결정하고, 우리의 이익을 결정하고, 우리의 선택을 최대화하고, 우리의 가능성을 실현하는 개인적, 경제적, 정치적 자율성의 열린 공간 안에 놓였음을 의미한다고 생각할지도 모른다. 우리가 법률이 우리의 목표와 행동의 일부를 제한할 수도 있다는 점에 동의할지라도 말이다. "너희가 법 아래에 있지 아니하고 은혜 아래에 있음이라"(롬 6:14). 은혜가 지배하는 곳에는 법이 필요 없다. "그런즉 우리가 법 아래에 있지 아니하고 은혜 아래에 있으니 죄를 지으리요?"(롬 6:15) "그럴 수 없느니라!" 바울의 대답은 그 생각이 터무니없으며 그것을 진지하게 고려하지 않아야 함을 강조하지만(롬 6:1을 보라), 그것은 그가 법의 지배를 거듭 주장하기 위함이 아니다. 사실 그는 이제 율법에 대해 추가로 논의하는 것을 로마서 7장까지 제쳐둔다. 이 대목에서 그가 즉각적으로 말하는 요점은 죄의 체제가 인간에게 직접 요구했다는 것이다. 그것은 법이 그 그림에 존재하든 존재하지 않든 간에 인간을 자기의 노예로 삼았다(실제로 법이 그 그림에 들어와 있지만 말이다). 하지만 바울의 비유에서 노예들은 주인의 **가신들**이며 주인에게 **순종**을 제공한다. 가신은 (주인들이 노예들을 그렇게 생각하는 것처럼) 물체가 아니며, 순종은 물체의 행동이 아니라 가신의 행동이다. 그래서 바울은 다시 "**드리다**"라는 단어를 사용한다. "너희가 자신을 순종의 종으로 [하나님께] 드리면"(롬 6:16). 순종은 드려진다. 그것은 어떤 의미에서는 **바쳐진다**. 여기서 요점은 죄가 인간과 관련하여 주인으로서 다스리면서 인간의 조건, 한계, 가능성을 정하는 한편 인간은 어느 정도 이 주인에게 계속 순종적으로 자신을 제공한다는 것이다. 죄는 기계적인 힘이 아니라 주권이다. 죄는 명령하고 인간은 순종한다. 인간은 심지어 어느 정도 자신의 유익을 염두에 두고 순종한다.

따라서 이 중대한 대목에서 우리는 근본적인 결정에 봉착한다. 그것이 우리가 중립 지대에서 내리는 결정은 아니지만 말이다. 새 주인이 옛 주인의 영역에 침입했다. 예수 메시아 안에 있는 하나님의 정의에 의해 우리는 **이미**—우리가 결정을 내리기도 전에—죄라는 주인에게서 해방되었고 은혜라는 주인의 소유가 되었다. 은혜에 의한 하나님의 침입은 중립 지대를 만드는 것이 아니라 이제 우리 앞에 놓인 결정을 위한 바로 그 조건을 창조한다. 우리는 한때 인간의 삶을 지배하는 주권자 죄의 통치와 명령에 우리 자신을 내주었다. 그렇게 내준 결과는 속박과 죽음이었다. 그러나 좋은 소식은 우리가 "죄로부터 해방되어 의에게 종이 되었다"는 것이다(롬 6:18). 바울이 사용한 동사의 수동태가 보여주듯이 이것은 하나님이 우리를 위해서 가져오셨고 하나님에 의해서만 임할 수 있었던, 자유롭게 하고 노예 삼는 사건이다. 우리는 스스로 죄의 속박에서 벗어나기로 선택하지 않는다. 우리를 위한 하나님의 결정과 해방하시는 행동 **안에서** 우리 자신의 결정과 행동이 환기된다. 우리는 자신을 [하나님께] "순종의 노예로 드리는데, 그 결국은 정의다"(롬 6:16).

바울의 다음 문장은 이 역학을 명확하게 보여준다. "하나님께 감사합니다. 여러분이 본래 죄의 종이었는데 여러분은 여러분이 그것에게 넘겨진 가르침의 양상을 **마음으로 순종**했습니다"(롬 6:17, 개역개정을 사용하지 아니함). 바울은 먼저 하나님께 감사함으로써 여기서 일어나는 모든 것을 하나님 자신이 행하시는 맥락 안에 둔다. 하나님은 우리를 죄라는 주인의 굳건한 장악에서 풀어주신다. 하나님의 사역 때문에 우리는 "마음으로 순종했다." 우리는 단지 수동적인 수령인이 아니라 정의의 복음("가르침의 양상")의 **살아 있고 능동적인 주체**가 되었는데, 그 복음 자체가 우리를 자기의 힘의 영역 안으로 데려갔다("여러분이 그것에게 넘겨졌습니다"). 마지막 어구 "넘겨졌다"(롬 1:24, 26, 28을 보라)는 바울의 복음의 가르침을 통해 마음으로부터의 순종을 가져오는 하나님의 행동이 작동하고 있음을 암시한다.

우리의 구성원들을 순종적인 노예들로서 죄의 주권 아래 넘겼을 때 그 결과는 불결과 점증하는 무법이었다(문자적으로는 "무법 위에 쌓인 무법", 롬

6:19). **불결** 또는 **더러움**이라는 용어는 확실히 죄 아래의 노예 노릇이 로마서 1:18-27에 묘사된 바와 같이 우상숭배로 인해 발생한 개인적·도덕적·성적 범죄와 무질서로 귀결된다는 것을 나타낸다. 바울은 그런 불결이 열매를 맺지 못하고 수치만을 가져왔으며 "마지막은 사망"이라고 말한다(롬 6:21). 그러나 우리가 이제 살아 있는 정의의 영역 안으로 넘겨졌고 우리의 구성원들을 "정의의 노예"로 드렸기 때문에, 정의의 힘이 우리 안에서 개인적·도덕적·성적 삶의 근본적인 변화를 만들어 낸다. 정의의 변혁하는 힘을 통해 참된 열매가 맺힌다. 그것은 성화 또는 거룩, 즉 하나님과 같아짐이라고 불린다.

그러나 **불결**이라는 말과 그것의 반대말인 **거룩**은 개인적인 삶만 가리키지 않는다. 바울에게 있어 개인적인 영역은 결코 사회적 주권의 영역과 정치적 주권의 영역으로부터 분리되지 않는다. 예를 들어 **포르네이아** (*porneia*, "성적 불결")는 지배와 병행한다. 그것들은 종종 하나이며 같은 행위다. 불결을 만들어 내는 우상숭배는 먼저 (서로와 창조세계를 섬기기 위한) 하나님의 형상의 주권이 지배로 왜곡되어 남자가 여자를 "지배할" 때 드러난다. 그러므로 "불결"은 확실히 예수 메시아 안에 있는 하나님의 은혜의 주권에 반하는 주권의 세속적 행동과 시스템의 행사, 그것들 안의 함의, 그것들에 대한 의존도 나타낸다. 우리가 하나님과 하나님의 정의에 순종하여 우리 자신을 드리는 것이 세상의 정치 권력들—사회 규범·통치자·정부·헌법·국가·혁명들—에게 자신을 넘겨줌으로써 매개된다고 믿을 때 불결이 발생한다. 하나님과 세상의 통치자들에 대한 그런 식의 **혼합된 순종**은 우상숭배이자 불결이다. 바울이 "모든 민족 가운데 믿음[충성]의 순종"을 요구하는 좋은 소식을 선포할 때(롬 1:5), 우리의 충성과 순종에 대한 그 요구는 세상의 주권들을 통해 매개되지 않았다. 우리는 십자가에 처형당하시고 부활하신 메시아의 정치적 몸과 하나가 될 때만 좋은 소식의 요구에—개인적·사회적·정치적으로—올바르게 굴복한다.

　　로마서 6:19에 등장하는 "무법 위에 쌓인 무법"이라는 어구는 바울이 로마서 7장에서 율법(*nomos*)의 역할을 논의할 것을 예견한다. 무법(*anomia*)은 좀 더 일반적으로 개인적 "부정행위" 또는 "사악함"으로 이해되기보다는 법률적(*nomos*) 의미에서 진지하게 여겨질 필요가 있다. 죄의 노예가 됨으로써 발생한 무법은 단순히 개인적인 차원에서의 무질서와 불의가 아니라, (롬 1:28-32에서 묘사된 것과 같은) 삶의 사회적·정치적 차원에서의 제약되지 않은 무질서와 불의를 암시한다. 그러나 바울에게 있어 (율)법이 불의를 제거하지 못한다는 것을 인식하는 것이 매우 중요하다. 사회적·정치적 삶에서 불의를 끝내는 것은 법에 대한 독실한 순종을 증진하거나 법의 적용 범위를 확대하거나 법의 집행을 강화하거나 사회 또는 사람들의 구성원들을 "법에 대한 노예"로 넘겨줌으로써 발생하지 **않는다**. 법은 무법을 드러내고 그것을 억제하며 때로는 그것을 처벌하지만, 정의로운 사람이나 정의로운 사회를 만들어 내기에는 무력하다. 무법은 자신을 "정의에 대한 노예"로 드리는 사람들 또는 "하나님께 노예가 된 사람들"—**그것은 같은 말이다**—안에서 끝난다. 복음에 따르면 메시아 안에 있는 하나님의 정의가 사회에서 정의의 척도이자 조건이며 힘이다. 죄에게 노예가 되는 것은 불법적이고 열매가 없으며 죽음으로 끝나지만, "하나님께 노예"가 되는 것은 정의와 거룩을 가져오며 영원한 생명으로 끝난다(롬 6:22).

신적 생명의 은혜(롬 6:23)

바울은 노예의 이미지를 뒤로 남겨둠으로써 죽음을 가져오는 죄의 힘과 살아 있는 정의의 힘에 대한 논의를 마무리한다. 그는 그 이미지가 하나의 요점을 말해주지만, 하나님의 정의를 적절하게 나타내지 못한다는 것을 인정한다(롬 6:19). 사실 죄는 자신의 순종적인 노예들에게 일종의 **급여**ㅡ그들이 자신의 이익을 위해, 그것을 얻기 위해서라면 기꺼이 일할 수 있는 어떤 것ㅡ를 약속한다. 죄라는 주인에게 자신을 내어주는 데 유익이 있다고 생각하지 않는다면 누가 기꺼이 그렇게 하려고 하겠는가? 그러나 그들은 지급일에 큰 충격을 받는다. 급여는 그들이 기대했던 것이 아니다. "죄의 삯은 사망이다"(롬 6:23).

이와 대조적으로 정의의 힘 안으로 옮겨지는 것의 실재는 전혀 노예상태가 아니며 급여를 위한 고용도 아니다. 로마서 5장의 끝과 로마서 6:1, 15에서 바울은 한편으로는 죄의 주권과 다른 한편으로는 무한히 다른 은혜의 주권을 대조한다. 은혜는 **절대적으로** 죄와 같지 않다. 노예 상태가 죄와 관련하여 인간에 대해 말하는 적절한 이미지라고 할지라도, 은혜와 정의와 하나님과 관련하여 인간을 말할 때는 그 이미지가 버려져야 한다. 은혜와 정의와 하나님(이 셋은 하나다)은 인간의 자유의 기원이고 원동력이며 최종 결말이다. 여기에는 **노예 상태도 없고 급여도 없다**. 모든 일과 모든 보상과 모든 기대를 넘어, 죄의 체제와 노예 상태와 죽음을 넘어 은혜와 자유와 생명이 있다. "하나님의 은혜-선물[*charisma*]은 우리의 유일한 주님이신 예수 메시아를 통한 영원한 생명이다"(롬 6:23, 개역개정을 사용하지 아니함). 그 끝은 급여일이 아니라 엄청난 신적 생명에 참여하는 것이다. 그렇다면 정의는 메시아의 몸에 작용하여 그를 죽은 자 가운데서 일으키신 하나님의 영원한 생명의 힘이다(성결의 영, 롬 1:4). 우리는 정의에 대해 자유롭게 그리고 기꺼이 자신을 드릴 수 있도록 좋은 소식에 의해 지금 이곳에서, 이 생명의 힘 안으로 이끌림을 받았다. 우리가 지금까지 다룬 내용을 상기해 보자. 좋은 소식에 따르면 정의는 자유롭게 떠오르는 아이디어가 아니다. 정의는 하나님이 예수 메시아 안에서 은혜롭게 행하시는 일이다. 사실 그것은 예수 메시아 자신이다. 그것은 주어진 선물이다. 그것은 부어진 영원한 생명이다. 그것은 하나님이 행동하시는 것이다. 그것은 신적 생명을 위해 자유로워진 인간의 생명이다.

7장

정의와 율법

이 장에서 다루는 내용
....

• 로마서 7:1-6: 율법과 결혼하는 것이 정의의 열매를 맺지 않는다.

• 로마서 7:7-13: 율법의 지배에 의해 율법의 선이 파괴된다.

• 로마서 7:14-25: 율법이 하인에서 주인으로 바뀔 때

거의 모든 사람이 정의와 (율)법은, 같은 것은 아닐지라도, 매우 밀접한 관련이 있는 개념이라고 생각한다. 우리는 법이 사회의 많은 영역과 공적 생활의 측면들에 걸친 의미를 규정할 것이라고 예상한다. 바울 시대의 유데아인들에게는 모세에게 거슬러 올라가고 유데아의 예언자·지혜 문학 저자·랍비들을 통해 발전해 온, 오래되고 광범위한 법적 전통이 있었다. 이 전통은 유데아인의 삶의 토대였다. 바울은 바리새인으로서 그 전통을 물려받았고, 그것에 헌신했으며, 예수 메시아가 그를 부르셔서 사도로 임명하신 뒤에도 계속 그 전통에 의해 형성되었다. 따라서 바울이 로마서 2장 이후 법과 정의 사이의 관계 문제를 자주 제기한 것이 놀랄 일이 아니다.

좋은 소식이 하나님의 정의가 "율법과 별도로" 나타났다는 것이라면, 모세의 법이 정의에 대한 우리의 이해에 어떤 관련이 있는가? 상상의 유데아 철학자가 로마서 3:1에서 "유데아인이라는 사실(또는 유데아인으로 남는 것)이나 할례를 받았다는 사실에 어떤 의미가 있는가?"라고 질문할 때 바울은 단호하게 "범사에 많으니 우선은 그들이 하나님의 말씀(*logia*)을 맡았음이니라"라고 대답했다(롬 3:2). 그러나 로마서 3:9-19에서 바울은 바로 이 "하나님의 말씀"(즉 율법)을 토대로 유데아인들이 이방 민족들보다 낫다는 주장을 침묵시킨다. 율법 자체가 율법이 정의를 만들어 낸다는 주장을 반박한다. 오히려 율법은 (바울은 그렇게 해석한다) 유데아 사회가 이방 나라들과 마찬가지로 "죄 아래" 있음을 보여준다(롬 3:9).

그러나 그것은 바울이 논쟁이나 경험적 증거를 토대로 도달한 결론이 아니다. 정의가 **율법과 별도로** 온다는 바울의 결론은 하나님의 정의가 예수 메시아의 삶, 죽음, 부활에서 나타났다는 사실에 기초한다(롬 1:16-17; 3:21-26; 5:12-20). 신적 정의와 인간의 정의가 모두 메시아 안에서 나타나고 구현된다면 정의는 율법을 통해 발생하지 않는다. 바울의 논리는 예수 메시아가 하나님의 정의**이기** 때문에 율법은 하나님의 정의가 **아니라**는 것이다. 그것은 모세의 법뿐만 아니라 다른 모든 나라의 법에도 적용된다. 우리는 바울이 모세의 법은 하나님의 정의의 수단이 아니지만 로마의 법은 그 수단이라고 말한다고 상상할 수 없다. 우리 나라의 것이든 다른 나라의 것이든 간에 과거와 현재의 다른 모든 헌법과 법에 대해서도 마찬가지다. 우리는 나아가 아브라함이 하나님을 신뢰했기 때문에 하나님이 그를 의롭다고 "여기셨음"을 살펴보았다(롬 4:17). 하나님은 할례 같은 유데아 율법의 모든 행위와 별도로 아브라함을 의롭다고 여기셨다(아브라함은 그에게 아직 포피가 있을 때 하나님을 신뢰했다). 그러나 그것은 또한 포피를 유지하는 것 같은 비유데아의 법이나 관습과 별도였다(아브라함은 훗날 신뢰의 정의에 대한 "표지와 인침"으로서 할례를 받았다, 롬 4:9-12). 신뢰가 정의로 여겨지는 요인이라면 정의는 유데아의 법이든 다른 나라의 법이든 간에 법을 통해 발생하지 않는다. 법은 정의의 기원이나 형태나 힘이 아니다. 메시아를 통해 일하시는 하나님이 정의의 기원과 형태와 힘이시다.

> 당신은 법과 정의 사이의 관계를 어떻게 이해하는가? 당신은 법이 정의의 편이라고 믿는가? 그렇다면 당신은 그것을 통해 무엇을 의미하는가? 법이 어떻게 정의를 위해 일하는가?

바울에게 있어 법은 정의를 만들어 내지 않는다. 그 대신 법은 인간의 범죄를 정의하고, 셈하며, 처벌한다. 따라서 법이 많을수록 범죄가 많아진다(롬 5:13, 20). 바울은 이 주장들에서 이미 법이 정의의 편에서 일하는 것이 아니라 죄의 편에서 일하고 있음을 암시한다. 법은 죄에 의해 모종의 방식으로 죄의 주권 영역 안에 있도록 선택되었으며, 따라서 사망에게도 봉사한다. 법은 좋은 소식에 반대하는 힘으로서의 "법"이 된다. 이와 대조적으로 좋은 소식은 은혜의 주권적 힘("은혜 아래", 영어 단어에서 대문자 G로 시작하는 Grace)이 우리를 법의 주권적인 장악("법 아래"[롬 6:14], 영어 단어의 대문자 L로 시작하는 Law)에서 **해방한다**고 선언한다.

바울의 논거가 하나님의 정의는 (율)법과 별도로 도래할 뿐만 아니라 사실상 **법에 대항한다**는 결론으로 이어질 수도 있는 것처럼 보인다. 아마도 복음이 법을 전면적으로 취소하거나 무효화할 수도 있을 것이다. 그러나 바울은 절대로 그렇지 않다고 말한다. 대신에 메시아 안에 있는 하나님의 정의는 법을 확인하거나 지탱한다(롬 3:31). 사실 법의 진정한 진리와 목적은 좋은 소식에 비춰서만 계시된다. 바울은 이제 이 사상을 로마서 7-8장에서 설명하지만, 다음과 같은 점을 명확히 한 **뒤**에야 그렇게 한다. (1) 인간의 정의의 길은 하나님을 신뢰하는 것이다(롬 4장), (2) 하나님의 정의는 예수 메시아 안에서 모든 인간을 위해 나타난다(롬 5장), (3) 우리는 예수의 죽음과 부활에 참여함으로써만 의로워진다(롬 6장).

법의 결혼-유대(롬 7:1-6)

바울은 이제 결혼 관계를 이용하여 유비를 통해 메시아의 십자가 처형과 부활에 참여하는 사람들에게 있어 좋은 소식이 어떻게 법에 대한 인간의 관계를 바꾸는지를 설명한다. 결혼의 유비가 적절하다는 것이 곧 분명해질 것이다. 바울은 법을 아는 사람은 누구나 법이 어떤 사람에 대해 그 사람이 살아 있는 동안 권위를 가진다는 사실을 안다고 말한다. 바울은 이 점을 좀 더 극적으로 제시한다. "법은 사람이 살 동안만 그를 '주관한 다'(*kurieuei*)"(롬 7:1) 우리는 이미 로마서 6장에서 "군림하다"라는 뜻의 그리스어 동사 **퀴리에우**(*kyrieuō*)를 두 번 접했다. 로마서 6:9에서 바울은 사망이 더 이상 부활하신 메시아의 몸 위에 군림하지 못한다고 말했다. 로마서 6:14에서 그는 이제 은혜가 우리를 통치하기 때문에 죄도 우리에게 군림하지 못할 것이라고 선언했다. 우리는 죄의 경건치 않은 불의의 통치에서 죄 자체와 사망과 법이라는, 일종의 주인들 또는 주권적 힘들의 삼위일체가 작동하고 있음을 보게 된다.

바울은 법의 주권은 (바울 시대의) 아내와 남편의 법적 관계와 비슷하다고 말한다. 결혼한 여성은 법에 의해 남편이 살아 있는 동안 그녀의 남편에게 매인다. 그녀가 첫 번째 남편이 살아 있는 동안 다른 남자와 결혼하면 그녀는 (모세의) 법 아래서 간음한 것으로 여겨진다. 그러나 그녀의 첫 번째 남편이 죽으면 그녀는 그 남편에 대한 법적 유대에서 벗어나 자유롭게 다른 남성과 결혼할 수 있다(롬 7:1-3). 통치권을 행사하는 법은 남편에 비유되고 인간은 아내에 비유된다. 남편이 아내에 대해 구속력을 행사하는 것과 마찬가지로, 법은 인간 사회에 대해 구속력이 있는 권위를 가진다(군림한다). 아내가 남편에게 구속되듯이 인간 사회는 법에 법적으로 구속된다. 여기서 바울이 창세기 1:26-28(거기서 남성과 여성이 **함께** 모든 생물을 섬기며 다스리라는 명령이 주어진다)에서 창세기 3:16(거기서는 인간의 범죄 이후 남성이 여성을 "다스리고" 여성이 남성을 "원하게" 된다)로의 **변화**를 반영하고 있을지도 모른다. 마찬가지로, 이제 법(남편)이 인간을 통치하며, 인간(아내)은 법에 복속하고 그것을 섬기기를 원한다. 이 구속하는 결혼에서 벗어나는 유일한 방법은 누군가가 죽는 것이다.

　그러나 이제 그 유비가 뒤집힌다. 놀랍게도 바울은 남편―법―이 죽어야 한다고 말하지 않는다. 오히려 법과 관련하여 죽어야 하는 존재는 아내―인간―다. 이 점은 바울이 앞서 로마서 6장에서 말한 내용과 일관성이 있다. 예수 메시아의 십자가에 처형당하신 몸에 참여하는 **우리**가 "죄에 대해 죽어서" 죄의 주인 됨이 근본적으로 무너진다. 죄가 근절되지는 않지만, 한 사람이 죽음으로써 그것의 **힘**―인간의 삶을 지배하는 그것의 능력―이 취소된다. 죄는 잃어버린, 우리에 대한 주권을 회복하려고 애쓰지만 우리는 죄에 대한 메시아의 **죽음**에 계속 참여함으로써 그 싸움에서 승리한다. 법과 관련해서도 마찬가지다. 인간의 삶에서 법이 계속 남아 있지만, "너희도 그리스도[메시아]의 몸으로 말미암아 율법에 대하여 죽임을 당하였다"(롬 7:4). 법의 지배("첫 번째 남편") 아래 구속된 인간이 메시아의 죽음에 **참여함으로써 법의 주권에 대해 죽는다.** 바울의 이상한 유비에서, 아내(인간)가 죽은 자 가운데서 살아나 다른 남편―말하자면 죽은 자 가운데서 살아나신 메시아 자신이신 두 번째 남편―에게 속하기 위해 죽는데, 이는 우리가 "하나님을 위하여 열매를 맺기 위함"이다(롬 7:4). 우리가 메시아의 죽음에 참여할 때 주권자인 법에 대한 우리의 속박 관계가 단절된다. 우리가 메시아의 부활에 참여할 때 우리는 자유롭게 정의의 열매를 맺을 새로운 "결혼" 관계 안에 들어갈 수 있다. 우리가 정의의 열매를 열망할지라도 군림하는 법에 우리 자신을 내 줌으로써는 그 열매를 맺지 못할 것이다. 그 법이 모세의 법이든, 로마의 법이든, 다른 어떤 법이든 말이다. 우리는 예수 메시아와 살아 있는, 결혼 같은 관계 안에 있을 때만 정의의 열매를 맺을 것이다.

바울이 법에 대한 인간의 관계를 말할 때 그가 좀 더 부정적인 무기들(롬 6:13-14)과 노예들(롬 6:15-20)의 유비에서 좀 더 긍정적인 결혼의 유비로 이동하는 것이 우연이 아닌 것처럼 보인다. 우리는 죄나 사망을 좋아하지 않는다. 우리가 주권적 힘들로서의 그것들에게 불가피하게 구속되어 있지만, 우리는 그것들과 그것들의 억압적인 속박을 미워한다. 우리가 그것들에서 벗어나지 못하지만 말이다. 바울은 뒤에 로마서 7장에서 이 점을 논의할 것이다. 그러나 법에 대한 우리의 관계는 다르다. 모세의 법에 대한 유데아인들의 관계는 바울에게 이 차이에 대한 대표적인 예를 제공한다. 바울 시대의 생각이 깊은 유데아인들—바리새인 바울 같은 사람들—에게 있어 전체 유데아 법은 준수해야 할 일련의 규칙들과 명령들 이상이었다. 토라에 따라 사는 것이 율법주의라고 생각하는 것은 요점을 놓치는 처사다. 메시아를 만나기 전의 바울에게 있어 토라는 만물을 결합하는 접착제였다. 토라를 통해 하나님은 세상을 창조하셨고 그것을 통해 우주 전체를 다스리신다. 우리는 토라와 관련하여 골로새서 1:17을 다음과 같이 다른 말로 풀어 쓸 수 있을 것이다. "토라가 만물보다 선행하고 토라 안에서 만물이 결합한다." 하나님은 시내산에서 모세와 이스라엘 민족에게 그들의 구체적인 **생명의 형태**—그들의 창시 이야기·전통·통치 조직과 법적 관습, 그들의 사회·가족·성적 관계, 그들의 예배·관습·습관·일상의 관행—로서 이 우주적인 토라를 주셨다. 이처럼 포괄적인 의미에서 율법은 유데아의 실재이자 생명이고 문화였다. 바울 같은 랍비에게는 토라를 떠나서 유데아인이 된다는 것은 상상할 수 없는 일이었다.

우리는 이와 관련하여 유데아인이 독특했다고 생각하지 않아야 한다. 역사상 대다수 민족(대다수 *ethnē*)이 자기들의 법들에 대해 그런 관계를 유지했다. 하나의 민족으로서 로마인들은 자기들의 신적 기원 이야기들(로마의 신들과 설립 시조들의 이야기들), 공화제 정치 시스템과 법률 시스템, 사회 질서, 관습, 종교적 실천과 제사 형태 등을 자랑하고 그것들에 열심이 있었다는 사실이 잘 알려져 있다. 그들은 (포괄적인 생활 형태와 좁은 의미의 법률 시스템 모두로서) 자기들의 법의 신적 권리와 궁극적인 선함을 믿었으며, 기꺼이 그것을 유지하고 방어했을 뿐 아니라 모든 사람을 위한 좋은 소식으로서 널리 선포하기도 했다. 그들은 규칙적으로 지중해 주변과 유럽 전역의 민족들을 정복하고 그곳들을 식민지로 삼았으며, 자기들의 지배하에 들어오는 모든 사람에게 좀 더 큰 선을 위해(그들은 그렇게 믿었다) 자기들의 법을 부과함으로써 이 복음을 전파했다. 그들은 로마의 생활 형태가 **모든 민족에게 좋은 소식**임이 자명하다고 생각했다. 비슷한 사고가 바빌로니아, 페르시아, 그리스, 스페인, 영국, 미국 등 로마의 전이나 후에 존재했던 제국들의 많은 식민지 확장의 동기를 부여했다. 그것은 공산주의자나 자본주의자 또는 이슬람주의자를 불문하고 모두에게 마찬가지였다.

우리가 **법**을 좁은 법률적 의미로뿐만 아니라 한 민족의 헌법·관습·문화—그들의 집단적 "지혜"—로도 생각할 경우 어떤 민족이나 국가와 그 구성원들의 정체성은 그 민족의 법을 통해 구성된다. 인간은 대체로 불가피하게, 그러나 자진해서 그리고 확고하게 법에 구속된다. 모든 민족—유데아인만이 아니라—은 자기들의 법이 "거룩하고, 의롭고, 선하다"라고 생각한다(롬 7:12). 그러므로 바울이 그렇게 한 것처럼 법에 대한 우리의 관계를 결혼의 은유로 생각하는 것은 인간의 삶에 대한 법의 **불가결성**과 **친밀성**에 관한 뭔가를 포착한다. 법은 (고대 때의) "남편"처럼 이 세상에서의 우리의 지위를 확립하고 보존하며 위협들로부터 우리를 보호한다. 그러나 법은 우리를 다른 사람들로부터 구분되는 독특한 사회나 민족 또는 국가로 만들기 때문에 우리의 마음속에서 우리가 사랑하는 대상이기도 하다. 이 넓은 의미의 법은 좋은 남편과 마찬가지로 나를 매혹하고, 내 세상을 만들며, 내 몸을 요구하고, 내게 정체성을 주며, 내 사고를 가능하게 해주고, 내 열정과 희망을 형성한다. 법의 "아내"로서 나는 자신을 기꺼이 법에게 주며, 법을 통해 그리고 법을 위해 내 삶의 방향을 정한다. 나는 내가 할 수 있는 한 기꺼이 법의 역할을 방어하고 법의 영향을 진척시킨다. 우리 둘은 하나가 된다.

우리는 법을 떠나 산다는 것이 죽음 비슷한 것—자신의 세상과 문화와 정체성의 상실, 자신의 삶으로부터의 분리—을 요구한다는 점을 쉽게 알 수 있다. 내가 "다른 민족/국가에 [완전히] 소속"되려면 내 민족이나 국가의 "법에 대해 죽어야" 할 것이다.

법에 대한 이런 종류의 구속하는 관계—이 결혼 관계—는 자연스럽고 건전할 뿐만 아니라 내 번성에 필수적인 것으로도 보인다. 그럼에도 바울은 충격적인 말을 사용하여 이 결혼을 근본적으로 붕괴시킨다. 이 결혼은 불임이기 때문에 끝나야 한다. 그것은 정의의 열매를 맺을 수 없다. "우리가 육신(*sarki*)에 있을 때에는 율법으로 말미암는 죄의 정욕이 우리 지체 중에 역사하여(*enērgeito*) 우리로 사망을 위하여 열매를 맺게 하였더니"(롬 7:5). 바울에게 있어 **육신**은 단순히 우리의 물리적 몸의 생물학적인 성분이 아니다. 그것은 "자연스럽게" 사는 것도 의미한다. 그것은 근본적으로 우리가 당연하다고 생각하는 가정·관행·양상·습관·사회 제도 등 모두를 **신뢰**하는 것이다. 이 모든 것을 "법"이라고 부르자. 하나님의 뜻이 법에 의해 매개되기 때문에 하나님을 신뢰할 진정한 필요가 없다. 생명은 "법 안에"

있음을 의미하기 때문에 다른 곳에서 생명을 추구할 진정한 필요가 없다. 그러나 바울은 우리의 자연스러운 법과의 친밀성과 법에 대한 의존이 육신이라고 말한다. 우리는 치명적인 결혼 관계에 붙들려 있다. 어떻게 그런가?

이것을 메시아가 바울을 부르시기 전에 유데아 법 아래 있던 바울의 삶의 맥락에 넣어 보자. 바울은 갈라디아서에서 고백하듯이 "내가 내 동족 중 여러 연갑자보다 유대교를 지나치게 믿어 내 조상의 전통에 대하여 더욱 열심이 있었다"라고 고백한다(갈 1:14). 달리 말하자면 그는 법에 의해 인도된 유데아인들 가운데서의 전체적인 생활 방식과 문화에 열심이 있었다. 그는 빌립보서에서 다음과 같이 말한다. "만일 누구든지 다른 이가 육체(sarki)를 신뢰할 것이 있는 줄로 생각하면 나는 더욱 그러하리니 나는 팔일 만에 할례를 받고, 이스라엘 족속이요, 베냐민 지파요, 히브리인 중의 히브리인이요, 율법으로는 바리새인이요, 열심으로는 교회를 박해하고, 율법의 의로는 흠이 없는 자라"(빌 3:4-6). 바울은 "육체 안에서" 율법을 위한, 즉 구별되는 민족으로서 유데아인들을 구성할 수도 있는 "자연적인" 형태의 생명을 위한 열정("열심")에 의해 힘을 공급받았다고 말한다. 이전에 하나님의 정의가 모세의 법을 통해 이스라엘에게 계시되고 매개되었으며, 이스라엘 민족이 모든 삶에서 토라에 순종하고 토라를 방어하고 진척시킬 경우 하나님이 다시 정의 가운데 오셔서 이스라엘을 해방하시곤 했다. 혹자가 생명과 정의의 방식으로서의 이스라엘의 법에 헌신했듯이, 어떤 유데아인이라도 그 생명의 길, 그 결혼의 무결성을 위협한다면 바울은 자연스럽게 그 사람에 대해 죽기 살기로 대항하곤 했다. 그는 자기들이 "다른 존재에게 속한다"라고 생각한 사람들, 즉 예수 메시아에게 속한다고 생각한 사람들에게서 그런 위협을 감지했다. 그러므로 "육신에" 있는 사람으로서 유데아의 바리새인 바울은 토라를 위해 기꺼이 "죽음을 위하여 열매"를 맺을 용의가 있었다(롬 7:5). 그는 자신의 첫사랑인 토라를 위해 메시아 공동체와 그 구성원들을 박해하고 파괴할 마음이 생겼다.

"주어지고" "자연스러운" 생활 방식에 대한 바울의 동일시와 그것을 지키려는 열심은 이례적이지 않다. 좋은 시민 됨은 그런 헌신과 행동을 요구하는 것처럼 보인다. 생활 방식을 지키는 것이 국가들이 군대, 비밀 정보기관, 국토안보부를 두는 이유다. 당신은 그런 좋은 시민 됨을 "육신을 따라"(*kata sarka*) 사는 것이라고 생각한 적이 있는가? 당신의 시민권을 그런 방식으로 생각하는 것의 함의가 무엇이겠는가?

바울에게는 이것이 법의 문제인데, 그것은 유데아 법의 문제만은 아니다. 어떤 사람의 삶(그리고 시민으로서의 그 사람 자신의 삶)이 (포괄적인 삶의 형태로서의) 법 안에서 발견될 때, 열정들이 자체로 목적인 그 법을 **옹호하는** 쪽으로뿐만 아니라 그것을 위협할 수도 있는 어떤 존재에게도 **대항하는** 방향으로도 힘을 공급받는다. "우리" 민족과 그것의 생활 방식(광의의 그것의 법)을 수호하기 위해 "그 민족인 우리"는 다른 사람들과 불화하고 종종 싸운다. 로마인들은 유데아인들을 대적하고, 서구는 이슬람에 대적하며 이슬람은 서구에 대적하고, 기독교는 세속주의에 대적하며 세속주의는 기독교에 대적하는 식으로 말이다. 이런 사고방식에서는 "우리의" 법의 승리가 정의와 생명의 승리다. 그러나 복음에 따르면 이는 육신의 치명적인 작동이다. 우리의 생활 방식(법)을 위한 우리의 자연스러운 열정이 죄에 의해 대적하는 방향으로 사용되고, 다른 사람들과 싸우며, 사망을 가져온다.

따라서 바울의 선교 초기에 그에게 근본적인 질문이 제기되었다. 아무도 (율)법 없이 살 수 없는 것처럼 보인다. 예수 메시아를 믿은 몇몇 초기 신자들은 그리스인이나 로마인인 메시아 추종자들이 그들의 (이교도적이고 타락한) 생활 방식에 대해 죽고, 대신 하나님이 주신 유데아의 생활 방식(모세의 법)과 결혼해야 한다―달리 말하자면 그들은 반드시 남성들이 할례를 통해 자신이 유데아인임을 표시하는 유데아인들이 되어야 한다―고 생각했다. 반대로, 로마에 있는 이방인으로서 메시아를 추종하는 몇몇은 유데아인들이 그들의 생활 방식(모세의 법)에 대해 죽고 대신 그리스-로마 문화 안으로 흡수되어야 한다―달리 말하자면 이방인이 되어야 한다―고 생각했다. 그것이 로마서 11:13-24과 로마서 14장에서의 핵심적인 문제다. 우리가 이 장들을 다룰 때 알게 되겠지만, 바울은 이 아이디어도 거부한다.

　바울이 선포하는 좋은 소식은 이 길들 중 어느 쪽으로도 가지 않는다. 오히려 복음은 유데아인과 그리스인과 로마인이 모두 "죽은 자들 가운데서 일으킴을 받으신 또 다른 존재에게 속해서" "하나님께 대해 열매를 맺도록" "메시아의 몸을 통해 법에 대해 죽임을 당하게" 한다(롬 7:4). 법(유데아법과 로마법 모두) 아래에서 메시아 자신이 죽임을 당하신 일이 인생에 대한 법의 **주권**을 끝냈다. 특정한 민족의 법이나 문화 또는 생활 방식은 더 이상 삶의 의미와 정의에 대한 결정적인 요인이 아니다. 메시아의 죽음을 통하여 그런 법이나 생활 방식에 대해 구속력을 지닌 치명적인 결혼이 끝난다. 그의 부활하신 몸 안에서 메시아는 이제 자기와 결혼한 새로운 민족을 창조하시고 그들을 주장하셔서 그들이 유데아나 로마의 생활 방식의 열매를 맺지 않고 "성령의 새 생명 안에서"(*kainotēti pneumatos*, 롬 7:6) 하나님께 대한 정의의 열매를 맺게 하신다.

법에서 계명으로(롬 7:7-13)

우리는 바울이 어떻게 죄와 사망과 법을 모든 사람에게 정의와 생명이 아니라 불의와 죽음을 가져오는 주권적 힘들의 경건치 않은 삼위일체 안으로 결합하는지를 살펴보았다(롬 5:18). 이 삼위일체는 "반복음"(antigospel)을 구성한다. 법이 이처럼 죄와 사망과 매우 밀접하게 정렬하는 것처럼 보여서 우리가 **법이 죄와 동일하다**는 결론을 내리는 경향이 있을지도 모른다. 법은 죄의 또 다른 이름에 지나지 않는다고 말이다. 그러나 바울은 이 결론에 대해 "절대로 그렇지 않다!"라고 역설한다(롬 7:7). 법의 문제는 법 자체가 아니라 죄에 대한 그것의 관계다. 그렇다면 법이 어떻게 죄에 봉사하는가?

우리가 말해 온 특정한 민족의 삶의 형태로서의 법이 **그것 자체로** 죄의 특성은 아니다(실제로 법은 결코 **그렇게** 보이지 않는다). 대체로 우리가 사는 삶의 형태는 우리의 의식에서 잠재의식으로 남는다. 그것은 우리에게 자연스럽고 사안들이 존재하는 방식으로서 당연하게 여겨진다. 그것은 우리가 호흡하는 문화적 공기다. 사소한 예를 하나 들어보자. 우리는 운전하다 앞에 있는 신호등이 붉은색으로 변하면, 브레이크를 밟아 정지선에서 자동차를 멈추고 녹색 신호등이 켜지기를 기다렸다가 앞으로 나아간다. 이 일이 하루에 여러 번 일어날 수도 있으며, 출퇴근하면서 일주일에 수백 번 일어날 수도 있다. 우리 대다수에게 이 모든 과정은 매번 사실상 그것에 관해 생각하지 않고서 일어난다. 사실 우리는 다른 것들에 관해 생각할 수도 있다. 아마도 보도에 있는 누군가를 바라보거나, 우리 옆의 자동차를 부러워하거나, 라디오나 음악을 듣거나, 전화 통화를 하거나(이것은 좋은 습관이 아니다), 친구에게 문자 메시지를 보낼 수도 있다(이것은 매우 나쁜 습관이다). 우리는 다른 차가 옆에서 교차로 안으로 들어오든 들어오지 않든 간에 "자연스럽게" 붉은색 신호등을 보고 멈춘다. 멈추는 것이 우리의 법적 의무이며 멈추지 않는 것은 불법이지만, 우리는 좀처럼 이것을 의식적으로 생각하지 않는다. 이 모든 세부 사항에 암묵적으로 놓여 있는 관습이 별로 대단한 것도 아니다. 예를 들어 "멈춤"을 의미하는 붉은색이나 "속도를 낮출" 것을 의미하는 노란색 또는 "가라"를 의미하는 녹색에 **본질적인** 무엇이 있는가? 관습이 그렇게 만들었을 뿐이지만, 그것은 모두 자연스러워 보인다. 우리가 생각하지 않고서도 부드럽게 멈추기 위해 브레이크를 얼마나 세게 밟을지와 교차로를 부드럽게 지나가기 위해 가속 장치를 얼마나 세게 밟아야 할지, 그리고 아마도 방향을 바꾸기 위해 어떻게 핸들을 솜씨 있게 돌려야 하는지에 관한 (장기간에 걸친 연습을 통해 배운) 눈과 마음과 몸의 협력이 존재한다. 우리는 이것이 우리가 매번 그리고 날마다 반복하는 하나의 사건에서 법이 여러 방식과 많은 차원에서 작동하는 것으로 생각할 수 있을 것이다. 이것은 "하나의 법"("붉은 신호등에서는 멈추라!")으로서가 아니라 우리와 다른 많은 사람을 날마다 안전하게 출퇴근할 수 있게 해주는 하나의 간단한 삶의 형태로서 경험되고 살아진다. 그런 경험을 여러 번 그리고 많은 차원에서 늘리면 우리가 사회와 문화라고 부르는 삶의 종합적인 형태를 얻게 된다.

삶의 다른 측면들을 생각해 보라. 우리는 종종 우리 주위에 존재하는 진실하고 아름답고 선한 것—잘생긴 나무, 기품 있는 동물, 경치가 좋은 지형, 우아한 집과 마당, 비옥한 땅, 주의를 끄는 예술 작품, 유용한 발명, 잘 운영되고 성공적인 기업, 평화롭고 번영하는 국가, 매력적인 사람 등—에 주의가 끌린다. 많은 경우 이런 것들은 자연의 솜씨와 인간의 손에 의해 우리에게 "주어진" 전체 세상을 구성하는 요소들로서 우리의 무의식 영역에 기록되어 있다. 우리는 때때로 하던 일을 멈추고 이런 것들에 주의를 기울이고, 그것들의 경이에 놀라며, 그것들의 형태와 존재의 세부 사항을 기뻐한다. 그것들을 자기의 것으로 소유하겠다는 생각은 들지 않는다. 그런 것들을 막을 법은 없다. 이 순간에는 죄가 없다.

그러나 그때 (들을 수 있게 또는 들을 수 없게) 우리에게 "당신은 그것을 가질 수 없다!"라는 말이 들린다. 아마도 누가 내가 자기의 소유물에 주의를 기울이는 것을 그것을 소유하기를 원하는 것으로 생각하고 금지의 말을 발설할 수도 있다. 이제 그것을 소유한다는 생각이 마음에 떠오른다. 그 금지는 소유하고자 하는 욕구를 일깨우며, 그 욕구가 죄라고 규정한다. 바울이 다음과 같이 말하듯이 말이다. "율법(*nomos*)이 [이제 하나의 계명으로서] '탐내지 말라' 하지 아니하였더라면 내가 탐심을 알지 못하였으리라. 그러나 죄가 기회를 타서 계명(*entolē*)으로 말미암아 내 속에서 온갖 탐심을 이루었나니"(롬 7:7-8). 법이 잘살고 있는 삶의 암묵적이고 무의식적인 구조이자 형태(*nomos*)이기를 그치고 계명(*entolē*) 안으로 정제되는 순간에 욕구가 일깨워지고 법이 제한하는 한계로 경험된다. "탐내지 말라"라는 금지에서 나는 주어진 것으로서 존재하는 항목에 대한 의식적이거나 비의식적인 기쁨을 빼앗기고 그것을 **주어지지 않은** 것으로 인식하게 된다. 나는 이제 그것을 소유하면 어떠할지 생각하기 시작하고, 아마도 그것을 소유하기 위해 무엇을 할 수 있을지 생각하기 시작한다. 죄가 일어나 법을 계명의 형태로 조작했고, 계명은 이제 욕구를 활성화하는데 나는 그것을 억제하려고 애써야 한다.

바울은 이 법의 이야기를 일인칭("나" = 그리스어 *egō*)으로 쓴다. 그러나 그의 요점은 주로 자기가 과거에 또는 현재 법과 어떤 관계를 맺었는지 또는 맺고 있는지에 대한 개인적인 정신 분석을 제공하는 것이 아니다. 오히려 그는 우리에게 인간의 삶과 관련된 일종의 법의 **역사**를 제공하고 있다. 바울의 나는 나의 나와 모든 사람의 나를 대표한다. 이 점이 좀 더 중요한데, 그것은 한 민족의 집합적인 나를 대표한다. 법이 계명으로 기능하기 전의 법의 작용에서 법은 "약하게" 기능해서 한 민족을 삶의 형태에 뿌리를 두게 하는데, 그들은 그 형태를 좀처럼 "법"으로 인식하지 않는다. 그것은 삶의 토대와 분위기와 틀과 좀 더 비슷하고, 규칙과는 별로 비슷하지 않다. 우리는 그것을 우리에게 요구하고 우리를 제약하는 것으로서 경험하기보다는, 우리가 그것에 직접 주의를 기울이지 않는 자유로운 공간에서 살고 숨 쉴 수 있게 해주는 것으로서 경험한다. 그것은 유동적이고 유연하며, 장기간에 걸친 사람들, 민족들, 사회들의 지속적인 움직임에 적응한다. 그것은 개인적, 사회적, 경제적, 정치적 삶의 일반적인 선함의 토대를 이루고, 그것을 일깨우며 가능하게 하고, 그것에 형태를 부여한다.

그러므로 이 "약한" 형태에서 법은 충성을 요구하지도 않고 순종을 명령하지도 않는 지혜와 정의에 좀 더 가깝다. 이 형태에서 법은 정신과 좀 더 비슷하다. 따라서 바울은 "율법(*nomos*)은 거룩하며(*hagios*)"(롬 7:12), "율법(*nomos*)은 신령하다(*pneumatikos*)"(롬 7:14)라고 말할 수 있다. 그는 특히 직접 토라에 관해 이 말을 하지만, 다른 국가들의 법들에 대해서도 축소된 의미에서 같은 주장을 할 수 있을 것이다. 이 "약한" 형태에서 바울이 예수 메시아 안에 있는 유데아인들을 포함하여 유데아인들이―참으로 하나님이 주신―그들의 독특한 생활 방식으로서의 모세의 법을 실천하기를 포기할 것을 요구하거나 예상하거나 원하지 않았다는 점도 분명하다.

그러나 "약한" 형태의 법은 쉽사리 파괴적인 목적에 이용된다. 그것은 주권적인 힘을 통해 뒷받침되는 법률 시스템으로 전환될 수 있다(그리고 언제나 그렇게 된다). 이것은 강한 의미에서의 법이다. 최선의 경우, 그런 시스템조차 일반적으로 일상의 삶의 질서와 일반적인 선을 구체화하고 보호하는 것을 목표로 삼는다. 법률 시스템의 법들이 언제나 의도적으로 죽음의 도구들인 것은 아니다(롬 7:13). 바울은 심지어 "계명(entolē)도 거룩하고(hagia) 의로우며(dikaia) 선하도다(agathē)"라고 말한다(롬 7:12). 그러나 "강한" 형태의 법은 이제 법적 요건, 요구, 금지, 제한, 처벌의 형태로 자신을 주장한다. 계명들과 법들(복수)이 법적 포고들과 문서들에 기록되는데, 그것들은 자체의 생명을 가지고 법적 판단의 토대가 된다. 범법들이 정의되고 명시된다. 벌칙과 처벌이 명시되고 부과된다.

우리의 순종을 요구하고 범법과 불의를 드러내며 판단한다는 점에서 법은 암묵적인 삶의 형태와 덜 비슷해 보이고, 좀 더 죄와 사망이 군림하는 방식으로 군림하는 것처럼 보인다. 법은 파괴적인 힘으로서의 죄의 근본적인 성격을 다루는 것이 아니라 **죄들**에 집착하게 된다. 법은 죄들을 식별하고 분류하며, 힘을 통해 강제되는 처벌의 위협(몇몇 경우에는 죽음의 위협을 포함한다)으로 죄들을 억제하고 관리하려고 한다. 확실히 이런 식으로 특정한 범법들(죄들) 안에 나타난 죄의 효과가 드러나지만, 법은 이제 죄의 강력한 중력의 끌어당김에 붙잡히고, 인간의 삶에 봉사하기보다는 죄로부터 힘을 얻는 것처럼 보인다. "오직 죄가 죄로 드러나기 위하여 [죄가] 선한 그것으로 말미암아 나를 죽게 만들었으니 이는 계명으로 말미암아 죄로 심히 죄되게 하려 함이라"(롬 7:13).

일상적인 삶의 지혜로서의 법의 원래의 "약함"은 물러난다. 자연스러운 삶으로부터 자신을 떼 낸 법은 이제 우리의 주의와 순종과 충성 자체를 목적으로 그것들을 요구한다. 예를 들어 타인 존중 등이 정치적 올바름이 되고 특정한 형태의 언어와 행동을 인가하는 방향으로 움직인다. 법의 지배가 인간관계들을 지배하게 된다. 우리는 이제 "강한" 형태의 법과 관련하여 두 가지 선택지에 직면한다. **첫 번째** 선택지는 우리가 법의 시스템에 굴복하여 그것을 순종하고, 심지어 자체가 목적이며 모든 사람을 위한 규칙으로서의 법을 신뢰하고 축하하며, "법"이 순종하지 않는 모든 사람을 꾸짖기를 기대하는 것이다. **또는** 법 자체가 (자주 그렇듯이) 억압과 불의의 도구가 된다면, 우리는 그것의 지배로부터의 해방을 원하는데, 그 욕구가 종종 반역과 무법상태를 일으킨다. 바울에게 있어 이 선택지들은 모두 육신의 길이다.

당신은 당신이 속한 사회의 법률 시스템을 얼마나 신뢰하는가? 당신은 기본적으로 그 시스템과 그것의 판단을 긍정하고 지지하는가? 아니면 당신은 그것의 지배에 대해 분통이 터지는가? 특별히 당신이 속한 사회에서 당신의 상대적인 힘을 고려해 보라. 법률 시스템의 힘이 주로 당신에게 유리하게 작용하는가, 불리하게 작용하는가? 그것이 법률 시스템에 대한 당신의 반응에 어떤 차이를 만드는가?

약한 법에서 주권자 법으로(롬 7:14-25)

바울은 다시 일인칭으로 쓰면서 "거룩하고 의로우며 선한" 법이 어떻게 죄의 노예가 되고 법이 되는지에 관한 이야기를 한다. 대다수 독자는 로마서 7:14-25이 매우 복잡한 텍스트이며, 많은 사람으로 하여금 바울이 유데아의 법에 관해 자신의 깊은 내적 갈등—그의 고통에 시달리는 양심—을 표현하고 있다고 결론짓게 한다는 데 동의한다. 그러나 확실히 이 텍스트에서 바울 자신이 부재하지는 않지만, 나는 "나"를 바울 자신의 자서전보다 좀 더 넓은 의미로 해석해서 인간 사회의 지속적인 법의 역사에서도 발견되는 어떤 것으로 보아야 한다고 믿는다. 하지만 우리는 바울 자신의 이야기에 의존하여 요점을 보여줄 것이다.

바울이 말하는 이야기에는 나와 더불어 다른 등장인물 셋이 존재하는데 그것은 죄와 법과 육신이다(우리는 육신을 뜻하는 Flesh의 첫 글자도 대문자로 시작한다). 이 등장인물들은 선과 악 사이의 싸움의 두 편에 걸쳐 있다. 이 전쟁의 한쪽 편에는 약한 인물들인 나와 법이 존재한다. 다른 편에는 강한 인물인 육신과 죄가 존재한다. 우리는 그 결과를 쉽게 예견할 수 있다. 사실 전체 이야기가 나—그 전쟁에서 이미 근본적으로 손상된 인간, 인간의 사회—로 시작한다. 독립적인 행위자, 즉 악에 맞서는 그 싸움에서 자기 편의 전사이기는커녕 육신으로서의 나는 무의식중에 죄의 편에 있으며 죄의 노예로서 기능한다. "나는 육신(*sarkinos*)에 속하여 [노예로서] 죄 아래에 팔렸도다"(롬 7:14). 우리는 이미 육신을, 개인적으로든 사회적으로든, 근본적으로 자연적인 인간의 능력과 가능성을 지향하고 그것을 신뢰하는 인간의 삶이라고 정의했음을 상기하라. 그러나 역설적이게도 이 의미의 육신으로서의 우리는 사실 중립 지대에 있는, 도덕적 능력이 있는 자유로운 행위자가 **아니다**. 우리는 자기의 능력을 신뢰하고 하나님을 신뢰하지 않음으로써 이미 죄의 주권적인 힘의 궤도 안에 존재한다. 그러나 그곳에는 육신만 존재하는 것이 아니다. 법이 그 옆에 존재한다.

우리가 살펴본 것처럼 법과 인간의 삶은 결혼 관계 같은 친밀한 관계 안에서 밀접하게 엮여 있다. 원래의 그리고 최선의 의미에서 이 결혼 안에서의 법은 "약한" 형태이며 (지배하고 가부장적인 "남편"과 달리) 인간의 번성에 **봉사한다.** 이 의미에서 "우리가 율법은 신령한 줄 안다"(롬 7:14). 그러나 (인간의 죄들을 통한) 죄 때문에 법이 죄들에 맞서 강하게 자신을 주장하며 인류 위에 군림하게 된다. **삶**의 한 방식이었던 것이 이제 주권과 마찬가지로 충성과 섬김과 애국심을 요구한다. 법은 군림함으로써 **죄처럼 행동**하게 된다. 법은 부지중에 죄의 동맹이 되고 죄의 대의에 봉사한다. 그것이 바로 바울이 앞서 우리가 지배하는 남편인 "법이라는 주"로부터 자유를 얻으려면 우리가 죄에 대해 죽는 것처럼 법에 대해 죽어야 한다고 말한 이유다. 죄의 뒷받침을 받는 법은 자신이 삶의 지배자라고 주장하며, 그렇게 함으로써 자신이 생활 방식 형성에 **봉사**하는 것을 훼손한다. 이어서 그것은 저항을 낳는다. 따라서 "강한" 법─규칙을 높이고 강제를 강화하기─은 선을 가져오는 데 아무 도움이 되지 않는다. 사실 그것은 선을 가져오는 데 방해가 된다. "내 속 곧 내 육신에 선한 것이 [자연적으로] 거하지 아니하는 줄을 아노니 **원함**은 내게 있으나 선을 행하는 것[힘]은 없노라"(롬 7:18). 강한 법은 죄들에 대한 정죄에 있어서는 강하다. 그것은 선을 낳는 데 있어서는 약하다.

이 모든 내용이 정의라는 주제와 어떻게 연결되는가? 여기서도 바울의 삶의 이야기가 그 문제에 대해 우리에게 도움을 준다. 유데아의 바리새인으로서 바울은 선─하나님의 정의, 하나님의 명예, 하나님의 백성의 방어─외에는 아무것도 의도하지 않았다. 우리가 갈라디아서와 빌립보서에 기록된 그의 자아 묘사에서 본 바와 같이 그는 모든 면에서─인종적으로, 문화적으로, 법적으로, 충성 면에서, 열심 면에서─진짜 이스라엘인이었다. 사실 로마서 9:1-5에서 분명하게 나타나듯이 그는 어떤 의미에서는 참된 이스라엘인이 아니었던 적이 없었다. 그는 "흠이 없었고" "[모세의] 법에 나타난 정의"의 헌신적인 옹호자였다(빌 3:6). 새로운 메시아 공동체에 대한 그의 열정적인 박해는 그 정의 의식에 뿌리를 두고 있었다.

바울은 메시아 예수의 분파의 발흥과 번성이 유데아 민족과 하나님의 대의의 미래에 여러모로 위협을 부과한다고 생각했다. 그 운동의 지도자는 유데아의 정치적 선동자로서 로마인들에 의해 십자가에 처형당했으며, 유데아의 법에 따르면 그는 신성 모독자였고 "나무에 달림"으로써 저주를 받았다(갈 3:13. 신 21:23을 보라). 이 선동자이자 신성 모독자가 죽은 자들 가운데서 살아났으며 이스라엘과 다른 나라들 위에 높임을 받았다는 그의 추종자들의 주장은 터무니없었을 뿐만 아니라 예루살렘과 유데아, 갈릴리, 그 너머의 도시에 있는 유데아인들 가운데서도 위험한 정치적 불안을 상당히 많이 일으켰다. 법에 따른 정의와 유데아인들을 위한 평화는 이 메시아 분파가 필요하다면 (사도행전에 따르면) 그 구성원들의 체포, 투옥, 심지어 처형 등 무슨 수단을 통해서라도 진압될 것을 요구했다. 바울은 이 정의와 평화의 사역에 급진적이고 전투적으로 헌신했다.

좋은 의도(하나님을 위한 열심), 의로운 목적(하나님의 백성의 안전, 진정한 위협의 근절), 그것을 달성하기 위한 합법적인 수단, 예루살렘에 있는 지도자들의 권한 부여 등 이 모든 것에 관해 무엇이 잘못되었을 수 있는가? 아무 것도 없다! 정의에 관한 **진실**을 제외하면 말이다. 하나님의 정의는 사실상 하나님이 강력한 성령을 통해 십자가에 처형당하신 이의 죽은 몸을 일으키셨을 때 구현되었다. 바울이 다메섹으로 가는 길에 부활하신 예수를 만났을 때 그가 행하고 있던 일이 정의로운 일이었다는 그의 모든 확신이 무너졌다. "내가 행하는 것을 내가 알지 못한다"(롬 7:15). 갑자기 정의가 근본적으로 자신의 법 옹호가 아닌 모종의 다른 것처럼 보였다. 바울이 "하나님의 법"이 그에게 행하라고 가르쳤던 것으로서의 정의를 사랑했다면(롬 7:25), 그것이 불의의 형태임이 드러났기 때문에 그는 이제 그 법을 위해 행하기를 원했던 정의를 미워해야 한다. 그가 의도했던 선이 정의의 증인들, 즉 "메시아 예수 안에" 있기 때문에 참으로 의로운 사람들을 근절하기 위한 자신의 폭력적인 행동들을 통해 악을 행하는 것으로 귀결되었다.

> 당신은 (아마도 하나님의 이름으로 행하는) 이런 의제들을 달성하기 위해 어느 정도의 노력을 기울이는 것이 적절하다고 생각하는가? 당신은 그것들을 위해 어떤 법들과 법 집행들이 시행되기를 원하는가? 예수 메시아 안에서 하나님의 정의가 나타난 것이 당신으로 하여금 어떻게 당신의 의제들을 숙고하고 재평가하게 하는가?

바울이 나중에 사용할 단어들을 차용하자면, 바울은 "하나님께 열심"이 있었지만, 그것은 "정의의 좋은 소식"에 의해 "가르침을 받지" 않았다(롬 10:2). 그 일이 어떻게 일어났는가? 그가 어떻게 알지 못할 수 있었는가? 바울의 답변은 그가 파괴하려고 했던 주권적 정의의 눈을 멀게 하고 계시하는 빛 안에서만 찾아왔다. 그는 힘들—한편으로는 죄의 힘과 다른 한편으로는 육신("열심")의 힘—에게 좌우되었다. 이 힘들은 바울과 "약한" 법(바울이 정당하게 "즐거워한" 유데아의 생활 방식, 롬 7:22)을 징집해서 그(것)들을 정의에 대항하고 메시아에 대항하는 죄의 치명적인 전쟁에서 부지중의 그리고 원치 않는 보병으로 바뀌었다.

"나는 곤고한 사람이로다. 이 사망의 몸에서 누가 나를 건져내랴?"(롬 7:24) 나(선을 향한 모종의 본질적인 개인적 또는 사회적 의지)나 "약한" 법(한 민족의 사회적, 문화적, 정치적 자원들과 능력들) 어느 쪽도 우리를 불의의 손아귀와 불의의 처벌하고 죽음을 주는 일들에서 구원하지 못한다. **다른 존재**, 죄와 육신과 법 너머에 있는 존재, 선과 악의 전쟁 너머에 있는 존재만이 우리를 구원할 수 있다. 오직 하나님께서만 의로운 존재 자신을 통해 우리를 구원하실 수 있다. "우리 주 예수 그리스도로 말미암아 하나님께 감사하리로다!"(롬 7:25)

8장

정의의 성령

이 장에서 다루는 내용

....

- 로마서 8:1-9: 정의 혁명―성령의 힘과 통제를 십자가에 못박기
- 로마서 8:10-17: 정의 혁명―성령의 힘과 살아 있는 몸들
- 로마서 8:18-28: 우주적 정의―성령의 힘과 창조세계의 부활
- 로마서 8:29-39: 궁극적 정의―메시아적 약함과 정복되지 않는 하나님의 사랑

법에 대한 속박으로부터 해방되기를 원하는 절규와 메시아 안에서의 하나님의 해방을 선언한 후(롬 7:24-25), 바울은 로마서의 여러 곳에서 이미 나타났던 문제인 법의 문제에 대해 결정적인 진전을 이룬다. 바울이 로마서의 처음(롬 1:1-5)부터 선언한 좋은 소식은 정의의 원천과 힘으로서의 법에 대해 일관성 있게 의문을 제기했다. 바울이 로마서 3:21에서 말하듯이 예수 메시아 안에 있는 하나님의 복음이 **"율법과 별도로"** 나타났다. 그렇다면 (율)법은 어떻게 되는가? 인간의 삶에서 그것의 역할은 무엇인가? 로마서 7장에서 바울은 법의 복잡성을 고려하며 그것이 약하지만 선하다고 주장했다. 그리고 법은 삶을 지배하는 것이 아니라 삶을 섬길 때인 약할 때 선하다. 그러나 법은 약할 때 죄와 사망에 의해 사용되고 장악되며 그 파괴적인 힘들의 꼭두각시가 되기 쉽다. 이 상태에서는 법이 자체의 힘으로 우리를 불의로부터 구원할 수 없으며 종종 불의의 도구가 된다. 법이 메시아 안에 있는 하나님의 정의라는 그것의 참된 목적에 봉사하기 위해서는 법 자체가 구원을 받아야 한다(롬 10:4). 예수 메시아만이 인간과 법 모두를 죄와 사망으로부터 구원하신다.

주권(정치적 지배)과 법은 세계사의 구성요소인 힘들이다. 그것들은 세상 민족들의 이야기, 운동, 상호작용, 일상생활을 형성한다. 그것들은 주권들 또는 정부들이 자기 민족의 특정한 생활 방식(법)을 방어하거나 진척시키려고 할 때 갈등과 전쟁을 일으키기도 한다. 그런 경우 소위 약한 형태의 법, 즉 특정한 민족에게 형태, 조직 구조, 정체성, 활력을 수여하는 생활 형태가 육신에게—즉 통제하고, 부과하고, 지배하려는 특정한 민족의 욕구에게—사용된다. 주권과 법이 죄와 사망의 도구들이 된다. 그것이 인간의 상태다. 하나님이 선택하신 민족인 이스라엘과 교회를 포함하여 어떤 민족도 그것에서 면제되지 않았다. 이것이 세상의 상태다. 바울은 이미 로마서 1:18-3:20에서 이 점을 언급했다. 그럼에도 우리는 언제나 주권과 법이라는 세속적인 주권의 힘에 의존하여 세상에서 새로운 시작, 좀 더 나은 날, 평화, 자유, 모든 사람을 위한 정의를 추구한다. 우리는 새로운 체제, 정부의 변경, 새 헌법, 법률 시스템의 정비가 우리를 구원할 것이라고 믿는다.

또는 우리는 아마도 혁명이 우리를 구원할 것이라고 믿는다. 혁명은 역사에 등장하는 또 다른 힘이다. 혁명들은 정의의 좌절과 기존 체제의 전복이 새로운 정의와 평화의 시대를 가져오고 새 역사를 탄생시킬 것이라는 사고에 의해 견인된다. 혁명을 옹호하는 사람들은 억압적인 주권과 법의 시스템의 근본적인 문제들이 어설픈 땜질로는 해결되지 않으리라고 확신한다. 현재의 시스템에 의해 만들어진 속박과 불의가 너무 심원해서 점진적인 개선으로는 충분치 않다. 혁명에 대한 요구는 **새로운 세계 질서**를 마음속에 그리며, 그 요구에 순종하는 사람들은 그것을 위한 싸움에 참여한다. 이 점에서 혁명은 주권과 법보다는 자신이 혁명가로서 십자가에 처형당하신 예수 메시아의 좋은 소식에 좀 더 가깝다. 그는 하나님의 통치하의 새로운 세상 질서를 마음속에 그리셨고, 구현하셨고, 실현하셨으며, 추종자들에게 자신의 혁명적인 운동에 참여하라고 요구하셨다.

당신은 세계사 또는 당신의 국가 역사의 어디에서 정의에 대한 희망을 발견하는가? 그것은 새로운 정치 지도자에게 있는가? 헌법 개정에 있는가? 사법 시스템의 개선에 있는가? 당신은 그런 변화(들)가 새로운 미래를 가져오거나 지속되리라는 것을 얼마나 확신하는가? 당신은 모종의 혁명이 세상의 불의에 대한 대답이라고 생각하는 경향이 있는가?

로마서는 역사를 전쟁과 조약, 승리와 패배, 정의와 불의, 범죄와 처벌의 끊임없는 사이클에서 해방할, 역사에서 일어난 혁명에 초점을 맞춘다. 바울은 역사로부터의 탈출을 상상하지 않는다. 그는 이 세상에서의 물질적·신체적·사회적·경제적·정치적 삶을 포기할 것을 제안하지 않는다. 사실 복음이 우리를 주장할 때 복음은 우리로 하여금 역사 안으로, 즉 새 세상이 오기를 바라는 역사의 열망과 운동과 투쟁 **안으로** 좀 더 깊고 친밀하게 들어가게 한다.

그러나 복음이 선언하는 종류의 역사를 만드는 것은 육신에 따른 역사를 만드는 것과 근본적으로 다르다. 복음은 죄와 사망의 체제 아래 일어나는 주권, 법, 폭력적 혁명과 불화한다. 그러나 복음은 역사와 관련이 있기 때문에 주권, 법, 혁명이라는 아이디어 자체를 무효로 만들지 않는다. 대신에 복음은 기존의 세상 질서를 뚫고 들어와 죽음과 부활을 통해 대안적인 역사를 창조하는 **다른** 주권과 **다른** 법을 선언한다. 복음은 메시아와 성령의 **신적 혁명**을 선언한다. 이 방식의 역사 만들기는 완전히 달라서 일반적으로 역사 만들기로 알려진 것(육신에 따른 역사)의 관점에서 보면 이 혁명은 (거의) 아무것도 아니라고 생각될 수도 있다. 그것은 **십자가 처형**처럼 보일지도 모른다. 복음의 혁명적인 힘은 육신에게는 보이지 않지만, 신자들에게는 복음이 역사에서 생명을 주는 유일한 힘이다. 만물에 대한 통렬한 힘 때문에 가장 강한 힘들은 궁극적으로 역사에서 끝나게 된다. 그러나 복음은 그것들이 실제로 끝나기 전에 이미 **그것들의 끝을 선언한다**. 복음은 새로운 시작의 힘, 즉 부활의 성령의 힘을 선언한다.

정의 혁명: 통제를 십자가에 못박기(롬 8:1-9)

죄와 사망 아래 예속된 역사에게 희망은 역사 너머로부터, 즉 하나님께로 부터 도래한다. 하나님은 역사에 대한 사형선고로부터 역사를 구원하신다. "그러므로 이제 메시아 예수 안에 있는 사람들에게 대항하는(*katakrima*) 사형선고가 없습니다. 메시아 예수 안에 있는 성령의 법(*nomos*)이 죄와 사망의 법(*nomos*)에서 여러분을 해방했기 때문입니다"(롬 8:1-2, 개역개정을 사용하지 아니함).

세상의 법은 정의를 규정하고 구현하려고 하지만, 그 정의가 구현되게 하려면 집행력이 뒷받침될 것을 요구한다. 그러므로 법은 지향하는 목표에도 불구하고 너무도 쉽게 주권적 힘을 섬기도록 선택되고 그 힘에 조종된다. 따라서 정의는 종종 강자가 원하는 바에 해당한다. 정의에 대한 우리의 희망이 법에 연계되고 법은 주권적 힘에 연계된다면, 우리는 역사에 참된 정의에 대한 희망이 존재하는지 질문할 수도 있을 것이다.

> 역사상이나 우리의 시대에 세상의 다른 곳이나 당신의 나라에서 정의가 힘과 영향력이 있는 사람들이 원하는 것으로 규정된 구체적인 예를 생각할 수 있는가? 이런 예에서 힘이 없는 사람들 가운데 정의에 대한 희망은 무엇인가?

땅 위에 정의가 있을 것인가? 바울은 "그렇다!"라고 말한다.

하나님이 죄의 주권을 파괴하시기 위해 자기 아들을 죄 아래 있는 인간의 모습으로 보내심으로써 법이 육신—지배하려는 열정—에게 사용되어 무력했던 일을 하셨습니다. 하나님이, 자기 아들의 죽음 안에서, 지배하려는 욕구로서의 죄에 사형을 선고하시고 법을 통해 이루려고 했던 정의가 이제 더 이상 세상의 주권을 신뢰하지 않고 하나님의 강력한 성령을 신뢰하는 우리 안에서 실현되게 하셨습니다(롬 8:3-4, 개역개정을 사용하지 아니함).

바울은 이처럼 우리에게 메시아 안에 있는 하나님의 정의에 대한 좀 더 깊은 이해를 제공해 준다. 하나님은 자기 아들을 "죄악 된 육신의 모양으로" 보내셨다. 이는 바울이 앞서 로마서 5장에서 "한 사람" 아담과 "한 사람" 메시아에 관해 말한 것을 상기해 준다. 우선, "죄악 된 육신의 **모양으로**"라는 어구(롬 8:3)는 결코 메시아의 완전한 인간성을 부정하는 것이 아니다. 오히려 그것은 그 점에 대한 또 다른 강력한 선언이다. 죄악 된 육신은 진정한 인간이 아니라, 자기에게 주어지지 않은 주권을 포착해서 행사한 아담의 표지 아래 왜곡된 인간이기 때문이다. 예수 메시아는 이 왜곡된 의미에서의 인간과 비슷하지 않다. 그는 아담과 마찬가지로 인간인 한 아담과 같은 모양이시다. 그러나 메시아로서 그의 주권적 힘이 군림하는 힘의 주권이 **아니라** 섬기는 힘의 주권인 한, 그는 아담과 근본적으로 다르시다. 바울이 이미 로마서 5장에서 선언했듯이 메시아는 **참된 인간**이시다. 예수 메시아는 인간답게 산다는 것이 무엇을 의미하는지에 대한 실재, 진리, 양상이시다. 심지어 아담 **전에도**, 따라서 아담에게 **있어서도** 말이다.

복음으로 형성된 인간의 행동은 메시아의 양상에 일치하는 행동이다. 메시아적 삶—"메시아 안에" 있는 삶—이 **참으로** 인간적인 삶이다. 그것은 지배하는 힘으로서의 삶, 즉 죽음으로 향하는 삶의 끝이다. 예수 메시아가 순종으로 참으로 인간적인 삶을 실현하셨기 때문에 그것은 그분으로 하여금 육신에 있는 죄—협력하여 그를 십자가에 처형한 영적·인간적 지배력—에 직접 맞닥뜨리시게 했다. 십자가 위에서 역사의 파괴적인 힘에 극적으로 대면하셨을 때 하나님은 죽음의 사역 자체로서의 지배력—역사 만들기와 정의 구현하기의 일반적인 방식—의 언뜻 보기에 매력적이고, 설득력이 있고, 강력한 호소력을 벌거벗기심으로써 육신에 있는 죄에게 파멸 선고를 내리셨다. 육신에 있는 죄는 하나님의 아들의 순종적인 육체 안으로 흡수되었고, 그 안에서 십자가에 못박혔다. 그는 자기의 죽음에서 사망의 힘을 극복하셨다. 그리고 자기 아들이 죽은 자들로부터 부활한 데서 하나님은 메시아 안에 있는 하나님의 정의에 따른 역사를 다시 만드시기 위해 영원한 생명의 힘—"성결의 영"(롬 1:4)—을 세상 안으로 불어 넣으셨다.

메시아와 성령 안에서 하나님 자신이 **정의의 역사**를 가져올 조건을 창조하시고 그 힘을 주신다. 바울의 말로 표현하자면 하나님은 "육신에 따라 행하지 않고 성령에 따라 행하는 우리에게 율법이 겨냥한 정의(*dikaiōma*—정당한 요구)가 이루어지게 하시려고" 자기 아들을 보내시고 죄에게 파멸 선고를 내리셨다(롬 8:3-4, 개역개정을 사용하지 아니함). 이 대목에서 (롬 4장에 등장하는 아브라함의 경우에서와 마찬가지로) 우리는 다시금 걷기(행함, walking)라는 아이디어를 만난다. 하나님의 행하심**만을** 통해 우리는 메시아의 주권과 성령의 생명의 힘의 영역 안으로 취해졌다. 하나님의 주도권과 별도인 우리 자신의 행동은 육신이다. 그것은 스스로 정의되고 스스로 힘을 공급받는다. "성령에 따라 행하는 것"은 우리의 행동이 메시아에 의해 정의되고 성령을 통해 힘을 공급받게 하는 것이다. 그때에만 우리의 행동에서 하나님의 정의가 이루어진다.

성령에 따라 행하는 것은 역사를 올바로 만들기 위해 또는 사건들을 통제하고 다른 사람들을 지배함으로써 세상에 정의가 구현되게 만들기 위해 역사의 지렛대를 잡는 것이 우리의 임무가 **아님**을 의미한다. 오히려 우리가 **역사를 통제하기를 포기할** 때 우리는 메시아와 성령 안에서 역사를 만들고 정의를 구현한다. 참으로 인간적인 행동, 즉 메시아적인 행동은 역사에서 결과를 강요하지 않는다. "메시아 안에서" 인간의 행동은 언제나 하나님의 부활시키시는 능력에 넘겨져야 한다(십자가에 못박혀야 한다). 하나님은 우리의 신실하고 참을성 있는 걸음이 우리의 뜻에 따르지 않고 하나님의 뜻에 따라 완성될 것이라고 약속하신다. 우리가 예수 메시아―그분 안에서 하나님의 정의가 나타났고 은혜롭게 우리에게 선물로 주어졌다―의 살아 있는 역사인 성령의 운동에 참여할 때 정의가 구현된다.

로마서 8장의 첫 몇 문장에서 바울은 정의, 의로움, 정의를 행함에 관한 우리의 사고방식에서의 급진적인 혁명을 압축한다. 이 혁명은 매우 심오하고 광범위해서 우리가 그것을 이해하려면 상당한 사고와 상상력을 동원한 노동이 필요하다. 모든 본능과 직관은 동력의 손잡이를 가급적 많이 잡고 역사의 배를 올바른 방향으로 돌리는 것이 우리(특히 우리 그리스도인들)에게 달려 있다고 생각하도록 만들지 않는가? 우리는 우리(그리스도인들)의 힘과 통제가 클수록 결과가 좀 더 좋을 것이라고 가정한다. 힘과 영향력이 클수록 정의가 좀 더 구현될 것이다. 그것은 아주 이치에 맞는 것처럼 보인다. 그러나 바울은 그것이 "육신의 관점에서 생각하는 것"이고 성령의 관점에서 생각하는 것이 아니라고 말한다(롬 8:5).

바울은 우리의 역사적 행동에 관한 우리의 사고를 변화시키기 위해 필요할 진정한 분투를 매우 근본적인 방식으로 예견한다(롬 8:5-8). 육신에 거주하는 사람들은 정의의 역사가 세상의 힘을 얻음으로써—통치자·지사·판사·CEO가 됨으로써, 글로벌 회사·명백한 운명을 지닌 국가·"의로운 사람들의 동맹"을 창설함으로써, 사회적·사법적·세력들을 관리·조작·조종함으로써—성취된다고 생각하지 않을 수 없다. 그러나 그런 사고방식은 정의의 역사를 만들기는커녕 계속—지역적으로, 국가적으로, 세계적으로—어떤 사람들에게는 힘과 부와 특권의 역사를 만들고 다른 사람들에게는 약함과 가난과 수치의 역사를 만든다. "정의의 대의를 진척시키기" 위해 역사의 유력자들은 자신과 자기의 백성이 자기방어, 통제, 공격, 침략, 전쟁, 정복, 처벌의 "필요성"을 신봉하게 하며, 계속 그렇게 할 것이다. "육신에 따른 사고방식은 그 결과로서 죽음을 맞게 된다"(롬 8:6, 개역개정을 사용하지 아니함).

그러나 복음은 전혀 다른 마음, 즉 성령의 마음을 만들어 낸다. 그 마음은 우리의 선한 동기와 의도가 무엇이든 간에 우리가 자신의 힘으로는—심지어 "하나님의 도움"을 받더라도—정의를 이룰 수 없다는 생각이다. 우리는 결코 성령을 우리가 통제권을 얻기 위해 자연적으로 마음을 두는 무엇이든 할 수 있게 해주는 신적 능력으로 생각하지 말아야 한다. 메시아와 성령 안에서의 하나님의 능력은 **통제를 십자가에 못박고** 하나님이 (예수를 죽은 자들로부터 일으키신 것처럼) 그들의 정의의 사역을 완성하시기를 기다리는 사람들 안에서 정의를 성취한다. 이들은 "생명과 평화"의 역사에 형태를 부여하는 사람들이다(롬 8:6). 그들은 성령에 따라 생각한다.

육신에서 성령으로 마음을 근본적으로 바꾸는 데 무한히 많은 것이 걸려 있다. 바울은 역사를 통제하고 세상을 지배하려는 생각은 "하나님께 적극적으로 대항한다[echthra]"(롬 8:7)라고 선언하는데, 이는 다른 말로 표현하자면 하나님과 **싸운다**는 뜻이다. 육신의 생각은 역사에서 "하나님의 법"의 대의를 진척하기는 고사하고 그 반대의 일을 한다. 그것은 하나님의 법―"생명의 성령의 법"―에 전혀 굴복할 수 없다. 세상에서 하나님의 뜻이 이루어지게 한다는 선한 의도에도 불구하고 그것은 "하나님을 기쁘시게" 할 수 없다(롬 8:8). "나는 그리스도인입니다"라고 말하면서도 성령의 논리가 아니라 통제하는 육신의 논리에 따라 역사를 만드는 군주나 대통령 또는 수상은 사실은 메시아에게 속한 것이 아니라 메시아의 적이다.

> 정의와 세속적인 힘 또는 영향 사이의 관계에 대해 당신은 현재 어떻게 생각하는가? 당신은 "올바른" 사람이 힘을 가지면 정의가 구현되리라고 확신하는가? 당신이 그런 사고방식을 바꾸려면, 즉 정의가 참으로 구현되려면 그리스도인들이 적어도 통제를 십자가에 못박기를 배워야 한다고 믿으려면 무엇이 필요하겠는가?

바울은 이제 묵시적 좋은 소식을 믿은 사람들에게 직접 "너희 속에 하나님의 영이 거하시면 **너희**가 육신에 있지 **아니하고** 영에 있나니 누구든지 그리스도의 영이 없으면 그리스도의 사람이 아니라"라고 말한다(롬 8:9). 따라서 이 중대한 대목에서 바울은 메시아와 성령 안에 있는 사람들에게 역사를 **메시아적으로** 생각하고 우리의 생각을 우리 안에 거하시는 성령과 우리가 그 안에 거하는 메시아의 생각에 일치시키는, 벅차지만 필요한 과업을 떠안으라고 도전한다. 그것은 죽음과 삶의 문제이며, 하나님의 원수가 되느냐 하나님의 친구가 되느냐의 문제다. 역사에서 하나님의 친구들은 어디에 있는가? 우리는 일반적으로 그런 사람들이 발견되리라고 예상하는 곳에서는 그들을 발견하지 못할 것이다. 하나님의 정의가 일어나고 있는 곳을 보려면 우리는 가난한 사람과 약한 사람과 어리석은 사람과 이 세상의 "아무것도 아닌", 하나님을 신뢰하는 사람들 가운데서 찾아야 할 것이다(고전 1:18-31).

정의 혁명: 살아 있는 몸들(롬 8:10-17)

바울에게 있어 사고방식은 동시에 세상에서 **몸을 통해** 이루어지는 존재 방식이자 행동 방식이다. 몸들—개인적, 사회적, 정치적 몸들—은 역사적 행동의 장소다. 육신의 생각은 세상에서 육신의 몸으로서 작용하고, 성령의 생각은 세상에서 성령의 몸으로서 작용한다. 바울은 앞서 이 점에서 우리의 마음을 바꾸는 것의 어려움에 대해 말했는데, 그것은 역사에서 한 가지 사고방식을 십자가에 못박는 것 또는 혁명과 또 다른 사고방식의 부활을 요구한다. 몸에 대해서도 마찬가지다. 사실 마음의 변화는 몸의 습관 변화에 밀접하게 연계되어 있다. 따라서 한편으로 "그리스도께서 너희 안에 계시면 몸은 죄로 말미암아 죽은 것이다"(롬 8:10). 즉 세상에서 죄 아래 있는 육신에 따른 우리의 존재 방식과 행동 방식은 **이미** 메시아의 죽음 안으로 취해져서 십자가에 못박혔다(우리가 롬 6:1-13에서 살펴보았듯이 말이다). 그 몸의 방식은 복음을 믿고 자신을 메시아의 십자가 처형 안으로 통합한 사람들에 대해 **죽었다.**

　　다른 한편으로 "성령은 정의를 위한 삶이다"(롬 8:10. 개역개정을 사용하지 아니함). 우리는 (롬 3:21-26에 기록된) 예수 메시아 자신이 계시되고 구현된 하나님의 정의라는 점을 상기한다. 성령은 이 메시아적 정의가 우리 안에 살아 있게 하시고, 세상에서 몸을 통해 이루어지는 새로운 존재 방식과 행동 방식을 창조하신다. 메시아를 죽은 자들 가운데서 살린 동일한 신적 생명의 능력이 이제 우리의 죽을 몸—이미 언제나 생명의 한가운데 있고, 다른 몸들과 만나며, 그들과 시간과 공간과 물건을 공유하고, 그들과 함께 그리고 그들 가운데서 일하며, 함께 개인적·사회적·정치적 역사를 만들어 가는 살과 뼈와 피로 이루어진 몸—을 살리는 생명의 능력이다(롬 8:11). 메시아는 성령을 통해 지금 여기에서 **이** 역사적 몸들을 움직이시며, "성령의 열매"(갈 5:22-23)처럼 보이는 새로운 습관들과 관행들을 만드시고, 그들 안에서 그리고 그들을 통해 십자가에 못박히시고 다시 살아나신 예수의 몸 안에 있는 하나님의 정의의 묵시에 상응하는 정의의 역사를 창조하신다.

따라서 역사에서 완전히 새로운 정의의 혁명의 유일한 희망은 하나님의 부활의 능력에 뿌리를 둔다. 그러나 이것은 다가올 날에 대한 희망만이 아니다(확실히 그 희망이지만 말이다). 그 도래하는 날의 부활의 능력이 이미 지금 메시아의 성령을 통해 우리의 죽을 몸을 살리고 있기 때문에, 그것은 역사의 한가운데 있는 희망이기도 하다(아브라함과 사라의 거의 죽은 몸을 다시 생각해 보라). 그것이 역사 **안에 있는** 희망이라면 그것은 **지금 이곳의** 생명에 대한 요구이기도 하다. 이 점은 바울이 로마서 8:5-11에서 새로운 생각과 살아난 몸에 대해 말하는 모든 내용에서 암묵적으로 나타난다. 생각과 몸은 **또한** 우리의 것이다. 우리는 복음에 의해 관여하게 되고 활동하게 된다. 그러므로 우리에게는 우리의 몸 안에서 우리에게 주어진 메시아적 생명이 될 책임 또는 "의무"가 있다(롬 8:12).

그러나 바울은 이 구절들에서 특정한 방식, 즉 육신의 방식대로 살지 **않아야** 할 우리의 의무를 좀 더 강조한다. 그 길은 죽음이다. 육신이 메시아 안에서 이미 죽임을 당했지만, **우리** 역시 우리 일상의 행실에서 그것을 죽여야 한다. 성령이 우리가 육신으로부터 발생하는 "몸의 행실을 죽일" 수있게 해주신다(롬 8:13). 그런 행실들은 통제하고 지배하려고 하며, 종종 경쟁과 강요와 폭력 및 죽음을 가져온다. 그런 행실들이 성령에 의해 우리 안에서 계속 근절되기 때문에 우리는 메시아의 삶을 살기 시작한다.

예수 메시아 안에서 시작된 주권과 생명의 혁명이 역사 안으로 들어온다. 예수를 죽은 자 가운데서 일으키신 신적 생명의 힘을 아무도 멈출 수 없다. 부활하신 메시아는 자신의 신적 생명을 성령으로서 세상 안으로 보내주시는 살아계신 분이시다. 그러므로 역사 안으로 들어오셔서 죽음이 있는 곳에 생명을 가져오시고, 메시아 자신의 혁명에 동참하는 혁명적인 메시아 공동체를 창조하시는 것이 성령의 특성이다. 또는 바울의 말로 표현하자면 성령은 하나님의 아들들을 창조하신다. "하나님의 영에 의해 징집된 (*agontai*) 사람들은 하나님의 아들들(*huioi theou*)입니다"(롬 8:14, 개역개정을 사용하지 아니함). **아들들**이라는 단어는 우리가 하나님의 아들 메시아와 동일시됨을 나타내기 때문에 지금 당장은 그 단어를 사용하기로 하자("하나님의 아들"이 메시아적 칭호임을 상기하라. 롬 1:3-4을 보라). 하나님의 아들들로서 우리는 메시아의 혁명적인 운동에 징집된 메시아 추종자들이다.

징집된다는 말은 물론 일종의 비자발적이고 심지어 강요된 참여를 암시하는 것처럼 보인다. 그러나 징집되기 전 우리의 상태가 자유로운 행위자가 아니었고 오히려 주권적인 죄와 사망과 법에게 붙잡혔을 뿐만 아니라 그것들에게 자발적으로 우리의 섬김을 제공했던 노예들이었음을 우리가 기억한다면, 바울이 사용한 단어가 적절하다. 우리가 노예가 된 이스라엘 백성이 이집트에서 부름을 받고 해방되어 하나님의 아들들이 된 것(바울은 롬 9:4에서 이 점에 관해 다시 언급할 것이다)과 같은 방식으로 하나님의 영에 의해 하나님의 아들들이 되도록 부름을 받고 해방되지 않는 한, 우리는 전혀 자유롭지 않다. 메시아 추종자로의 우리의 징집의 요체는 "무서워하는 종의 영"에서 해방되어 더 이상 노예가 되지 않고, 메시아의 아들 됨 안에서 "양자의 영"을 공유하는 아들들이 되는 것이다(롬 8:15). **노예들로부터 자유로운 아들들이 되는 것** 자체가 역사상 가장 근본적인 개인적·사회적·정치적 혁명이다. 그러나 역사에서 일어난 일반적인 혁명들과 달리 그것은 우리에 **의해** 성취된 것이 아니라 우리를 **위해** 성취된 혁명이다. 그럼에도 이제 우리는 노예들로서가 아니라 자유로운 아들들로서 메시아의 그 혁명에서 능동적인 행위자들이 될 수 있다.

> 하나님의 영에 의해 징집되어 노예 상태에서 해방되고 하나님의 아들의 정의의 혁명에 참여할 요원으로 등록된다는 아이디어를 생각해 보라. 이것이 당신에게 무엇을 의미하겠는가?

성령의 징집을 통해 생겨난 메시아 추종자들의 혁명가 무리의 첫 번째 특징은, 그들이 메시아가 이스라엘과 모든 나라의 하나님과 맺으시는 관계에 참여하게 된다는 것이다. 예수는 하나님의 아들이시며, 하나님을 **"아바**(*Abba*), 아버지"라고 부르신다. 메시아적 혁명의 핵심은 "우리 아버지…"라는 기도다. 성령을 통해 우리가 모든 창조세계의 하나님을 **"아바**(*Abba*), 아버지"라는 이 이름으로 부르고, 아버지의 "자녀들"(*tekna*, 롬 8:16)로서 확신과 신뢰 가운데 이 하나님 앞에 나아간다. 자신의 뜻이 "하늘에서 이루어진 것 같이 땅에서도" 이루실 아버지에 대한 근본적인 신뢰의 기도가 없이는,

메시아적 혁명은 신속하게 육신 안으로 추락하고 단순히 통제를 추구하는 사회적 정의, 정치적 행동주의가 된다.

그러나 성령에 의해 징집되는 것에는 그 이상의 내용이 존재한다. 우리는 이제 입양을 통한 자녀들이기 때문에 우리가 하나님의 아들이신 메시아의 유산에 참여할 수 있게 된다. 메시아의 유산은 이스라엘과 땅 위의 민족들 그리고 실로 온 창조세계를 통치하는 것이다(빌 2:9-11). 그 세속적·역사적 상속에의 참여는 이제 성령에 의해 메시아 안에서 생긴 메시아 추종자들의 혁명 공동체 안에서 예비적으로 결실을 맺는다. 그것은 상상할 수 없을 정도로 위대하고 영광스러운 상속이다. 그것은 도래하는 정의와 평화의 새로운 세상 질서를 추구하고 그것을 위해 애쓰며 분투하는 모든 혁명가의 마음을 휘저을 것이다.

그러나 바울은 이미 세상에서의 정의와 평화를 위한 하나님의 주권적 능력이 예수 메시아 안에서 나타났음을 분명히 밝혔다. 그러므로 그 능력은 세상과 역사에서 메시아 자신의 방식—지배하는 힘을 비우시고, 하인의 역할을 맡으시고, 순종하는 마음으로 하나님께 자신을 맡기시고, 부당한 자들과 자기의 원수들(즉 우리, 롬 5:10)을 위해 그들에게 자신을 내주시는 방식—에 부합하는 방식으로 나타난다. 메시아적인 정의의 혁명은 세상에서 아브라함이 했던 것과 같은 방식으로 전진한다. 아브라함은 "자기가 세상을 상속할 것이다"라는 하나님의 말씀을 **신뢰했다**. 하나님은 그 신뢰를 정의가 구현된 것으로 여기셨다. **이런** 종류의 혁명은 세상에서 단언, 강요, 군사력을 통해 전진하는 것이 아니라 약함의 힘을 통해 전진한다. 바울은 그것이 세상에서 메시아와 "함께 고통을 받는 것"을 통해 전진한다고 말한다(롬 8:17).

이 점이 **매우 중요하다**. 역사의 한가운데서 역사를 위해 메시아와 함께 고난을 받지 않고서는 그가 세상을 상속할 때 그와 함께 영광을 받는 일도 없을 것이다(롬 8:17). 그것은 약하고 가난하고 고통받는 사람들, 어리석고 아무것도 아닌 사람들, 잊히고 멸시받는 사람들 곁에서 그들을 섬기고 우리 자신을 그들에게 내어주며 그들의 유익을 위해 그들과 협력하고 결과를 하나님께 맡기며 힘이 있고 불의한 자들의 멸시와 적대감을 참을성 있게 견디는 것을 의미한다. 이것은 어려운 길이지만, 메시아적인 혁명가들이 도래하는 새로운 질서를 위한 역사적인 투쟁에 참여하는 **유일한 길**이다. 그것은 일반적인 기준—육신의 기준—에 따른 혁명과 달리 무장하지 않고 무장을 해제하는 혁명이다. 그러나 바로 메시아 안에 있는—생명의 성령의 법 안에 있는—상처받기 쉽고 거의 보이지 않는 이 혁명이 세상을 상속한다.

무주적 정의(롬 8:18-28)

바울의 메시아적 비전이 미치는 범위는 이미 "현실적인" 역사적 경계 너머로 뻗어 나가기 시작했다. 너무 많이 뻗어서 바울은 그것이 메시아의 십자가 방식에 일치하도록 그것을 잠시 제어해야 했다. 십자가 없이는 세상의 상속이 없다. 하지만 바울은 그러고 나서 그 비전의 비교할 수 없는 영광을 다시 표현한다. "생각하건대 현재(*yn kairou*, 메시아적 역사 만들기의 시간)의 고난은 장차 우리에게 나타날(*apokalypsthēnai*) 영광과 비교할 수 없도다"(롬 8:18). 복음은 **하나님의** 정의가 십자가 처형에서 역사의 한복판으로 도래하는 소식인데, 그것은 우리를 메시아의 고통에서 우리의 몫으로서의 지속적인 역사의 고통 안으로 밀어 넣는다. 그러나 그런 고통들―메시아의 고통, 세상의 주권과 법의 희생자들의 고통, 메시아 공동체의 고통―은 또 다른 묵시, 즉 도래하는 영광의 묵시, 메시아가 만물을 상속하시고 메시아 추종자들이 그와 함께 만물을 상속하는 묵시에 비하면 무색해진다(롬 8:32).

　　이것은 완전히 다른 어떤 것이다! 우리는 육신의 역사가 그것의 지배력, 승리, 스스로 선언한 영광과 그것의 불의, 고통, 죽음과 더불어 존재하는 모든 것이라고 생각할 유혹을 받는다. 우리는 **이것**이 메시아적 삶을 포함한 모든 인간의 삶의 종합적인 현실이며, "현실적으로" 그것이 우리가 어떤 비전을 품든 어떤 행동을 취하든 간에 그것들의 조건들을 정하고 그것들을 제약한다고 생각한다. 따라서 역사의 제약하에서 우리가 정의를 위해 애쓸 수도 있지만, "현실적으로" 우리는 많은 것을 바랄 수 없다. 우리가 세상 재화의 공정한 분배를 지향할 수 있겠지만 최종적으로는 "경제가 문제다." 우리가 질병과 죽음의 맹위를 어느 정도 막을 수 있을지 몰라도 언제나 또 다른 바이러스나 초강력 세균이 존재할 것이다. 우리가 기후변화를 통제하기 위해 좀 더 나은 법을 옹호할 수 있겠지만 화석 연료 에너지 수요가 좀 더 많아질 것이고, 산업의 엔진들이 계속 가동되어야 할 것이다. 세상의 비참함에 대한 가능한 모든 해법에는 그것의 최종 단계가 있다. 불의가 지속될 것이고 파괴와 죽음이 최종 결정권을 지닐 것이다. 메시아가 자신의 주권자이시기 때문에 최소한 일이 수행되게 해줄 수 있는 통제하고, 강압적이며, 때때로 폭력적인 방법들을 거부하도록 요구되는 메시아 추종자들에게는 상황이 훨씬 더 희망이 없는 것처럼 보일 수도 있다.

　　바울은 도래하는 영광이 이런 의미의 육신적 역사―우리의 비전과 행동의 조건들과 제약들을 정의하는 것으로 보이는 궁극적인 실재―안으로 나타날 것에 관해 말한다. **이 도래하는 영광**이 **역사의 모든 궁극적 실재와 조건들을 정의한다**는 것이 바로 좋은 소식이다. 도래하는 영광이 죄와 사망과 육신의 역사를 끝낼 것이다. 도래하는 영광이 현재의 역사의 조건들과 제약들을 결정하는 것이지, 역사가 다른 방식으로 진행하는 것이 아니다. 그 영광은 역사가 불의의 한복판에서 영원한 정의로 들어갈 문을 열고, 죽음의 한가운데서 끝이 없는 생명으로 들어갈 문을 연다. 도래하는 영광이 영원으로 이어지는 시간을 창조하는데, 그 시간 안에서 메시아적 혁명가들은 참으로 시간 안에서 행동하시고 동시에 그들의 행동들을 영원 안에서 완성하실 하나님께―**아바**(*Abba*), 아버지라고 외치며―넘겨 드린다.

성령의 능력이 십자가에 처형당하신 메시아의 몸을 일으키셨을 때 도래하는 영광이 이미 나타났다. 부활은 "모든 것에 존재하는 갈라진 틈"이다. 그래서 "[그 틈을 통해] 빛이 들어온다"(레너드 코언[Leonard Cohen]). 도래하는 영광은 생명의 성령이 우리 안에 있는 치명적인 육신을 극복하시고 메시아 공동체를 만드신 사건에서 이미 나타났다. 앞으로 **완전히** 나타날 이 도래하는 영광은 메시아적 혁명가들이 세상 고통의 한복판에서 참을성 있고, 희망에 차고, 위험하고, 상처받기 쉬우며, 대체로 보이지 않는 사역을 확신 있게 수행하는 총체적인 맥락이자 최종적인 실재다. 마지막으로, 따라서 도래하는 영광은 하나님의 자녀들의 완전한 나타남, 즉 메시아적 고통과 신뢰의 길이 사실은 역사의 진정한 진리, 곧 **역사가 영원 안으로 들어오는** 방법인 "생명의 성령의 법"을 구현하는 길이라는 점의 계시일 것이다.

실재에 대한 어떤 우주적 또는 궁극적인 비전이 당신 자신이 역사에 참여하는 토대가 되고 그 참여에 활력을 불어넣는가(또는 그것을 분쇄하는가)? 당신에게는 무엇이 모든 것의 마지막인가? 실재와 역사의 모든 것이 궁극적으로 살아계신 메시아에 토대를 두고 있으며, 생명을 주시는 성령에 의해 활성화되고, 삼위일체 하나님 안에서 목적을 지닌다는 지식이 당신이 역사에 참여하는 데 어떤 차이를 만드는가?

로마서 8:19에서 바울은 메시아적 비전을 인간사의 훨씬 너머로 확장하여 전체 창조세계(*ktisis*)를 포함한다. 전체 창조세계가 하나님의 아들들이 나타나기를 간절히 고대한다. 우리는 이미 육신에 따른 역사가 어떻게 그것의 조건들과 제약들을 지닌, 완전히 폐쇄된 인간의 맥락으로 여겨지는지에 대해 언급했다. 우리는 훨씬 더 넓은 맥락으로서의 자연을 고려할 수도 있을 것이다. 자연은 우리에게 존재의 물리적 조건들을 제공한다. 자연은 물리적 존재와 생물학적 생명을 가능케 한다. 다른 한편으로 자연 역시 존재에 대해 자체의 철저한 제약을 둔다. 자연은 영원한 죽음과 삶, 삶과 죽음, 왔다가 사라짐의 장엄하고 소름 끼치는 영역이다.

바울이 자연에 대해 말하지 않는다는 것이 매우 중요하다. 그는 **창조세계**(피조물)에 대해 말한다. 달리 말하자면 그는 **본질적으로** 창조주 하나님께 속하며, 과거에도 하나님께 속했고, 앞으로도 영원히 하나님께 속할 만물에 대해 말한다. 자연이 하나님께서 은혜롭게 "~이 있으라"라고 말씀하시니 "그것이 좋았다"라는 말씀과 독립적인, 폐쇄적인 존재의 영역을 의미한다면 자연은 결코 존재한 적이 없다. 우리가 자연이라고 알고 있는 것의 내적 비밀은 창조인데, 이는 존재가 영원히 하나님의 은혜로운 돌보심으로부터 나오고, 그 안에 거하며, 그것을 접하고, 그것에 의해 유지된다는 의미다.

하지만 모든 외관과 경험으로 볼 때 창조세계의 신적 가능성들이 철저하게 폐쇄된 것처럼 보인다. 우리는 [창조세계가 아닌] 자연을 보고 있다. 바울 자신이 그렇게 말한다. 바울은 "자연적인" 세상에 관해 결코 낭만적이지 않다. "피조물이 허무한 데 굴복하는 것은 자기 뜻이 아니요, 오직 굴복하게 하시는 이로 말미암음이라"(롬 8:20). 창조세계가 "썩어짐의 종 노릇(douleias)"을 하고 있다(롬 8:21). 그것은 우리가 위에서 묘사한 자연과 매우 흡사하다.

그러나 여기서 두 가지가 언급되어야 한다. 첫째, 무익함과 부패에 대한 속박에도 불구하고 이것은 본질적으로 창조주 하나님께 속하는 **창조세계**다. 바울은 결코 자연이라는 언어 안으로 미끄러지지 않는다. 둘째, 그리고 이 점이 요점을 좀 더 강하게 표현하는데, 창조세계가 현재 무익하고 예속된 상태에 있는 것은 그것이 자초한 상태도 아니고 단순한 우연의 결과도 아니다. 창조세계의 현재 상태는 "그것을 굴복시키신 이"로 말미암는다. 우리가 그것에 관해 뭐라고 말할 수 있는가? 이 대목에 참으로 신비가 존재하는데 바울은 그것을 결코 설명하지 않는다. 그가 로마서 1:24, 26, 28에서 "하나님이 그들을 넘겨주신 것"의 신비를 결코 설명하지 않듯이 말이다. 이 모든 텍스트의 요점은 신적 결정주의가 **아니다**(그것의 정반대다. 하지만 그것은 또 다른 이야기다). 오히려 창조세계나 역사가 현재 어떤 상태에 있든 그것들은 하나님의 손에서 떨어져 나가지도 않았고 자체의 "자유롭고" 독립적인 존재로 미끄러지지도 않았다. 하나님은 경건치 않음과 불의와 타락과 부패 가운데서도 여전히 만유의 주님이시고 만유 안에 계신다. 더욱이―이 점이 매우 중요하다―인류와 창조세계의 현재 상태가 어떠하든 간에(사실은 노예 상태다) **가장 중요한** 상태는 **희망**이다! 하나님이 모든 것을 조건 지우시기 때문에 희망이 모든 것을 조건 지운다. 이는 역사나 자연 안에 고유한 어떤 내재적인 잠재력이 아니라 창조세계를 예속하는 부패에 굴복하게 하시고 인류를 죄와 사망의 예속하는 힘에 넘겨주신 하나님 안에 뿌리를 둔 신적 희망이다. 그것은 신적 해방의 희망이다.

우리는 바울이 이제 정의라는 주제와 메시아적 혁명으로부터 멀리 벗어났다고 생각할지도 모른다. 하지만 그렇지 않다. 좋은 소식은 상상할 수 있는 가장 포괄적인 의미에서 **만유**를 위한 정의의 비전과 희망을 유지한다. 하나님의 아들들과 딸들―메시아와 성령 안에 있는 사람들―은 바로 인간 **피조물**들인데 이는 존재하는 다른 모든 것과 더불어 **피조물**이라는 의미다. (창 1-2장을 긍정하는) 바울은 전체 피조물과 별도의 인간에 대한 비전이나 "모든 창조세계"(*pasa hē ktisis*, 롬 8:22)의 해방과 별개의 인간 해방의 비전을 품지 않는다. "하나님의 자녀들의 자유에 참여하기 위해 창조세계 자체도 부패에 대한 노예 상태에서 해방될 것입니다"(롬 8:21, 개역개정을 사용하지 아니함). 메시아와 성령 안에서 인류가 신적 생명의 능력에 의해 성령의 능력을 경험하듯이 모든 창조세계도 동일한 능력에 의해 그렇게 될 것이다. 모든 창조세계가 새 창조 안으로 들어가는 그 해방을 위해 산통(産痛) 가운데 함께 신음한다(그리스어 *systenazō*, 롬 8:22). 메시아 추종자들의 신음(*stenazō*, 롬 8:23)이 그것 자체로 목적이 아니고―고통이 좋은 것이기라도 하듯이 말이다―도래하는 영광을 기대하며 고통을 받는 것이듯이, 모든 창조세계도 영광이 나타나기를 간절히 기대하며 신음한다.

우리가 이미 강조한 바와 같이 메시아 추종자들은 역사로부터 도피하기를 갈망하지 않으며, 예수 메시아와 함께 해방을 갈망하는 모든 사람의 신음과 좀 더 깊숙하게 연대한다. 이 대목에서 바울은 메시아 추종자들이 또한 **모든 피조물**—착취와 파괴의 불의 아래 부서진 생물과 무생물—과 연대하여 함께 고통받으며, 모든 창조세계의 해방을 향한 메시아적 사역 안으로 이끌린다고 말한다. 메시아 추종자들의 신음과 피조물의 신음은 생명의 성령에 의해 촉발되어 이 고통의 한복판에서 이미 열매를 맺는 일을 하고 있다. 메시아의 몸인 메시아 공동체는 우리를 "우리 **몸**의 구속"을 위해 훨씬 더 간절히 갈망하게 만드는(롬 8:23) 역사의 한가운데서 이미 지금 신적 생명의 능력의 뭔가를 경험한다. 바울은 몸에서 혼이나 영이 탈출하는 것을 상상하지 않는다. 대신 그는 몸의 부활과 그것과 더불어 **모든 창조세계와 역사**가 상상할 수 없는 자유 안으로 부활하기만을 바란다.

> 당신은 현재 도마뱀들부터 은하들까지 모든 비인간 피조물의 최종 운명이 어떠하리라고 생각하는가? 당신 몸의 운명에 대해서는 어떻게 생각하는가? 로마서 8:18-25의 텍스트가 최종 운명에 대한 당신의 관점을 어떻게 확장하는가?

우리는 이 희망에서 아직 보이지 않는 끝을 위한 창조세계의 신음에 합류한다. 우리는 다시 모든 가시적인 희망 너머를 희망하고 "죽은 자를 살리시며 없는 것을 있는 것으로 부르시는 하나님"을 신뢰한 아브라함을 상기하지 않을 수 없다(롬 4:17-18). 이 부활과 창조의 하나님이 그것의 몸이 사라와 아브라함의 몸들처럼 메마르고 "죽은 것 같은"(롬 4:19) 전체 창조세계를 부활시키겠다고 약속하신다. 그것은 상상할 수 없는 부활이지만, 아직 거의 아무것도 보이지 않는다. 지금은 거의 아무도 보지 못한 메시아의 부활과 메시아 공동체 안에서 성령이 열매를 맺으시는 초기 표지들만 존재하기 때문이다. 그것으로 충분한가? 그것은 매우 작고, 매우 약하며, 무시하기가 아주 쉽다. 하지만 바울은 "우리가 소망으로 구원을 얻었으매 보이는 소망이 소망이 아니니 보는 것을 누가 바라리요?"라고 말한다(롬 8:24).

이 대목에서 정의를 가져오는 생명의 능력의 뭔가를 이미 경험한 메시아 공동체와 그 구성원들이 **보이지 않는 것에 대한** 이 **희망** 안에 거할 것인지가 매우 중요한 질문이다. 우리 안에 있는 모든 것이 가시적인 결과를 요구하고, 측정할 수 있는 결과를 달성하며, 일이 완료되게 하고, 그것이 무엇이든 간에 정의를 위한 노력의 열매―"우리" 후보들의 선출, 법률 개정, 범인 체포, 노동 착취 공장 폐쇄, 오염 유발자 처벌, 테러분자 조직 파괴, 우리나라에 대한 공격 격퇴, 민주주의를 위한 투쟁의 승리 등―를 보여주는 방향으로 몰고 간다. "정의는 이뤄져야 할 뿐만 아니라 이뤄진 것으로 **보여야 한다**"라는 말이 있듯이 말이다.

그 모든 것과 관련하여 애초에 메시아적 정의는 우리가 성취한 어떤 것이 아니라 우리가 그 안에 **거하는** 어떤 것이기 때문에 메시아적인 정의의 길은 거의 보이지 않고 거의 아무것도 아닌 것처럼 보인다. 우리는 예수 메시아의 십자가 처형과 부활에서 **이미 이뤄진** 정의 안에 거한다. 그런 거함에서 비롯한 결과들이 어디에 있는가? 측정할 수 있는 결과들은 무엇인가? 거기에 볼 수 있는 무엇이 있는가? 바울은 "우리가 바라는 것을 보지 못하지만, 인내 가운데 그것을 진지하게 고대합니다"라고 말한다(롬 8:25, 개역개정을 사용하지 아니함). 지금은 거의 보이지 않는 정의의 혁명, 도래하는 영광은 확실히 이미 우리 위에 임해 있으며 앞으로 완전하게 나타날 것이다. 모든 창조세계가 이것을 위해 간절히 고대하며 신음한다. 메시아 추종자들 역시 이것을 위해 신음한다. 이 측면에서 메시아 추종자들은 인내 가운데 정의의 사역을 수행한다.

사실 그 보이지 않는 끝을 향한 세 부분의 (부)조화가 존재한다. "이와 같이 성령도 우리의 연약함을 도우시나니 우리는 마땅히 기도할 바를 알지 못하나 오직 성령이 말할 수 없는 탄식(*stenagmois*; 8:22, 23에 등장하는 *systenazō* 와 *stenazō*를 보라)으로 우리를 위하여 친히 간구하시느니라"(롬 8:26). "마땅히 기도할 바를 알지 못하나"라는 표현에서 바울은—우리의 의도가 무엇이든 간에—우리의 행동의 가시적인 결과를 보장할 수 없다는 점에서뿐만 아니라 종종 무엇이 좋은 결과일지를 생각하는 것에서조차 심오한 어려움이 있음을 인정한다. 정의를 위한 이 노력이 어디로 이어져야 **하는가**? 나는 그 결과가 어떠해야 한다고 생각하는가? 내가 그것을 확실히 아는가? 그것이 어떻게 완성되어야 하는가? 그것이 내가 의도한 바와 비슷할 것인가? 어떤 예기치 않은 결과들과 부수적인 피해들이 있을 것인가? 나는 이 행동에서 그리고 이 행동을 위해 어떻게 기도할 것인가?

이는 메시아 추종자들의 약함에서 결정적인 순간이다. 이는 내려놓는 순간이다.

물론 우리는 행동할 것이다! 우리는 메시아 안에서 우리에게 주어진 행동의 범위 안에서 행동**해야 한**다. 그러나 우리는 그 행동을 우리의 의도나 시간의 틀 안으로—즉 원했던 결과를 가져올 우리 자신의 인간적 능력 안으로—제한하지 않을 것이다. 우리가 행동하는 바로 그 순간에 우리는 자신을 성령에 대해 개방할 것이다. 성령은 말로 표현할 수 없는 신음을 발하시는데 우리는 그것이 무엇인지 알지 못한다. 우리는 자신을 성령께 드릴 터인데, 성령은 우리의 일이 하나님의 목적, 하나님이 의도하시고 완성하실 선에 넘겨지고 그것에 일치하도록 우리를 위해 기도하신다. "마음을 살피시는 이[하나님]가 성령의 생각을 아시나니 이는 성령이 하나님의 뜻대로 성도를 위하여 간구하심이니라. 우리가 알거니와 하나님을 사랑하는 자 곧 그의 뜻대로 부르심을 입은 자들에게는 모든 것이 합력하여 선을 이루느니라"(롬 8:27-28). 성령의 신음하는 기도와 하나님의 이루시는 행동에 넘겨진 이런 종류의 연약한 인간의 행동이 메시아적이라는 말의 의미다.

궁극적 정의: 정복되지 않는 하나님의 사랑(롬 8:29-39)

바울은 이제 우리의 메시아적 약함을 역사와 창조세계 모두를 넘어서는 궁극적인 실재이신 하나님 안에 둔다. 좀 더 정확하게 말하자면 하나님의 영원한 사랑 안에 두는데, 그 사랑은 예수의 사랑과 동일하다. 메시아적이라는 말은 취약하다는 말인데, 현재 상태의 창조세계의 무익함과 부패에 취약하며, 육신에 따른 역사의 경건치 않음과 불의에 취약하다. 복음이 우리를 역사와 창조세계 밖으로 불러내는 것이 아니라 그것들 안으로 좀 더 깊이 들어가게 하기 때문에 메시아 추종자들은 위험에 처한 사람들과 더불어 살면서 위험에 처하게 된다. 그들은 자연과 역사의 파괴적인 힘들로부터 탈출하기를 추구하지 않고, 그들에게 이 힘들에 대한 지배권이 주어지지도 않는다. 그렇다면 그들은 어떻게 두려움 없이 지낼 것인가?

바울이 로마서 8:29-30에 기록한 일련의 거대한 신학적 단어들-**예지, 예정, 부름, 칭의, 영화**-의 목적은 우리로 하여금 자유의지와 결정론이나 영원과 시간 또는 구원의 순서에 관해 신학적으로 추측하게 하려는 것이 아니다. 그것의 목적은 영원 전부터 인류에게 "[하나님의] 아들의 형상 (*eikōn*)을 본받게 하려는"(롬 8:29) 하나의 신적 운명이 있다고 말하려는 것이다. 바울은 이미 예수 메시아가 참으로 인간이시라는 것(롬 5:12-21)과, **그의** 형상이 **하나님의** 형상이며, 처음에 인간이 그의 형상대로 지음을 받았고 마지막에 그의 형상에 일치하게 되리라는 것을 명백히 밝혔다. 이 의미에서 그는 처음에 가장 먼저 태어난 인간이시고 종국에 가장 먼저 태어난 새로운 인간이시다. 이 거대한 신학적 단어들의 목적은 우리 인간의 삶을 이 시작과 이 끝 사이와 그 안에—하나님이 "미리 아신" 것과 "하나님이 영화롭게 하신" 것 사이에—두는 것과, **하나님의 사역만이** 우리를 한쪽 끝에서 다른 쪽 끝으로 데려갈 터인데 하나님은 그 일에 실패하시지 않는다고 말하는 것이다.

바울은 이 점을 매우 확신한 나머지 하나님의 행동을 묘사하는 이 모든 거대한 단어를 과거 시제로 표현한다. 영화(바울은 앞서 그것이 도래하고 있다고 말했다)를 포함하여 이 모든 일이 **이미 일어났다.** 그것은 모든 인간을 위한 인간이시고 그분 안에서 인간의 모든 역사와 운명이 이미 성취된 분이신 메시아에게 이미 일어났기 때문에 우리에게도 이미 일어났다. 그렇다면 이것은 메시아적 혁명가들(아들에게 일치하는 많은 "형제자매", 롬 8:20)이 그 안에서 자신을 발견하고, 자신을 역사의 한복판으로 밀어 넣으며, 메시아의 고통을 공유하고, 취약해지며, 다른 사람들을 위해 위험을 무릅쓰게 하는 궁극적인 실재다.

"만일 하나님이 우리를 위하시면 누가 우리를 대적하리요?"(롬 8:31) 그것은 아무것도 또는 아무도 우리를 대적하지 않는다는 뜻이 아니다. 오히려 바울은 초자연적, 역사적, 자연적 영역에서 우리를 대적할 수도 있는 실재적 또는 잠재적인 힘들과 대적들의 전체 목록을 제공할 것이다. 메시아적 혁명가들은 고난으로부터 면제되지 않을 것이다. 역경을 만나는 것이 그들이 아들의 형상에 일치하게 되는 특징적인 방법이다. 사실 하나님이 "자기 아들을 아끼지 아니하시고 우리 모든 사람을 위하여" 그의 적들에게 "내주셨기"(*paredōken*, 롬 8:32. 롬 1:24, 26, 28에 사용된 동사와 같은 동사다) 때문이다.

우리는 모두 메시아의 영광스러운 운명 안으로 데려감을 받았다. 우리는 또한 메시아의 넘겨지심 안으로 데려감을 받았다. 사실 우리는 이제 메시아가 넘겨지심이 그 안에서 우리가 죄와 사망과 다른 악한 힘들에게 넘겨지는 일이 일어나는 것을 포함하고 그 한계를 정한다는 것을 깨닫는다. 강력하지만 궁극적으로 무너진 죄와 사망의 주권들을 지배하고 뒤엎는, 무한히 더 위대한 사랑의 주권이 존재한다. 다른 말로 표현하자면 그런 힘들에게 넘겨지는 것(롬 1:24-28)은 결코 과거에도 하나님의 사랑의 실재 밖에서 일어난 적이 없으며, 지금도 그것의 밖에서 일어나지 않는다. 하나님은 자신의 사랑 때문에 "그 아들과 함께 모든 것을 우리에게 주시려고" "우리 모든 사람을 위해" 자기 아들을 넘겨주셨다(롬 8:32). 이것이 바로 우리가 두려움 없이 지내는 이유다. 인간사의 모든 순간, 창조세계의 모든 순간은 예수 메시아가 넘겨졌다는 좀 더 큰 실재 안에서, 즉 하나님의 사랑의 실재 안에서 일어난다.

그렇다면 메시아적 혁명가들이 종종 죄와 사망에 장악된 주권과 법의 희생자들과 더불어 그리고 그들을 위해 관여할 때 그들에게 가해질 수도 있는 명예훼손과 법적이거나 정치적인 비난들은 어떠한가? 아마도 그들 자신이 희생자가 될 것이다. 기독교 역사의 대부분 동안 그랬던 것처럼 말이다. "누가 능히 하나님께서 택하신 자들을 고발하리요? 누가 정죄하리요?"(롬 8:33-34) 이는 아무도 메시아 추종자들을 비난하거나 정죄하지 않으리라는 뜻이 아니다! 하나님이 택하신 예수 자신이 법적·정치적·우주적 불의가 가장 절정에 도달한 순간에 기소당하시고 정죄받으셨다. 요점은 우리가 부당한 기소와 정죄에서 면제되리라는 것이 아니다. 아마도 메시아 추종자들이 메시아의 형상을 본받으려면 기소와 정죄를 예상해야 할 것이다.

그러나 메시아조차도 자기를 고소하는 자들 앞에서 자신을 정당화하지 않으셨다. 그는 "의롭다 하시는 이는 하나님이시기" 때문에(롬 8:33) 자신의 정의를 하나님께 맡기시고 침묵을 유지하셨다. 그는 고통과 죽음에서 면제되지도 않으셨다. 그는 고문과 처형을 당하셨다. 그러나 신원하시는 이는 하나님이시기 때문에 예수는 살아나셔서 만유의 주님으로서 하나님 오른편의 보좌에 앉으셨다. 메시아의 부활에서 정의가 다스린다. 따라서 우리가 수치를 당하고, 정죄받고, 심지어 사형선고를 받는다고 하더라도 예수 메시아가 하나님의 우편에서 우리의 대의를 탄원하시고 자신의 정의와 더불어 우리의 정의를 확보하신다. "누가 우리를 메시아의 사랑에서 끊으리요?"(롬 8:35) 그 일은 일어날 수 없다.

당신은 하나님의 정의와 사랑의 승리에 대한 당신의 확신을 위협하는 어떤—자연적 또는 역사적—세력들을 경험했는가? 당신은 메시아에 관해 증언하느라 비난받은 적이 있는가? 당신은 그 비난에 어떻게 대응했는가?

그러나 메시아 추종자들이 세상에서 여전히 활동하고 있는 실재적 또는 잠재적 힘들과 대적들에 대해 순진하지 않아야 하기 때문에 바울은 주저하지 않고 그것들을 언급한다. 물론 고통, 걱정, 굶주림, 아마도 헐벗음과 위험 등의 상황과 자연재해라는 일반적인 역경이 존재한다. 그러나 박해와 칼이라는 인간의 반대로 말미암아 발생한 역경도 존재한다. 이 목록의 한가운데 칼을 언급한 뒤 바울은 다소 어색하게 시편 44편(시 44:22)에서 취한 강력한 인용구를 끼워 넣는다. 한편으로 그 시편 전체는 성격상 메시아적이며 메시아적 삶의 형태를 효과적으로 요약하는데, 그것은 바울에 의해 로마서 여러 곳에서 분석되었고 로마서 8장에서 절정에 도달한다. 다른 한편으로 시편 44편은 **이스라엘**의 메시아적 고난에 관한 이야기, 즉 이스라엘이 하나님을 신뢰할 때 나라들 가운데서 당한 중상, 비난, 수치, 정죄에 관한 이야기다. 이스라엘은 하나님께 신원을 간청한다.

따라서 이 시편은 바울이 하나님의 목적에 따른 이스라엘의 운명을 다루게 될 로마서 9-11장 전체의 위대한 단락을 예견한다. 하지만 지금으로서는 시편 44:22이 박해와 칼의 가장 극단적인 사례를 말한다. "우리가 종일 주를 위하여 죽임을 당하게 되며 도살당할 양 같이 여김을 받았나이다"(롬 8:36). 하지만 메시아적 취약성과 역사의 희생자들에 대한 연대에 대해 불의의 힘들에 의해 가해진 가장 극단적인 상황에서도 하나님의 승리에 대한 선언이 울려 퍼진다. "이 모든 일에 우리를 사랑하시는 이로 말미암아 우리가 넉넉히 이기느니라"(롬 8:37). 하나님의 신원은 가까이 있기만 한 것이 아니다. 그것은 현재다. 우리는 정복자들 **이상이다.** 그것은 메시아에게 해당했듯이 하나님의 메시아적 백성에게도 해당한다. 약한 자로 패배하는 것이 힘들에 대한 하나님의 승리다. 정의의 사역에서 우리는 메시아의 십자가 처형과 부활 **안에** 거한다. 이것이 희망의 근거다. 이것이 우리가 두려움 없이 지내는 이유다.

역경의 최종 목록에서 바울은 메시아 공동체에 대적해서 존재할 수 있는, 상상할 수 있는 거의 모든 힘을 언급한다. 이 힘들은 자연적 영역과 초자연적 영역, 정치적 영역과 우주적 영역 사이의 경계들을 넘나든다. "사망이나 생명이나, 천사들이나 권세자들(*archai*, 이것들은 정치적 권세자들과 영적 권세자들을 모두 포함한다. 바울에게는 그것들 사이에 확고한 경계가 없다. 그것들은 서로 의존한다)이나, 현재 일이나 장래 일이나, 능력(*dynameis*, 역사적 힘과 우주적 힘을 모두 포함한다)이나 높음이나 깊음이나 다른 어떤 피조물이라도"(8:38-39).

세상에서 작동하고 있는 깊고 넓고 통제할 수 없는 영역들과 힘들이 이 대목에서 그것들의 신비한 복잡성과, 정의와 삶에 대한 잠재적 위협과 함께 언급된다. 이것들은 우리가 너무도 자주 참으로 모든 것을 결정하고, 모든 것을 제한하며, 최종적으로 모든 것을 끝장낸다고 확신하는 영적·우주적·역사적 힘들이다. 따라서 이것들은 너무도 자주 **신적**으로 보이고, 따라서 우리가 그것들을 두려움과 경외심을 갖고 존경해야 한다고 생각하는 힘들이다. 그리고 우리는 어떤 대가를 치르더라도 그것들을 통제하려고 한다. 역사상 모든 불의는 이 이 **두려움**과 **경외심** 및 통제하려는 **욕구**에서 태어난다. 그것이 로마서 1:18-32에서 바울의 요점이었다. 그러나 이 모든 와중에서 바울은 완전한 사랑이 두려움을 쫓아낸다는 혁명적인 좋은 소식을 선언한다. 모든 창조세계에서 아무것도 "우리를 우리 주 그리스도[메시아] 예수 안에 있는 하나님의 사랑에서 끊을 수" 있는 힘을 갖고 있지 않다(롬 8:39). 이 신적 사랑이 정의의 시작이자 끝이다. 메시아 추종자들은 이 사랑 안에 거하며 그 사랑 안에서 희망을 갖는다. 이 사랑이 모든 사람에게 메시아적 삶의 시작이자 끝이다.

9장

민족들 가운데서의 정의:
이스라엘

이 장에서 다루는 내용

- 민족들 가운데서의 이스라엘
- 로마서 9:1-5: 이스라엘과 연대한 바울의 고난
- 로마서 9:6-29: 하나님이 정당하게 이스라엘로부터 이스라엘을 분리하심
- 로마서 9:30-10:21: 이스라엘의 한가운데 현존하는 하나님의 정의가 이스라엘의 신뢰를 요구함
- 로마서 11:1-32: 하나님의 정의는 이스라엘에 대한 하나님의 자비임, 이스라엘, 민족들
- 민족들에 대한 대담한 비전

바울은 로마서 8:36에서 칼을 포함하여 우리를 하나님의 사랑에서 끊으려고 위협할 수도 있는 힘들의 목록을 구약성경에서 취한 불길한 인용문 안에 집어넣는다. "기록된 바 '우리가 종일 주를 위하여 죽임을 당하게 되며 도살당할 양 같이 여김을 받았나이다' 함과 같으니라." 이 구절(시 44:22)을 인용함으로써 바울은 다음 세 장의 주제—고난, 증거, 메시아 안에 있는 하나님의 정의 안에서 이스라엘의 운명—를 예견한다. 바울이 주권자 메시아의 소식을 이방 민족들 가운데 공개적으로 선포함으로써 그리스와 소아시아의 도시들에 메시아를 믿는 신자들의 작은 공동체들이 탄생했다. 그러나 다수 또는 대다수의 이 공동체들에 메시아를 믿는 유데아인들이 있었지만 그 공동체들의 구성원은 비유데아인들, 즉 이방인들이 압도적으로 많았다. 그런 상황은 로마에서도 마찬가지였다.

로마서 8장의 끝에서 바울은 몇 가지 강력한 진술을 제시했다. "만일 하나님이 우리를 위하시면 누가 우리를 대적하리요?" "누가 능히 하나님께서 택하신 자들을 고발하리요?" "누가 우리를 그리스도의 사랑에서 끊으리요?" 어떤 상황, 어떤 대적, 어떤 힘이든 간에 어떤 피조물이라도 "우리를 우리 주 그리스도[메시아] 예수 안에 있는 하나님의 사랑에서 끊을 수 없으리라"(롬 8:31-39). 그러나 메시아 안에 있는 하나님의 사랑의 좋은 소식을 대체로 비유데아인들이 듣고 믿는다면, 그것은 중요한 질문을 제기한다. 그렇다면 아브라함과 사라의 육신에 뿌리를 둔 **원래의** 메시아 공동체는 어떻게 되는가? 하나님의 선민인 이스라엘—그들은 계속 칼을 포함하여 로마의 점령과 압제 아래 고통을 겪고 있고, 메시아 예수 안에 있는 하나님의 사랑으로부터 끊어진 것처럼 보인다—은 결국 메시아 예수 안에 있는 하나님의 사랑으로부터 끊어질 것인가? 그 일이 실제로 일어날 수 있는가? 바울의 궁극적인 답변은 절대로 "아니오!"다. 하지만 그는 우리를 그 궁극적인 답변으로 인도하기 전에 몇 가지 어려운 논쟁의 영역으로 데려간 다.

하나님이 이스라엘 안에서 어떻게 일하시는가를 설명하는 이 장들에 서 바울의 비전은 그가 지금까지 써 온 다른 어떤 내용 못지않게 묵시적 이다. 그가 제공하는 이스라엘의 역사(우리가 그것을 그렇게 부른다면)는 결 국 심오한 신적 신비를 알게 된 것이자 "헤아리지 못할 판단"과 "찾지 못할 길"(롬 11:33)을 언뜻 본 것이다. 이 역사의 인과관계는 인간이 조사해서 이 해할 수 있는 범위를 벗어난다. 그것은 계시의 영역에 놓여 있다. 그런데 이 스라엘의 이 이상한 역사가 바울에게 왜 그렇게 중요한가? 그보다 그것이 왜 신적 정의에 관한 묵시의 필수적인 측면인가? 그는 로마서에서 어떤 주 제에 대해서보다 예수 메시아 안에 있는 하나님의 정의 사역에서 이스라엘 의 위치에 대해 많은 지면을 할애한다. 확실히 이 대목에 뭔가 중요한 것이 걸려 있다.

민족들 가운데서의 이스라엘

우리는 로마서 2:17-21에서 유데아 민족이 자신들에게 독특한 선물과 세 상에서의 독특한 사명이 주어졌다고 이해했음을 살펴보았다. 그것은 "[그 들이] 율법의 교훈을 받아 하나님의 뜻을 알고 지극히 선한 것을 분간하 며" "맹인의 길을 인도하는 자요, 어둠에 있는 자의 빛이요, 율법에 있는 지 식과 진리의 모본을 가진 자로서 어리석은 자의 교사요, 어린아이의 선생" 이라는 것이다. 그들의 이 같은 자아 이해는 틀리지 않았다. 이것은 하나님이 시내산에서 이스라엘에게 주신 선물이자 소명이었다. 그곳에서 야웨가 다음과 같이 말씀하셨다. **"세계가 다 내게 속하였나니** 너희가 내 말을 잘 듣고 내 언약을 지키면 너희는 모든 민족 중에서 내 [**귀한**] **소유**가 되겠고 너희가 내게 대하여 제사장 나라가 되며 거룩한 백성이 되리라"(출 19:5-6). 여기서 이스라엘의 존재 이유가 명시된다. 하나님이 민족들 가운데서 이스라엘의 독특한 위치를 선언하신다. 하나님은 온 땅의 하나님이시고 따라서 모든 민족의 하나님이신 **동시에** 이스라엘은 모든 민족 가운데서 하나님께 소중하며 하나님의 귀한 소유다. 하나님의 귀한 백성으로서의 이스라엘은 나라들 **가운데서** "제사장 나라와 거룩한 백성"이 되라는 특별한 소명을 지닌다. 제사장 나라로서 이스라엘은 민족들에게 하나님의 목적을 매개하고 하나님 앞에서 민족들을 대표한다. 아브라함 안에서의 시작부터 이스라엘은 자신을 위해 하나님의 복을 받을 뿐만 아니라, 그들을 통해 신적 복이 세상에 퍼지도록 부름을 받았다. "내가 너로 큰 민족을 이루고 네게 복을 주어 네 이름을 창대하게 하리니 너는 복이 될지라.…땅의 모든 족속이 너로 말미암아 복을 얻을 것이라"(창 12:2-3). 사실 모세가 다음과 같이 말하듯이 이스라엘의 순종하는 언약의 삶 안에서 그리고 그 삶을 통해 민족들은 하나님의 실재와 지혜와 정의를 인식할 수 있다.

내가 나의 하나님 여호와께서 명령하신 대로 규례와 법도를 너희에게 가르쳤나니 이는 너희가 들어가서 기업으로 차지할 땅에서 그대로 행하게 하려 함인즉 너희는 지켜 행하라. 이것이 **여러 민족 앞에서 너희의 지혜요 너희의 지식**이라. 그들이 이 모든 규례를 듣고 이르기를 '이 큰 나라 사람은 과연 지혜와 지식이 있는 백성이로다' 하리라. **우리 하나님 여호와께서** 우리가 그에게 기도

할 때마다 **우리에게 가까이 하심과 같이 그 신이 가까이 함을 얻은 큰 나라가 어디 있느냐?** 오늘 내가 너희에게 선포하는 **이 율법과 같이** 그 규례와 법도가 공의로운 큰 나라가 어디 있느냐?(신 4:5-8)

이스라엘은 이 목적을 위해 거룩한 민족, 즉 민족들에게 하나님 자신의 거룩함의 명확하고 가시적인 표지—**성례**(sacrament)—가 되기 위해 민족들 가운데서 **구별된**(거룩함의 핵심적인 의미다) 민족이다. 민족들은 이스라엘을 통해 하나님의 실재를 어느 정도 알게 되어 있었다. 이 의미에서 하나님은 땅의 모든 민족의 신적 운명을 이스라엘의 운명에 연계하신다. 이스라엘이 없다면 민족들은 "세상에서 소망이 없고 하나님도 없다"(엡 2:12). 바울은 근본적으로 그 확신을 계속 유지한다.

하나님이 충실한 사랑, 즉 처음에 이스라엘의 조상들과 맺으신 언약에서 확립된 사랑 안에서 자비롭게도 이스라엘에게 **자신을 구속시키셨다는** 사실도 똑같이 중요하다. 이 점에 관해 모세는 다음과 같이 말한다.

너는 여호와 네 하나님의 성민이라. **네 하나님 여호와께서** 지상 만민 중에서 **너를** 자기 기업의 백성으로 **택하셨나니 여호와께서 너희를 기뻐하시고 너희를 택하심**은 너희가 다른 민족보다 수효가 많기 때문이 아니니라. 너희는 오히려 모든 민족 중에 가장 적으니라. **여호와께서** 다만 **너희를 사랑하심으로** 말미암아, 또는 **너희의 조상들에게 하신 맹세를 지키려 하심으로** 말미암아 자기의 권능의 손으로 너희를 인도하여 내시되 너희를 그 종 되었던 집에서, 애굽 왕 바로의 손에서 속량하셨나니 그런즉 너는 알라. 오직 네 하나님 여호와는 하나님이시요 **신실하신 하나님**이시라. 그를 사랑하고 그의 계명을 지키는 자에게는 천 대까지 그의 **언약을 이행하시며**(신 7:6-9).

바울은 로마서 1-8장의 여러 곳에서 하나님의 메시아이신 예수가 모든 민족에게 예외 없이 하나님의 정의와 사랑의 급진적이고 궁극적인 실재와 나타남이라고 선언했다. 메시아 안에 있는 하나님의 사랑이 이스라엘을 배제하기는커녕 아무것도 이스라엘을 그 사랑에서 뗄 수 없다. 바울은 그 확신으로 말미암아 로마서 9-11장에서 이스라엘의 의미에 관해 길게 논의한다.

> 누가 능히 하나님께서 택하신 자들을 고발하리요? 의롭다 하신 이는 하나님이시니. 누가 정죄하리요? 죽으실 뿐 아니라 다시 살아나신 이는 그리스도[메시아] 예수시니. 그는 하나님 우편에 계신 자요, 우리를 위하여 간구하시는 자시니라. 누가 우리를 그리스도[메시아]의 사랑에서 끊으리요?… 어떤 피조물이라도 우리를 우리 주 그리스도[메시아] 예수 안에 있는 하나님의 사랑에서 끊을 수 없으리라(롬 8:33-35, 39).

> [이스라엘의] 택하심으로 하면 조상들로 말미암아 [하나님께] 사랑을 입은 자라[신 7:8을 보라]. [이스라엘에게 부여된] 하나님의 은사[롬 9:4-5을 보라]와 [이스라엘의] 부르심에는 **후회하심이 없느니라**(롬 11:28-29).

바울에게는 모든 것이 이스라엘과 관련하여 증명된 하나님의 사랑과 정의에 달려 있다. 이스라엘은 **그들의 존재 자체를 통해** 계속 하나님의 실재와 목적을 증언한다. 예수 메시아 안에 있는 하나님의 사랑이 하나의 민족으

로서의 이스라엘에게 있어 궁극적으로 승리하지 않는다면 이방 민족들이
이 하나님을 신뢰할 이유가 별로 없다. 그리고 그들이 한 민족의 삶에서 하
나님이 어떻게 일하시는지 알기 위해 이스라엘을 바라볼 필요가 별로 없을
것이다. 그렇다면 사실 민족들이 하나님의 하시는 일과 방식을 알기 위해
오만하게 이스라엘을 외면하고(그들은 언제나 그렇게 해 왔다) 자신의 역사에
서 신적 힘과 목적의 표지를 살펴보아도(이 점에 관해서도 그들은 이미 언제나
그렇게 해 왔다) 정당화될 것이다. 달리 말하자면 그들은 계속 우상숭배를 하
더라도 정당화될 것이다. 민족들이 (민족들로서) 자기들이 어떻게 구원을 받
을지 알려면 그들은 하나님이 메시아를 통해 자신의 선민인 이스라엘을 어
떻게 구원하시는지, 그리고 그 점에서 이스라엘에게 무엇이 요구되는지를
알아야 한다. 민족들의 구원은 이스라엘의 구원에 의존한다.

이스라엘 사람 바울(롬 9:1-5)

바울은 먼저 이스라엘에 대한 자신의 "크고 그치지 않는 슬픔"을 표현한다
(롬 9:1). 그는 가능하다면 이스라엘을 위해 메시아 안에 있는 자신의 존재
를 희생할 수 있기를 원한다. 메시아 안에 있다는 사실이 바울로 하여금 그
의 "형제들", 그의 "자연적인 가족"("골육의 친척", 롬 9:3)과의 근본적인 연
대의 결속을 느슨하게 만들도록 이끌지 않았다. 사실은 그 점이 그 결속을
어느 때보다 강하게 만들었다. 우리는 바울이 메시아 공동체의 동료 구성
원들을 (유데아인이든 이방인이든 간에) 자신의 형제자매라고 부르는 데 익숙
한데, 이는 그들이 바울과 더불어 메시아와 성령에 의해 창조된 입양 가족
의 구성원들이기 때문이다. 하지만 이 대목에서 바울은 자신의 자연적인

출생을 통한 구성원들을 거리낌 없이 형제들이라고 부른다. 바울의 눈에는 그들이 결코 그 지위를 상실하지 않았다. 그들은 이스라엘 사람들이다(롬 9:4). 따라서 애초에 바울이 이스라엘에 대해 말할 때 그는 자신의 자연적인(*kata sarka*) 친족, 그의 출신 민족, 그의 확대 부족을 의미한다. 바울에게는 **이스라엘**이 이보다 좀 더 많은 것을 의미하며(우리는 이 점에 대해 곧 살펴볼 것이다), 결코 그보다 적게 의미하지 않는다. 다른 어떤 의미가 있든 간에 이스라엘의 의미는 명백히 바울 자신의 육신이기도 한 이스라엘의 육신(*sarx*)—즉 **역사 안에서 민족적·국가적 실재**로서의 이스라엘—을 포함하는 이스라엘을 의미한다.

그러나 바울이 "육신에 따른" 이스라엘과 동일시하는 것은 단순한 부족 중심주의, 단순한 민족적 혈연의 유대가 아니다. "육신에 따른" 이스라엘이 동시에 "하나님의 이스라엘"(갈 6:16)이기 때문에 바울에게는 이스라엘과의 철저한 동일시가 **신학적으로 불가피하다**. 이스라엘은 **신학적으로 구성된다**. 그들은 하나님에 의해 이스라엘이 되고, 하나님이 이스라엘뿐만 아니라 모든 민족과 참으로 모든 창조세계에 대해 의도하시는 신적 선물들을 받도록 창조되었다. 바울은 이 점에 대해 매우 명확하게 강조한다. 이스라엘 사람들을 "통해"(*hōn*) "양자 됨과 영광과 언약들과 율법을 세우신 것과 예배와 약속들"—달리 말하자면 메시아 추종자들(대체로 로마에 있는 이방인들)의 새로운 공동체가 메시아와 성령을 통해 현재 공유하는 이 모든 선물—이 온다(롬 9:4, 개역개정을 사용하지 아니함). 하나님은 이 선물들을 **먼저** 이스라엘에게 주셨고, 오직 이스라엘을 **통해** 다른 민족들에게 주셨다. 그것이 바울이 로마서 1:16-17에서 시작하여 "**먼저** 유데아인에게, 그리고 그리스인들/민족들에게도"를 여러 번 말하는 이유다.

그러나 이 이야기에는 뒤틀림이 있다. 이스라엘의 창립 조상들(아브라함, 이삭, 야곱) 역시 이스라엘을 통해(*hōn*, 롬 9:5) 나온다. 바울은 다소 직관에 반하여 이스라엘이 아브라함에게서 나온 것이 아니라 아브라함이 이스라엘**에게서** 나왔다고 말하고 있는 것처럼 보인다. 유전학적인 가장들과 여가장들이 물리적으로 이스라엘 민족을 낳았지만, 그럼에도 이스라엘은 어떤 의미에서는 창립 조상들에 **선행한다**. 이스라엘의 실재는 역사에서 이스라엘이 탄생하기 전에 먼저 하나님의 선택에 뿌리를 두고 있기 때문이다. 그 후에 하나님이 이스라엘의 창립 가장들과 (여)조상들의 육신을 선택하셔서 이스라엘의 선행하는 실재를 역사에서 현실이 되게 하신다. 바울이 로마서 9–11장에 걸쳐 쓴 내용을 이해할 때, 하나님의 선택에 뿌리를 두었고 인간에 의해 생성된 이스라엘의 분리할 수 없는 이 이중적인 실재가 매우 중요하다. 하지만 지금으로서는, 우리가 로마서 9:4에 기록된 바울의 주장으로부터 이스라엘이 땅 위의 다른 어느 민족이나 나라와도 다르다는 점을 알 수 있다. 다른 어떤 나라에게도 이스라엘에게 주어진 신적 선물들이 주어지지 않았다. 다른 어떤 나라도 자신의 기원과 구성을 이스라엘과 같은 방식으로 하나님의 선택에 근거하지 않는다. 그러므로 다른 어떤 나라도, 예를 들어 영국이나 미국이 그랬던 것처럼, 이스라엘이라는 아이디어를 정당하게 자신에게 전용할 수 없다. 이스라엘은 신학적으로 독특하다.

이스라엘의 독특성은 "육신에 따른" 이스라엘"에서"(*ex*, 롬 9:5) 메시아가 오신다는 바울의 다음 요점에서 명확히 나타난다. 그 점은 매우 명확하다. 예수는 이스라엘 사람이시다. 하지만 바울은 그것 이상을 말한다. 이스라엘이 신학적으로 자신의 창립 가장들과 여가장들에 선행하는 것과 마찬가지로 메시아는 신학적으로 이스라엘에 **선행하신다**. 사실 그분은 **모**

든 것에 선행하신다. 바울은 이스라엘로부터 오시는 메시아가 "세세에 찬양을 받으실 하나님"이시기 때문에 "만물 위에 계신다"라고 선언한다(롬 9:5). 따라서 메시아는 시간 안에서(*kata sarka*) 이스라엘로부터 나셨지만 그 자신이 궁극적으로 이스라엘을 선택하시고 세우시는 영원한 신적 실재시다. (만물 전에 계시는 하나님으로서) 메시아가 궁극적으로 이스라엘을 존재하게 하셨지만, 이스라엘은 하나님에 의해 메시아를 출산하는 자궁으로 선택되고 창조된다. 바울은 메시아와 이스라엘을 서로 분리하여 생각할 수 없다. 그것이 메시아 안에 있는 바울의 존재가 그를 자기의 동족 이스라엘, 즉 하나님의 이스라엘의 역사적 운명과 더욱더 철저하게 결합하는 이유다. 메시아 안에서 나타난 하나님의 정의의 좋은 소식이 바울을 그의 서신의 이 지점으로 인도한 것도 우연이 아니다. 이스라엘이라는 문제가 메시아의 복음의 중심에 위치한다. "구원을 주시는 하나님의 능력"(롬 1:16)과 "우리 주 그리스도[메시아] 예수 안에 있는 하나님의 사랑"(롬 8:39)이 하나님의 백성 이스라엘 안에 그리고 그들에게 정의를 가져올 것이다. 그들이 땅 위의 다른 민족들 안에 그리고 그들에게 정의를 가져오듯이 말이다.

하나님이 이스라엘로부터 이스라엘을 분리하심(롬 9:6-29)

바울은 자기의 민족을 위해 슬퍼한다. 그러나 그가 슬퍼하는 이유는 하나님의 말씀이 실패했기 때문이 아니다(롬 9:6). 하나님의 말씀, 곧 "만물 위에 계시는" 메시아의 좋은 소식은 실패하지 않고 이스라엘에게 구원과 정의를 가져올 것이다. 바울은 이스라엘이 우리가 아는 바와 같이 메시아 안에 있는 하나님의 정의에 관한 좋은 소식을 듣고 믿은 소수의 이스라엘인들과 그 소식을 듣고서도 믿지 않은 사람들—이스라엘인들 중 더 많은 사람들—로 **나뉜** 것을 슬퍼한다. 그 분리의 의미가 무엇인가? 메시아 안에서 나타난 하나님의 정의가 결국 메시아를 추종하는 소수의 유데아인들에게 는 성취될 터이지만 **모든** 이스라엘에게는 성취되지 않을 것인가? 이스라엘에서의 그 분열이 최종적일 것인가, 아니면 하나님이 그 분열을 끝내실 것인가? 바울은 이런 문제들로 고심한다.

바울은 놀라운 선언으로 시작한다. "이스라엘에게서 난(*ex*) 그들이 다 이스라엘이 아니요"(롬 9:6).

이는 가장 문자적인 번역이다. 로마서의 독자들은 번역들이 바울의 간결한 어구를 "명확히 하고자" 너무 자유롭게 의미들을 덧붙일 때 조심해야 한다. 예를 들어보자. "이스라엘 사람들이 모두 참으로 이스라엘에 속하지는 않았기 때문입니다"(NRSV). **이스라엘**이 아니라 **이스라엘 사람들**이라는 단어는 즉각적으로 이스라엘의 의미를 개인화한다. 그리고 "참으로 속하다"라는 어구는 이스라엘이라는 좀 더 큰 실재를 "참으로" 이스라엘인 것으로부터 분리해서 좀 더 큰 실재가 "참으로" 이스라엘이 **아닌** 것으로 만든다. 그러나 바울은 그렇게 말하지 않는다. 우리가 앞으로 살펴보겠지만, 바울은 한편으로는 이스라엘 **안에** 구분을 두면서도 다른 한편으로는 하나의 이스라엘 개념을 유지하려고 한다.

바울의 문장은 이상한 구조다. 한편으로 이스라엘이 존재하고, 다른 한편으로 이스라엘이 존재한다. 이것들은 모두 하나의 이스라엘인데도 하나가 아니다. **이스라엘**이 "모든 이스라엘"과 그보다 적은 것 모두를 포함하는 단어라는 의미에서 그것들은 하나다. 모두를 포함하는 좀 더 큰 범주의 "이 스라엘" 안에서 또 다른 이스라엘이 구분된다는 의미에서 그것들은 하나 가 **아니다**. 어떻게 그럴 수 있는가?

바울은 이스라엘의 족장들과 여족장들의 이야기들을 상기함으로써 설명한다. 아브라함—이스라엘의 조상—에게는 "육신의 자녀들"(*tekna*, 복 수, 롬 9:8), 즉 인간의 직계 자녀들이 있었다. 바울은 이 자녀들(이스마엘과 다른 많은 자녀[창 16장; 25:1-2])의 이름을 언급하지 않고, 대신 그 자녀들 중 "다" 아브라함의 씨가 "아니라" 사라에게 약속된 자녀만 아브라함의 씨라 고 말한다. 바울은 이 대목에서 자녀들(*tekna*)과 씨(*sperma*) 사이를 구분하는 데, 그것은 바울이 모든 이스라엘과 그보다 적은 이스라엘 사이를 구분하 는 것과 병행한다. 바울이 인용하는(롬 9:7) 창세기 21:12의 말씀에 따르면 "씨"라는 명칭은 이삭에게만 사용된다. "이삭에게서 나는 자라야 네 **씨라 부를** 것임이니라." 불린다는 것은 하나님의 효과적이고 창조적인 행동을 가리킨다. 바울이 로마서 4장에서 말했듯이 하나님은 "죽은 자를 살리시며 없는 것을 있는 것으로 **부르신다**"(롬 4:17). 사래는 불임이었다. 이삭은 결 코 자연적인 인간의 생식 능력의 결과가 아니다. 그는 하나님이 존재 안으 로 부르신 결과, 즉 하나님의 창조 능력의 결과다. 구체적으로 아브라함과 사라의 한 씨를 아브라함의 다른 자녀들로부터 구분하는 것은 하나님에 의 해 결정된다. 이스라엘과 모든 이스라엘 사이의 구분도 마찬가지다. 바울 이 아브라함의 다른 자녀들에 대해 **부정적인** 평가를 하지 않고, 많은 자녀 와 한 "씨" 사이에 **구분**만 하는 것을 주목하라.

바울은 이삭의 아내 리브가를 언급하여 추가로 설명한다(롬 9:10). 그 녀는 "한 사람" 이삭을 통해 두 자녀, 곧 쌍둥이를 임신했다. 그러나 하나님은 그 자녀들 중 한 명만 선택하셨다. 더욱이 하나님은 출생 순서라는 예상된 기준에 따라 선택하지 않으셨고(그 기준에 따르면 우리는 장자인 에서가 선택될 것으로 예상할 것이다), 도덕적 가치 기준에 따라 선택하지도 않으셨다. 하나님은 "그들이 아직 나지도 아니하고 무슨 선이나 악을 행하지 아니한 때에" 야곱을 선택하셨다(롬 9:11). 하나님은 오직 하나님 자신의 선택 목적과 부르심에 따라 쌍둥이 사이를 철저하게 구분하셨다. "내가 야곱은 사랑하고 에서는 미워하였다"(롬 9:13, 말 1:2-3의 인용). 야곱은 선택되었고 에서는 선택되지 않았다.

로마서 9:3의 사랑-증오 언어에서 바울의 요점은 하나님의 "감정들"에 초점을 맞추거나 그 결정에 대한 하나님의 근거를 설명하는 것이 아니라, 리브가의 두 아들 사이에서 **하나님이** 자신의 결정에 따라 내리시는 **철저한 구분**을 강조하는 것이다. 나아가 바울은 우리가 야곱에 대해 우호적인 도덕적 판단을 내리고 에서에게는 비판적인 판단을 내리거나, 그 문제에 관해 야곱은 "구원받았고" 에서는 그러지 못했다고 결론짓는 것을 금지한다.

> 당신의 삶에서나 역사의 움직임에서 하나님이 어떻게 일하시는지에 대한 당신의 이해에서 하나님의 선택이 어떤 역할을 하는가? 당신이 하나님이 당신 또는 이스라엘 민족을 선택하셨다고 생각한다면, 그것이 (당신이 생각하기에) 하나님이 선택하시지 않은 사람들에게 무엇을 의미하는가?

그 (여)족장들의 이야기들의 요점은 (바울 시대에) 하나님이 이스라엘의 일부와 모든 이스라엘 사이를 구분하신다면, 그것은 단순히 하나님이 어떻게 일하시는지에 대한 고대의 양상을 따른다는 것이다. 바울은 우리가 바울 자신의 시대에 이스라엘과 관련하여 하나님의 정의가 어떻게 작동하고 있는지 알기 원한다면 우리가 아브라함과 사라, 이삭과 리브가, 에서와 야곱으로 시작한 양상을 이해해야 한다고 말하고 있다. 하나님은 자신의 선택, 창조, 부활의 논리에 따라 일하신다. 바울이 자신의 시대에 예수 메시아 때문에 이스라엘의 일부가 어떤 의미에서 모든 이스라엘로부터 따로 떼어진다고 이해한다고 하더라도, 그것은 하나님이 이스라엘의 더 큰 부분을 거절하셨기 때문이라거나 이스라엘의 대다수가 예수의 메시아직을 거부한 도덕적 실패 때문이 아니다. 그것은 하나님이 **창의적으로 일하고** 계시기 때문이다.

바울은 신적인 작동의 그런 양상이 어떻게 정의로 여겨질 수 있는지 이해하기 어렵다는 것을 인정한다. 충성스러운 이스라엘 사람은 확실히 "그렇다면 우리가 무슨 말을 해야 하는가? 그것은 하나님 편에서의 불의 (*adikia*)가 아닌가?"(롬 9:14, 개역개정을 사용하지 아니함)라고 물을 것이다. 하나님이 이스라엘 역사의 결정 같은 근본적인 결정을 하실 때 출생 순서와 도덕성 같은 요소들을 고려하시지 않는다면, 그것이 어떻게 정의의 일반적인 기준과 일치하는가? 그것은 좋은 질문이다. 그러나 하나님이 불의하시다는 생각에 대해 "결코 그렇지 않다"라고 대답하는 것 외에 바울은 그 질문에 대해 따로 설명하지 않는다. 사실 그는 그 주장의 불쾌함을 **급진적으로 만든다.** 그는 이제 하나님의 자비와 하나님의 굳어지게 하심에 관해 말한다. 먼저 로마서 9:15에서 그는 출애굽기 33:19을 인용한다. "내가 긍휼히 여길 자를 긍휼히 여기고 불쌍히 여길 자를 불쌍히 여기리라." **하나님은**

하나님이시기 때문에 이삭과 이스마엘 사이, 야곱과 에서 사이, 모든 이스라엘과 이스라엘의 일부 사이에서 결정을 내리시는 것은 참으로 하나님의 권리다. 그 결정은 하나님의 자비와 긍휼에 뿌리를 두고 있다. 그 안에 불의에 대한 어떤 암시도 없다(또는 바울은 그렇게 선언한다).

바울은 이어서 출애굽기 9:16을 인용하는데, 그 구절에서 하나님은 바로에게 다음과 같이 말씀하신다. "내가 이 일을 위하여 너를 세웠으니 곧 너로 말미암아 내 능력을 보이고 내 이름이 온 땅에 전파되게 하려 함이라"(롬 9:17). 바울은 계속해서 다음과 같이 말한다. "그런즉 하나님께서 하고자 하시는 자를 긍휼히 여기시고, 하고자 하시는 자를 완악하게 하시느니라"(롬 9:18). 하나님이 사람들의 마음을 굳어지게 하신다고? 출애굽기 이야기는 바로의 마음이 굳어진 것에 대해 여러 번 이야기한다. 역병들에 관한 이야기의 초기에 바로는 자신의 굳어진 마음의 행위자인 것처럼 보인다. 그러나 이후에는 하나님이 자신이 바로의 굳어진 마음의 행위자라고 선언하신다.

출애굽 이야기에서 굳어짐의 복잡한 역학이 출애굽기 9:34-10:1에 잘 요약되어 있다.

바로가 비와 우박과 우렛소리가 그친 것을 보고 다시 **범죄하여 마음을 완악하게 하니** 그와 그의 신하가 꼭 같더라. 바로의 마음이 **완악하여** 이스라엘 자손을 내보내지 아니하였으니 여호와께서 모세에게 말씀하심과 같더라.

여호와께서 모세에게 이르시되 "바로에게로 들어가라. **내가 그의 마음과 그의 신하들의 마음을 완강하게 함**은 나의 표징을 그들 중에 보이기 **위함이며.**"

바울은 굳어짐에 있어서 하나님의 행위에만 초점을 맞춘다. 그러나 바울은 하나님의 **목적**도 강조한다. 하나님은 자신의 능력(*dynamis*)을 드러내시고 온 땅에 하나님의 이름이 선포되게 하시려고 바로를 "일으키셨다"(롬 9:17). 바울은 바로가 사악했다(따라서 하나님이 그의 마음을 굳어지게 하실 만했다)거나 하나님의 목적은 바로를 **대적하는** 것이었다고 말하지 않는다. 오히려 바로는 단지 모든 민족 가운데 하나님을 드러내고 하나님에 관한 소식을 퍼뜨리기 위한 하나님의 도구 역할을 했다(롬 1:16: "이 복음은 모든 믿는 자에게 구원을 주시는 하나님의 **능력**이 됨이라. 먼저는 유대인에게요 그리고 헬라인에게[즉 온 땅에게]로다"). 바울에게는 자비와 굳어지게 함 모두 온 땅과 그 안의 모든 민족이 하나님의 실재(그의 이름)와 하나님의 구원하시는 능력을 알게 되는 **하나의** 신적 목적에 봉사한다. 이스라엘의 일부가 (예수 메시아를 믿음에 있어서) 하나님의 자비를 받는 반면 좀 더 큰 부분은 마음이 굳어진다고 하더라도, 바울은 그것이 하나님을 드러내고 좋은 소식을 확산한다는 동일한 목적을 위함이라고 생각할 수 있을 뿐이다.

그러나 바울은 다시금 불의하다는 비판을 물리쳐야 한다. 하나님은 자신의 뜻에 따라 사람들을 나누신다. 어떤 사람은 자비를 받고 어떤 사람은 굳어지게 함을 받는다. 그 분리는 공로나 도덕성과 아무 관련이 없다. 충성스러운 이스라엘 사람은 또다시 다음과 같이 질문할 수 있을 것이다. "그것은 인간의 영역에서 모든 책임을 제거하는 것이 아닌가? 하나님만 결정을 내리시는데도 하나님이 여전히 이스라엘에 대해 '흠을 잡으실' 수 있는가?(롬 9:19) 거기에 정의는 어디 있는가?" 바울은 다시 한번 하나님을 설명하지 않으며, 인간의 책임에 관한 질문에 대답하지도 않는다. 사실 그는 잘못에 관한 질문을 누락시킨다. 아브라함의 다른 자녀들이 아니라 이삭이 아브라함의 씨이고, 에서가 아니라 야곱이 선택되며, 어떤 사람들은 하나님의 자비를 받는 반면 바로 같은 다른 사람들은 마음이 굳어지게 되더라도 그것은 단순히 인간이라는 진흙에 대한 신적 옹기장이의 권리다(롬 9:20-22). 바울에게 중요한 유일한 질문은 이런 신적 결정들과 분리들이 어떤 **목적**에 도움이 되느냐다. 그는 이 점에 관해 명확하다. 하나님은 이 결정들과 분리들을 통해 자신의 신적 목적과 능력과 영광스러운 실재를 드러내고 계신다(롬 9:22-23). 달리 말하자면 하나님은 그분의 좋은 소식이 알려지게 하고 계신다.

이 단락 전체를 통해 바울은 신적 정의와 불의에 관한 몇몇 강력한 이의들과 다툰다. 충성스러운 이스라엘 사람(예를 들어 바울 자신!)—심지어 한 인물로서의 이스라엘 자신—이라면 그런 이의들을 제기할 수 있을 것이다. 이스라엘의 더 큰 부분이 이삭과 함께 묶이는 것이 아니라 아브라함의 다른 자녀들과 함께 묶이고, 야곱과 함께 묶이는 것이 아니라 선택되지 않은 에서와 함께 묶인다. 그 큰 부분은 하나님이 마음을 굳어지게 하신 바로와 함께 묶인다. 이는 확실히(그리고 정당하게) 자신을 하나님의 백성, 하나님의 자비를 받은 하나님의 선민이자 사랑을 받는 백성이라고 이해했을, 역사적인 민족적·국가적 의미에서의 이스라엘이다. 그럼에도 바울은 이 이스라엘을 선택받지 않은 사람들, 사랑받지 않은 사람들, 마음이 굳어진 사람들 편으로 분류한다. 바울은 심지어 그들을 "진노의 그릇들"(이방 민족들)과 함께 묶는데, 신적 옹기장이는 그들을 파괴하시기보다는 "오래 참으심으로써 관용하신다"(롬 9:22; 롬 3:25을 보라). 그것은 확실히 이스라엘에게 모욕적일 것이다. **이스라엘**이 의미하는 모든 것에 비추어 볼 때, 심지어 바울이 로마서 9:1-5에서 말한 내용에 따르더라도, 이런 말이 어떻게 일리가 있을 수 있는가?

바울은 다시 그 질문에 답하지 않고 대신 그가 "긍휼의 그릇들"이라고 부르는 대상으로 방향을 돌린다. 바울은 이 사람들은 부르심을 받은 사람들, 곧 "우리니 곧 유대인 중에서뿐 아니라 이방인 중에서도 부르신 자니라"라고 말한다(롬 9:24). 즉 그들은 메시아 추종자들이다. 이 대목에서 바울은 다시 (호 2:23; 1:10을 인용하여) 존재하지 않는 것을 불러서 존재하게 하시는 하나님의 창조 능력을 강조한다(롬 4:17을 보라). 호세아에 따르면 하나님은 한때 [하나님의] 백성이 아니었던" 사람들(이방 민족들)을 "내 백성"과 "살아계신 하나님의 아들들"이라고 부르신다. 하나님은 한때 "사랑받지 못했던" 사람들을 "내 사랑을 받은 자들"이라고 부르신다. 바울은 이제 호세아서에 기록된 이 텍스트들로부터 하나님이 그의 부르심만으로 **이방 민족들로부터** 하나님의 백성을 창조하신다고 주장한다. 메시아를 추종하는 이 이방인들은 이제 이삭과 함께 씨로 취급되고, 야곱과 함께 선택받고 사랑받은 자들로 여겨진다. 그들은 또한 이스라엘의 좀 더 작은 하위 집합과 함께 묶이는데, 바울은 이제 그들을 처음으로 하나님의 자비를 받는 "남은 자들"이라고 부른다(롬 9:27, 사 10:22의 인용). 따라서 한편으로는 그 수가 "바다의 모래처럼" 많을 수도 있는(롬 9:27), 역사적인 민족적·국가적 전체로서의 이스라엘이 있다. 다른 한편으로 하나님의 자비에 의한 좀 더 적은 수의 이스라엘의 **남은 자**가 있는데, 바울은 그들을 파멸에서 구원받은 씨로 본다(*sperma*, 롬 9:29, 사 1:9의 인용).

이 대목에서도 우리가 번역에 주의할 필요가 있다. NRSV는 바울이 (롬 9:27에서) 이사야 10:22에서 인용한 내용을 "오직 그들 중 남은 자만 구원을 받을 것이다"라고 번역한다(TNIV 역시 "오직 남은 자만 구원을 받을 것이다"라고 번역한다). **오직**이라는 단어는 나머지 사람들은 **제외하고** 남은 자가 구원받을 것임을 암시한다. 바울은 **오직**이라는 단어를 사용하지 않는다. 나머지 사람들의 운명은 정해지지 않은 상태로 남아 있다.

이 남은 자-씨인 이스라엘은 바울의 시대에 하나님이 메시아 예수 안에서 따로 떼어 놓으시고 "구원하시는" 유데아인들이다. 그들은 이방인인 메시아 추종자들과 함께 "[하나님의] 영광의 풍성함을 알게 하는" "긍휼의 그릇들"이다(롬 9:23).

그렇다면 역사적인 민족적·국가적 실재로서의 이스라엘은 어떻게 될 것인가? 이제 그 문제를 알아봐야 한다.

이스라엘의 한가운데서의 하나님의 정의(롬 9:30-10:21)

바울은 마침내 로마서 9:30-33에서 정의의 문제에 응답하며 애초에 왜 이 모든 문제가 발생하는지를 설명하기 시작한다. 그 논쟁에서 지금까지는 하나님이—신비한 모종의 신적 변덕에 따라 그리고 겉보기에 부당하게—자의적으로 결정하시고 분리하시는 것처럼 보일 수도 있지만, 실상은 그렇지 않다. 사실 그런 결정들과 분리들은 바로 **하나님의 정의 때문**이다. 우리가 살펴보았듯이 **좋은 소식에 따른** 하나님의 정의는 결코 추상적인 개념이 아니다. 바울은 로마서의 처음부터 우리가 하나님의 정의를 예수 메시아—

그의 삶, 속죄의 죽음, 부활, 주권적 통치—의 신적-인간적 실재와 우리의 신뢰를 통한 그 실재에의 참여 외의 다른 어떤 것으로 생각하지 못하게 한다. 본인이 직접 하나님의 정의이신 예수 메시아는 그의 존재 자체를 통해 이스라엘 안에 구분을 만들어내신다. **그분** 때문에 한편으로는 남은 자 이스라엘(그를 믿는 유데아인들)이 있고, 다른 한편으로는 역사적인 민족적·국가적 전체로서의 이스라엘("나머지")이 있다. 이 후자의 이스라엘은 신적 정의 자체의 존재와 형태에 걸려 넘어진다.

> 그런즉 우리가 무슨 말을 하리요? 의[정의]를 따르지 아니한 이방인들이 의[정의, 즉 예수 메시아]를 얻었으니 곧 믿음에서 난 의[정의]요, 의[정의]의 법을 따라간 이스라엘은 율법에 이르지 못하였으니 어찌 그러하냐? 이는 그들이 믿음을 의지하지 않고 행위를 의지함이라. 부딪칠 돌에 부딪쳤느니라. 기록된 바 "보라, 내가 걸림돌과 거치는 바위를 시온에 두노니 그를 믿는 자는 부끄러움을 당하지 아니하리라" 함과 같으니라(롬 9:30-33, 사 8:14; 28:16의 인용).

(당분간) 이스라엘로부터 이스라엘을 나누는 경계는 메시아—**수치를 당하시고 십자가에 처형당하신** 메시아—이시다. 그는 하나님께서 이스라엘이 정의를 추구하는 길 위로 던지신 치욕스러운 바위이시다. 신적 정의를 요구하지만 메시아의 수치를 공유하려고 하지 않는 이스라엘은 그에게 발이 걸려 넘어진다. 이는 놀랄 일이 아니다! 바울의 좋은 소식에서 선언된 메시아는 전혀 이스라엘의 희망에 따른 정의로 보이지 않는다. 그가 오신 뒤에도, 심지어 그의 부활과 주권자로서의 높아지심 뒤에도 이스라엘은 여전

히 점령지와 피정복민으로서 민족들 가운데서 수치와 굴욕을 당했다. (바울이 믿는 것처럼) 메시아가 자신 안에 이스라엘의 의미와 운명을 지니고 계신다면 그것은 민족적·국가적 이스라엘 역시 수치와 십자가 처형이라는 메시아의 길로 부름을 받았음을 의미하는가? 이스라엘이 실제로 자신의 현재의 약함과 굴욕을 **받아들이고** 그 안에서 하나님을 신뢰하도록 요구되는가? 그것이 정의에 이르는 길인가?

바울은 그렇다고 말한다. 치욕스러운 바위와 걸림돌—수치스러운 메시아—이 이스라엘의 한가운데서, 이스라엘을 위해 존재하는 하나님의 **정의**의 실재이자 형식이고 능력이다.

이것은 정의, 메시아의 해방, 영광에 대해 근본적으로 다르게 이해하고 있는 민족에게 요구하기 어려운 일이다. 세상의 어떤 민족이 그런 메시지를 믿겠는가? 한 민족은 오직 자신의 행위(롬 9:32)—자신의 땅을 보유하고, 자신을 정의하고 결정하며, 자신의 헌법과 법률들을 제정하고, 자신의 생활 방식을 추구하며, 정치적·경제적으로 번성하고 성장하고, 적들에 맞서 자신의 국경을 방어하고 외세를 몰아낼 능력—를 통해 생존하고 번성하며 국가들 사이에서 자신의 지위에 도달한다. 이스라엘이 이와 다를 수 있는가? 이스라엘에게 정의의 길은 이스라엘이 국가들 가운데서 하나의 국가로서 자신을 확립하려는 이스라엘의 최선의 노력을 하나님이 복 주시고 능력을 주시는 가운데 그 길을 취하는 것이 아니겠는가? 그러나 바울은 **이** 민족—하나님의 선민—에 대한 하나님의 뜻이 이제 이스라엘의 메시아 안에서 나타나고 정의되었다는 것을 안다.

따라서 이스라엘이 자기들 가운데 나타난 정의의 길을 인정하게 되는 것이 바울의 "마음에 원하는 바와 하나님께 구하는 바"(롬 10:1)다. 이스라엘에 대한 바울의 연대 의식은 흔들리지 않는다. 바울은 이스라엘이 "하나님께 열심"—정의를 향한 열정—이 있음을 의심하지 않지만(롬 10:2), 그것은 메시아 안에 있는 하나님의 정의에 의해 감동된 열심이 아니다. 자신의 힘으로 국가들 가운데 자신의 존재와 땅과 생활 방식을 확립(재확립)하기를 바라는—어떤 나라라도 그러기를 원할 것이다—이스라엘은 메시아를 통해 이스라엘에게 정의를 주시는 하나님의 방식을 신뢰하지 않는다(롬 10:3). 하나님은 복음에서 정의에 이르는 일반적인 세상의 길은 이스라엘에게 막다른 길임을 보여주신다. 이스라엘의 목적은 자신의 능력을 통해 나라들 가운데서 자신의 땅과 생활 방식(법)을 확보하는 것이 아니다. 좋은 소식에 따르면 그것은 이스라엘의 **정의**가 아니다. 바울은 "메시아는 **모든 믿는** 자에게 정의를 이루기 위하여 율법의 마침(*telos*)이 되시니라"라고 선언한다(10:4). 메시아는 법 위에 계시며, 이스라엘에게 율법의 정의의 의미를 규정하신다. 그 의미는 **신뢰**—지금 메시아 안에서 이스라엘에게 자비롭게 정의를 주시고, 메시아의 시대에 이스라엘에게 회복적 정의를 주실 하나님께 대한 신뢰—다(롬 11:26).

　　바울은 이 점을 입증하기 위해 율법 자체(레위기와 신명기)로 향한다. 그는 율법이 모든 사람에게 메시아 안의 하나님의 정의의 신적-인간적 실재를 증언하는 것을 발견한다.[1] 그러나 율법은 이 문제에 관해 단순하지 않다. 한편으로 바울은 레위기 18장에서 "모세가 율법으로 말미암는 정의를 기록한" 텍스트를 발견한다(롬 10:5). 모세에 따르면 "이스라엘의 자손"(레

---

[1]　이 대목에서 내 해석은 Francis Watson, *Paul and the Hermeneutics of Faith* (London: T&T Clark, 2004), 315-23, 329-41의 영향을 받았다.

8:2)은 그들이 한때 거주하던 이집트 땅의 풍속을 실천하지 않아야 하며, 그들이 이제 거주하려고 하는 가나안 땅의 풍속을 실천해서도 안 된다. 이스라엘은 야웨의 법들과 지시들만을 행해야 한다(레 18:3-4). 즉 이 텍스트에 따르면 이스라엘은 민족들 사이에서 그들의 생활 방식과 다른 자신의 독특한 생활 방식을 실천함으로써 정의를 얻을 것이다. 모세의 율법을 지키는 것이 이스라엘을 정의하기도 하고 그들을 다른 민족들(이스라엘에게는 그들의 관습을 행하는 것이 금지된다)로부터 구분하기도 한다.

레위기에서는 모세의 율법이 이스라엘에게 생명의 길인 것처럼 보인다(레 18:5, 바울은 롬 10:5에서 이 구절을 인용한다). 바울은 레위기 18:5을 인용하면서 이스라엘이 율법을 통한 정의를 열심히 옹호하고 자기들이 율법을 통해 살리라고 믿을 때 역사적인 민족적·국가적 이스라엘에게 성경의 근거가 있음을 인정한다. 바울은 이스라엘이 그렇게 믿는 데 대해 성급하게 비판하지 않는다. 그 텍스트는 모세가 쓴 것이다. 레위기에 나타난 관점의 문제는 모세의 법을 통한 정의의 길은 그 법을 통해 **이스라엘에게만** 생명을 약속하고 다른 나라들은 바깥쪽, 곧 생명에 대해 죽은 상태로 남겨둔다는 것이다. 사실 레위기 18:1-5은 이스라엘을 다른 나라들과 **대적하게** 하는 것처럼 보인다.

그러나 바울은—그가 아브라함의 이야기에서 그렇게 했던 것처럼—그가 성경에서 레위기 18장과 다른 말을 한다고 믿는 또 다른 텍스트를 발견한다. 그는 신명기 30:11-14을 언급하면서 그 텍스트에 대해 확실히 창의적인 해석을 제공한다. 이 대목에서 바울은 "신뢰의 정의(믿음으로 말미암는 의)"가 **말한다**고 쓴다. 바울은 신뢰의 정의를 말하는 등장인물로 의인화한다. 우리가 바울에게는 말하는 등장인물이 (레 18장을 쓴 모세와 대조되는)

메시아 자신이라고 생각해도 무방할 것이다. 이제 신명기 30:11-14에서 이스라엘에게 가깝고 접근 가능한 대상은 명령들인 반면, 그 텍스트에 대한 바울의 해석에서 그것은 자비롭게도 이스라엘에게 가깝고 접근 가능한 메시아의 살아 있는 실재다. "믿음으로 말미암는 의[신뢰의 정의]는 이같이 말하되 '네 마음에 누가 하늘에 올라가겠느냐?' 하지 말라 하니 '올라가겠느냐?' 함은 그리스도를 모셔 내리려는 것이요, 혹은 '누가 무저갱에 내려가겠느냐?' 하지 말라 하니 '내려가겠느냐?' 함은 그리스도를 죽은 자 가운데서 모셔 올리려는 것이라. 그러면 무엇을 말하느냐? '말씀이 네게 가까워 네 입에 있으며 네 마음에 있다' 하였으니 곧 우리가 전파하는 믿음의 말씀이라"(롬 10:6-8). 메시아가 이스라엘에게 **현존**하신다. 율법 자체가 (신명기에서) 이스라엘이 높은 곳과 깊은 곳에서 그를 찾을 필요가 없다고 증언한다. 메시아에 대한 신뢰로서의 정의가 지금 당장 이스라엘의 한가운데 존재한다. 그는 이미 (하늘로부터) 오셨고, (나락 속으로) 십자가에 못박히셨으며, 하나님에 의해 죽은 자들로부터 일으킴을 받으셨다. 그는 이제 살아 계시면서 성경과 사도들의 말을 통해 이스라엘 안에서 그리고 이스라엘에게 말씀하신다. 이제 이스라엘은 그렇다고 입으로 고백하고 마음으로 신뢰하기만 하면 된다(롬 10:9). 그 신뢰가 이스라엘의 **정의**일 것이다(그것이 아브라함에게 그랬듯이 말이다). 그 고백이 이스라엘의 구원일 것이다. 즉 그것은 이스라엘이 법의 정의로부터 바랐던 것을 가져올 것이다. "메시아는 율법의 마침(*telos*)—정의의 의미—이시다"(롬 10:4).

　　이스라엘이 신뢰할 메시아는 모든 민족의 살아 계시고 구원하시는 주님이시기 때문에 이스라엘의 신뢰에 부끄러움이 없을 것이다(롬 10:11). 그는 수치스럽게 십자가에 처형당하신 존재이시기만 한 것이 아니다. 그는 영광스럽게 부활하신 존재이시기도 하다. 더욱이ㅡ그것이 바울이 강조하는 요점이다ㅡ이스라엘에게 신적으로 주어진 정의의 **선물**은 이방 민족들과 **대적하지** 않으며, 예수 메시아 안에 있는 하나님의 정의에 대한 공통적인 고백 안에서 믿는 이방인들**에게** 합류한다. "유대인이나 헬라인이나 차별이 없음이라. 한 분이신 주께서 **모든** 사람의 주가 되사 그를 부르는 **모든** 사람에게 부요하시도다. '누구든지 주의 이름을 부르는 자는 구원을 받으리라'"(롬 10:12-13, 욜 2:32의 인용). 이스라엘의 정의는 이방인과 함께, 예수 안에서 그분의 정의가 주어진 하나님을 부르는 데 존재한다.

그럼에도 이스라엘과 민족들을 연합시켜야 할 신적인 정의의 선물이 이스라엘에게는 이스라엘을 내적으로 분열시키는 요소일 뿐만 아니라 그들을 다른 나라들과 구분하는 요소이기도 하다. 이스라엘의 모든 사람이 사도들에 의해 선포된 "좋은 소식을 순종한"것은 아니기 때문이다(롬 10:16). 이스라엘이 좋은 소식을 **듣지** 못한 것이 아니다. 사실 바울은 (시 19:4을 인용하여) 메시아에 관한 사도들의 메시지가 "온 땅에 퍼졌고 그 말씀이 땅끝까지 이르렀다"라고 말한다(롬 10:18). 그러나 이스라엘은 그 메시지를 파악하지 못했다. 그들은 모세의 글(바울은 신 32:21을 인용한다)과 이사야의 글(바울은 사 65:1을 인용한다)조차 하나님이 "미련한" 이방 민족들ㅡ하나님을 찾지도 않고 하나님께 묻지도 않았지만(롬 10:19-20) 이제 그를 믿는 민족들ㅡ을 통해 이스라엘을 "시기하게" 하시고 그들을 "화나게" 하시리라고 증언한다는 것을 알지 못했다. 하나님은 신뢰의 정의라는 사도들의 메시지를 통해 민족들에게 자신을 계시하셨고, 그들은 하나님을 발견했다. 이스라엘은 그 바깥에 서서, 민족들이 하나님의 은혜를 통해 발견한 정의를 추구하지 않고, 자신의 주권과 법을 통해 자신의 정의ㅡ민족들 가운데서 자신의 올바른 위치—를 추구했다.

그러나 이스라엘에게 있어 그것이 이야기의 끝이 아니다. 바울은 그와 반대로 하나님이 계속 이스라엘에게 "종일 그분의 손을 펴신다"라고 말한다(롬 10:21, 사 65:2의 인용). 하나님은 이스라엘을 포기하시지 않는다.

> 당신은 하나님이 선택하신 민족인 이스라엘이 메시아를 과거에 하나님의 정의로 인정하지 않았고 지금도 인정하지 않는다는 사실을 어떻게 이해하는가? 그 사실이 이스라엘을 그때와 지금 세상을 위한 하나님의 정의라는 목적의 좀 더 큰 그림의 어디에 두는가?

이스라엘에 대한 하나님의 정의, 이스라엘, 민족들(롬 11:1-32)

바울은 (롬 10:21에서) 이사야 65:2을 인용한 내용을 토대로 자신 있게 그의 다음 선언을 한다. 혹자가 바울에게 "그렇다면 하나님이 자기 백성을 버리셨는가?"라고 질문할 수 있는데, 바울은 그 질문에 대해 "절대로 그렇지 않다!"라고 답변한다(롬 11:1). 바울은 이 장들(롬 9:1-3과 10:1-2을 보라)에서 세 번째로 자신의 백성에 대한 자기의 근본적인 연대를 표현한다. 그는 **그들 중 한 명**이다. "나도 이스라엘인이요, 아브라함의 씨에서 난 자요, 베냐민 지파라"(롬 11:1). 바울은 사실상 하나님을 신뢰하고 따라서 아브라함의 씨 중 한 명인 자기 한 사람만으로도 하나님이 이스라엘을 포기하시지 않았다는 충분한 증거라고 말하고 있다. 이스라엘 사람 한 명이 많은 사람을 나타낼 수 있다. 이스라엘 사람인 바울만으로도 모든 백성을 대표하기에 충분하다. 그러므로 그는 "하나님이 그 미리 아신 자기 백성을 버리지 아니하셨다"라고 선언한다(롬 11:2). 그러나 바울만이 이스라엘인 중에서 하나님이 미리 아시고 자비롭게 선택하셔서 좋은 소식을 받아들이도록 한 유일한 사람인 것은 아니다. 바울 시대에 다른 많은 유데아인이 좋은 소식을 듣고 그것을 믿었다. 바울은 하나님이 그들 안에서 하나님의 "은혜로운 선택"을 따라 "남은 자"를 창조하셨다고 말한다(롬 11:5).

따라서 바울은 그가 로마서 9장에서 소개했던 주제—하나님의 주권과 은혜로운 선택, 남은 자, 이스라엘 **안에서의** 분리—로 돌아온다. 하나의 이스라엘 안에 선택받은 남은 자(메시아에 관한 메시지를 받는 사람들)와 마음이 "굳어진" "나머지 사람들"(*hoi loipoi*)이라는 두 집단이 존재한다(롬 11:7). 이 후자의 집단—내가 역사적인 민족적·국가적 이스라엘이라고 부른 집단—은 그들이 주권과 법을 통해 추구하던 정의에 도달하지 못한다. 그러나 이 대목에서 우리가 알아야 할 중요한 점은 바울이 "나머지"의 상태에 대한 책임을 그들 자신에게 지우지 않는다는 것이다. 바울은 로마서 9:18에서 바로와 관련하여 "하나님께서 하고자 하시는 자를 긍휼히 여기시고 하고자 하시는 자를 완악하게 하신다"라고 말한다. 바울은 로마서 11:7에서 성경을 인용하여 같은 요점을 되풀이하지만, 이번에는 이스라엘의 "나머지"와 관련하여 말한다. "**하나님이 그들에게** 혼미한 심령과 보지 못할 눈과 듣지 못할 귀를 **주셨다**"(롬 11:8, 신 29:4과 사 29:10의 인용). 확실히 이스라엘의 "나머지"의 상태에 대해 **하나님**이 "비난"을 받으셔야 한다. 바울이 70인역 시편 69:22-23에서 인용할 때 이것이 그의 요점이다. "그들의 밥상이 올무와 덫과 거치는 것과 보응이 **되게 하시옵고** 그들의 눈은 흐려 보지 못하[**게 하옵시**]고 그들의 등은 항상 굽게 **하옵소서**"(롬 11:9-10). **하나**

님이 자신의 결정으로써 이 일들이 이스라엘에게 일어나게 하시는 존재이시다. 이런 텍스트에 묘사된 이스라엘의 상태에 하나님이 책임이 있기 때문에, 이스라엘이 단순히 자신의 경로를 선택했고 그것을 통해 어찌어찌하여 하나님에게서 멀어진 것이 아니라는 점이 명백하다. 바울은 "결코 그렇지 않다!"라고 말한다. 바울은 경주의 비유를 채택한다. 이스라엘이 정의를 향한 경주에서 걸려 넘어졌다고 하더라도(하나님 때문에 걸려 넘어졌다. 다시 롬 9:33을 보라), 그들이 넘어져서 그 경주에서 제외되거나 그것을 마치지 못할 일은 없다. 이스라엘의 넘어짐은 구원─메시아 안에 있는 하나님의 정의─이 다른 민족들에게 미치고 이스라엘은 민족들이 앞서는 것을 보고서 시기가 나서 민족들에게 그 경주에서 혜택을 주고 있는 것, 즉 좋은 소식을 추구하게 하려는 한 가지 목적에 봉사할 뿐이다(롬 11:11). 그러나 궁극적으로 하나님께서 이스라엘이 그 경주를 마치게 하실 것이다. "이제 경주에서 [이스라엘의] 실족이 세상의 혜택을 의미하고, [이스라엘의] 근거 상실이 민족들이 앞서게 됨을 의미한다면 [이스라엘의] 경주를 마침은 얼마나 더 많은 것을 의미하겠습니까!"(롬 11:12, 개역개정을 사용하지 아니함)[2]

바울은 자신의 결론을 예견하지만 그 결론으로 돌진하지는 않는다. 대신에 그는 이제 자신의 **로마인-이방인** 청중에게 직접 그들이 이 이야기 안에 어떻게 들어맞는지를 말한다. 우리는 로마서 11:18에서 그들 중 일부가 나라들(특히 로마)이 이제 **하나님의 목적들의 이야기가 되었다**는 것과 이스라엘이 이제 정의를 향한 경주에서 제외되었다는 것과 이방 민족들만 그

---

2   나는 Mark Kinzer가 내게 자신의 (미출간) 로마서 번역을 보내준 데 감사한다. 그 번역이 이 대목에서 내 번역을 인도했다.

경주를 마칠 것이고 따라서 자랑할 권리를 가질 것이라고 생각하고 있음을 알 수 있다. (로마인들에게는 이미 자기들에 관해 자랑하고 유데아인들을 비웃는 습관이 있었다.) 그러나 바울은 그렇지 않다고 말한다.

이방 민족들인 여러분이여, 들으십시오. 만일 당분간 이스라엘의 좀 더 큰 부분이 좋은 소식에 걸려 넘어진다면 그것은 **여러분을 위함**입니다! 이방인인 여러분에 대한 나의 선교는 **그들** 안에 복음에 대한 욕구를 일으키는 것입니다. 그들은 확실히 트랙에서 벗어났습니다. 그러나 하나님이 이 일을 통해 예수 메시아 안에서 세상의 화해를 가져오셨습니다. 그러니 그들—이스라엘의 "나머지"—이 트랙에 돌아올 때(그들은 틀림없이 그럴 것입니다) 무슨 일이 일어나겠습니까? 죽은 자들로부터의 부활—새 창조—이 일어날 것입니다! 로마의 이방인들이여, 자랑하지 마십시오! 이방 민족들의 구원은 이스라엘 민족의 구원과 완전히 결합되어 있습니다. 그리고 전체로서의 이스라엘의 구원은 복음을 믿는 이스라엘의 남은 자와 결합되어 있습니다. 이스라엘의 남은 자를 전체의 일부인 빵 반죽의 "첫 제물"로 여기십시오, 그 남은 자라는 제물이 하나님께 거룩하다면 그 가루 전체를 구운 빵도 그것을 통해 거룩합니다. 그리고 이스라엘이라는 나무의 뿌리(예수 메시아?)가 거룩하다면 그 나무의 가지들도 뿌리를 통해 거룩해집니다. 하나님이 전체로서의 이스라엘을 버리시기는 고사하고, 이스라엘의 남은 자를 거룩하게 하심으로써 그것을 **이미 거룩하게 하셨습니다**. 전체로서의 이스라엘은 그 경주에서 떠나지 않았습니다! 그들은 그 경주를 마칠 것입니다. 모든 이스라엘에 대한 구원과 정의가 보장됩니다(롬 11:13-16, 개역개정을 사용하지 아니함).

바울은 뿌리와 가지들의 이미지를 소개하고 이제 그것에 관한 논의를 확장한다.

그 유비들의 세부 사항들(예컨대 원예학에 대한 바울의 지식이 얼마나 정확한가?)이 요점을 방해해서는 안 된다. 이방 민족들―바울은 그들을 "야생 올리브 가지들"이라고 부른다―의 구속은 영양을 공급하는 이스라엘이라는 나무에 접붙여지는 것에 의존한다.

여기서 우리는 NRSV에서 또 다른 번역 문제를 만나는데, NRSV는 로마서 11:17에서 **에네켄트리스테스 엔 아우토이스**(*enekentristhēs en autois*)를 "**그들의 자리에**(그들을 대신하여, in their place) 접붙임을 받았다", 즉 야생 올리브나무 싹들(이방인들)이 "[이스라엘의] 일부 가지들이 부러진 곳에 접붙임을 받았다"라고 번역한다. "그들의 자리에"는 접붙임을 받은 이방인들이 부러진 이스라엘인들을 대체하는 것을 암시한다. 그러나 **엔 아우토이스**는 "그들의 자리에"를 의미하지 않는다. 그것은 "그들 가운데" 또는 "다른 것들 사이에"를 의미한다(TNIV는 그렇게 번역한다). 즉 접붙임을 받은 이방인들은 이스라엘의 부러지지 않은 가지들에 **합류**하지만, 그 사실을 통해 부러진 가지를 대체하지는 않는다. 바울이 이어서 말하는 바와 같이 여전히 이스라엘의 부러진 가지들이 "그들 자신의(*idia*) 올리브나무 안으로" 다시 접붙임을 받을 여지가 많기 때문이다(롬 11:24).

이스라엘 가운데 일부(좋은 소식을 믿지 않는 원래의 가지들, 롬 11:20)가 현재 좋은 올리브나무의 부러진 가지라면, 그것은 **하나님이** 그들을 부러뜨리셨기 때문이다. 마찬가지로 야생 올리브나무 가지들―믿는 이방 민족들―은 하나님의 **인자하심** 때문에 하나님에 의해 접붙임을 받았다. 그들에게는 스스로 접붙일 능력이 없다. 그들에게는 자랑할 근거가 없다. 사실 그들이 하나님의 인자하심이 그들이 이스라엘이라는 나무의 많은 부요(롬 9:4-5을 보라)에 참여할 **유일한** 이유임을 인정하지 않는다면, 그들도 그 나무에서 잘릴 수 있다. 원래의 가지들이 신뢰를 통해 그 나무에 다시 접붙임을 받을 희망이 있는 반면에, 바울은 자랑하는 야생 올리브나무 가지들에 대해서는 같은 희망을 유지하지 않는다. 이방 민족들은 이 말을 듣고 이해할지어다!

궁극적으로 바울에게는 연합되고 화해되고 부활한 하나의 이스라엘만 존재할 것이다. 이스라엘과 이스라엘 사이, 이스라엘의 자비를 받은 부분과 이스라엘의 마음이 굳어진 부분 사이, 남은 자와 나머지 사이의 **신적인 전략적 구분**의 신비는 이방 민족의 충만한 수(*plērōma*)가 "들어 올" 때(롬 11:25) 끝날 것이다. "나라들의 충만함"이라는 마지막 어구를 통해 바울이 정확하게 무엇을 의미하는지는 그것 자체가 신비다. 그러나 그는 "온 이스라엘(*pas Israēl*)이 구원을 받으리라"라는 점을 명확히 밝힌다(롬 11:26). 실제로, 이스라엘(의 "나머지")의 넘어짐과 굳어짐의 원천—메시아 예수—은 최종적으로 "모든 이스라엘의" 구원의 원천과 능력일 것이다. 예언자 이사야는 그 사실에 대해 증언한다. "구원자가 시온에서 오사 [**그가**] 야곱에게서 경건하지 않은 것을 돌이키시겠고 **내가** 그들의 죄를 없이 할 때에 그들에게 이루어질 **내 언약**이 이것이라"(롬 11:26-27, 사 59:20-21과 27:9의 인용). 이스라엘은 그들 스스로 궁극적인 구원을 성취하지 않을 것이다. 이스라엘에게 이뤄질 정의는 구원하는 메시아를 통한 하나님의 은혜로운 사역이다. 바로 그렇기 때문에 그것은 확실하다! 이 점에서 온 이스라엘이 하나님의 정의를 신뢰하고 그것을 받을 수 있다.

바울은 다시 한번 로마에 있는 이방인들에게 말하면서 자랑하려는 그들의 유혹에 최후의 일격을 가한다.

좋은 소식에 관해서는[즉 좋은 소식의 결과로 그리고 그것에 기여하기 위해] 이스라엘의 일정 부분은 "원수들"입니다. 그러나 그것은 단지 이방인인 여러분을 위한 것이고 신적 목적에 따른 것일 뿐입니다. 신적 선택에 의해 이스라엘은 여전히 하나님의 사랑받는 백성으로 남습니다. 하나님은 결코 자신의 선물과 이스라엘의 조상들을 부르신 것을 취소하시지 않기 때문입니다. 이방인 민족들이 하나님께 불순종하여 갇힌 적이 있었지만, 이제 여러분은 좋은 소식을 통해 하나님의 자비를 받았습니다. 그러나 그것은 오로지 (하나님의 뜻에 따라) 이스라엘이 좋은 소식에 불순종했기 때문입니다. 그들에게는 그것이 이야기의 끝이 아닙니다. 전혀 그렇지 않습니다! 그들의 불순종이 참으로 여러분에 대한 자비로 귀결되지만, 그것은 궁극적으로 그들에 대한 자비로도 귀결될 것입니다. 하나님이 궁극적으로 모든 민족(이방 민족들과 이스라엘)에게 자비를 보이시기 위해 한때는 하나님이 **모든 민족**(먼저 이방 민족들과 이어서 이스라엘)을 불순종에 묶어 두셨습니다(롬 11:28-32, 개역개정을 사용하지 아니함).[3]

바울은 이 대목에서 모든 자랑을 그만두게 하는 것만이 아니다. 그는 이 복잡한 이야기에 등장하는 **모든 인물**─전체로서의 이스라엘, 남은 자 이스

---

3 롬 11:28에서 NRSV는 하나의 그리스어 단어 *echthroi*("원수들")를 "하나님의 원수들"로 번역한다. 그러나 바울은 *echthroi tou theou*("하나님의 원수들")라고 쓰지 않는다.

라엘, 이방 민족들—을 온 세상에 자비를 보인다는 **하나의 신적 목적** 아래 통합한다. 그것이 하나님의 정의의 최종적인 의미다. "하나님께서 그리스도 안에 계시사 세상을 자기와 화목하게 하시며 그들의 죄를 그들에게 돌리지 아니하시고 화목하게 하는 말씀을 우리에게 부탁하셨느니라"(고후 5:19).

> 당신은 로마서 11:32에서 바울의 선언으로 끝나는 (바울에 따른) 하나님의 목적에서의 우여곡절을 어떻게 이해하는가? 당신은 바울이 이런 우여곡절을 어떻게 알아냈다고 생각하는가? 당신은 하나님이 "모든 민족에게 자비를 보이시기 위해 모든 민족을 불순종에 묶어 두셨다"(여기서 "모든 민족"을 이스라엘과 이방 민족들 모두로 생각하라)라는 아이디어에 대해 어떻게 생각하는가?

바울은—확실히 신적 묵시를 통해—논란의 여지가 있는 좋은 소식이 세상에 들어와 이스라엘과 이방 민족들 가운데 어떤 사람은 설득하고 다른 사람은 마음이 굳어지게 했을 때 일어난 일의 가시적인 장면 배후에 숨겨진 하나님의 사역의 뭔가를 우리에게 보여주었다. 바울 자신이 이 모든 일의 신비에 의해 다소 당황한 것처럼 보이며, 그가 선언한 것 이상을 안다고 주장하지 않고 하나님이 **왜** 이런 식으로 일하기로 하셨는지 설명했다고 주장하지도 않는다. 대신 그는 찬송을 발하며 하나님의 부요, 지혜, 불가해한 판단, 헤아릴 수 없는 길로 인해 하나님을 예배한다(롬 11:33-35). 그는 "모든 일"이 이스라엘과 이방 민족들에 대한 하나님의 목적 안에서, 그리고 삼위일체 하나님의 생명 안에서의 궁극적인 운명을 위해 일어난다는 것을 절대적으로 확신한다. "만물이 주에게서 나오고 주로 말미암고 주에게로 돌아 감이라. 그에게 영광이 세세에 있을지어다. 아멘."

민족들에 대한 대담한 비전

로마서의 이 세 장에서 바울은 하나님이 선택하신 민족인 이스라엘로 주의를 돌린다. 하나님이나 바울 어느 쪽도 그 민족을 포기하지 않았고, 하나님과 바울 모두 그 민족과 계속해서 근본적인 연대 관계를 유지한다. 로마서의 이 장들 이전에 바울은 "모든 민족"에 대한 하나님의 정의에 관해 방대하게 언급했다. 그러나 그곳에서도 보편주의의 한가운데서 그는 유데아인들과 이방인들 사이의 구분을 유지했다. 로마서 9-11장에서 바울은 그 안에서 하나님이 궁극적으로 모든 민족에게 자비를 보이실 조건으로서 이스라엘과 민족들 사이의 구분을 재확인하고 강조한다(그리고 심지어 이스라엘 안에서 또 다른 구분을 한다). 이스라엘ー역사적인 민족적·국가적 이스라엘ー은 끝까지 독특성을 유지하며 민족들 가운데 하나님의 정의가 나타나는 데 불가결하다. (출 19:5-6에 따르면) 모든 민족에 대한 하나님의 목적의 독특한 표지이자 성례로서, 예수 메시아 안에서 계시된 이스라엘에 대한 하나님의 메시아적 비전은 또한 다른 모든 민족에 대한 하나님의 메시아적 비전으로서 주어진다.

역사상 (특히 기독교를 믿는 동서양의) 민족들과 국가들은 종종 자신과 자신의 운명을 하나님의 세속적-역사적 목적의 담지자로 생각했다. 로마서 9-11장에서 바울이 그 생각을 **금지한다**는 암시는 없다. 대신 그는 그 생각이 예수 메시아와 이스라엘의 존재 및 운명의 실재에 의해 규율될 때 세속적-역사적 목적이 어떤 모습일지에 주의—특히 이방인의 주의—를 끈다. 이스라엘은 하나님의 선택에 의한 **하나님의 민족이다.** 그러하기에 이스라엘은 하나님에 의해 이스라엘의 메시아에게 이르는 길로 부름을 받는데, 메시아는 지금도 그들의 진정한 소명과 운명으로서 그들의 한가운데 현존하신다.

하나님의 정의가 메시아 예수로서 이스라엘에 도래할 때와 하나님의 정의가 "시온에서" 오는 구원자(롬 11:26)로서 이스라엘에 도래할 때 사이의 시간에 하나의 민족으로서 이스라엘의 세속적-역사적 목적은 예수 메시아의 길에 일치하는 것—바로 그 의미에서 **메시아**의 백성이 되는 것—이다. 바울이 보여준 바와 같이, 그것은 항상 자기주장이 없고, 자신의 주권이 없으며, 자신의 통치와 법의 승리가 없는—달리 말하자면 일반적인 정의들과 결정들에 따른 민족처럼 보이지 않는—민족으로서 존재할 용의가 있음을 의미할 것이다. 따라서 이스라엘은 기꺼이 메시아의 고난에 참여하는 자신의 몫으로서 이방 민족들 가운데서의 수치와 굴욕마저 받아들이고, 자기들의 신실하신 하나님이 최종적으로 신원해 주실 것을 신뢰해야 할 것이다. 민족들 가운데서 이스라엘의 정의—신뢰의 정의—는 거기서 시작할 것이다.

바로 이런 식으로 이스라엘은 자신이 참으로 하나님의 세속적-역사적인 제사장 나라이자 거룩한 백성임을 나타내 보이고, 자신의 신뢰를 통해 **다른 민족**이 자신의 세속적-역사적 존재를 메시아적 관점에서 생각하는 것이 무엇을 의미하는지를 보여줄 것이다. 그것은 자기주장과 주신의 주권과 자기방어를 거절하고, 자신의 방식을 부과하기보다는 기꺼이 다른 민족들을 섬기며, 손실과 패배를 감수하고, 많은 민족 가운데 하나의 민족으로서 (자랑스럽게 사는 것이 아니라) 기꺼이 상처에 취약하고 겸손하며 심지어 수치스럽게 사는 것이다.

이방 민족들 안에서 그리고 그들 가운데서 하나님의 정의는 어떤 모습일까? 바울은 예수 메시아 안에 있는 하나님의 정의의 묵시적 실재를 통해 이스라엘의 독특한 선물들과 소명을 재확인하고 재상상함으로써 어느 민족이든 세상에서 하나님의 메시아적 비전에 참여한다는—실로 하나님의 평화의 도구가 된다는—대담한 비전을 제시한다.

하나님의 실재와 하나님의 정의의 진리가 예수 메시아와 성령 안에서 이스라엘과 모든 나라에게 나타났다는 점에 비추어 볼 때, 어떤 나라— 당신의 나라—가 "우리는 하나님을 믿는다"라고 선언하는 것이 당신에게 무엇을 의미하겠는가? 당신의 나라의 선언이 메시아적 관점에서 의미가 있다고 암시할 수 있는 어떤 구체적인 증거가 존재하는가? 어떤 증거가 그렇지 않다고 암시하겠는가? 아니면 당신은 이스라엘이나 세상의 다른 어떤 나라가 참으로 바울이 로마서에서 제시한 의미에서의 선언을 하는 것이 불가능하다고 생각하는가? 그것을 가능하게 하려면 어떤 조건들이 존재해야 하는가?

2부

메시아적 삶

RESURRECTING JUSTICE

10장

메시아 추종자들의
공적 예배

이 장에서 다루는 내용
....

- 로마서 12:1-2: 몸과 마음 측면에서의 메시아 추종자들의 삶
- 로마서 12:3-13: 새로운 정치적 통일체 안에서의 메시아 추종자들의 삶
- 로마서 12:14-18: 거리에서와 이웃들 안에서의 메시아 추종자들의 삶

지각력이 있는 독자라면 이 책에서 처음으로 장의 제목에 **정의**라는 단어가 등장하지 않는다는 점을 알아차릴 것이다. 그것에 대한 좋은 이유가 있다. 그리스어 **정의/의로움**이라는 단어들은 로마서의 마지막 다섯 장에서는 한 번의 예외(롬 14:17)를 제외하고 모두 사라진다. 이것은 이상하게 보일 수도 있다. 우리는 정의에 관한 방대한 논문(우리는 로마서를 이렇게 규정한다)에서 저자가 하나님의 정의에 관해 탄탄한 설명을 제공했으니, 이제 독자에게 "정의를 행하도록" 권고하며 그것이 어떤 모습일지를 설명하리라고 예상할 것이다. 그러나 미가 6:8과 달리, 바울은 그의 서신 어디에서도 메시아 추종자들에게 정의를 행하라고 지시하지 않는다. 우리는 로마서 6장에서 메시아 추종자들을 정의의 노예라고 말하고 그들의 몸의 부분들을 정의의 무기들이라고 말하지만, 스스로 움직이는 정의의 실행자들(agents)이라고 말하지 않는 것을 보았다. 무기들은 스스로 휘두르지 않는다. 노예들은 자기의 의지에 따라 행동하지 않고 주인의 의지에 따라 행동한다. 메시아 추종자들은 "정의의 노예들"(롬 6:18), 또는 같은 의미인 "하나님의 노예들"(롬 6:22)이 되었다.

　로마서 1-11장은 **하나님**이 정의를 행하시는 분이시라는 것과 하나님이 예수 메시아 안에서 생명의 성령을 통해 정의를 행하신다는 것을 명확히 밝혔다. 메시아 추종자들은 신뢰를 통해 하나님의 정의에 참여하고 성령을 통해 하나님의 생명에 참여하게 되었다. 바울은 로마서 11:32에서 하나님의 정의가 이상하게 다음과 같이 온다고 결론지었다. 하나님은 모든 사람에게 **자비**를 베푸신다. 메시아 추종자들에게 정의는 하나의 과제로서 주어지는 것이 아니라, 신뢰를 통해 성부, 성자, 성령의 신적 생명에 참여하는 은혜로운 선물로서 주어진다. 바울이 고린도후서 5:21에서 "하나님이 죄를 알지도 못하신 이[메시아]를 우리를 대신하여 죄로 삼으신 것은 우리로 하여금 그 안에서 하나님의 의[정의]가 되게 하려 하심이라"라고 말하는 것처럼 말이다.

하나님의 정의가 된다! 바울이 정의를 뒤로 제쳐두는 것 같지 않다. 메시아 추종자들은 하나님이 예수 메시아 안에서 성취하시고 주시는 것이 **되고**, 성령을 통해 메시아의 신적-인간적 실재에 참여하라고 부름을 받는다. 그러므로 정의에 관한 바울의 논문은 로마서의 다음 다섯 장에서 메시아 추종자들의 삶이라는 관점에서 계속된다. 그 단순한 어구가 우리가 이미 논의한 다음 세 가지 중요한 아이디어를 포착한다. (1) 의롭다는 것은 예수를 죽은 자들로부터 일으키신 하나님을 신뢰하는 것이다(롬 4장), (2) 의로워진다는 것은 십자가에 처형당하시고 살아계시는 메시아에 참여한다는 것을 의미한다(롬 5-6장의 초점), (3) 의롭게 산다는 것은 성령 안에서 사는 것을 의미한다(롬 8장의 초점). 신뢰를 통해 메시아와 성령 **안**에 참여하는 것은 메시아 추종자들이 하나님의 정의를 세상에 증언하고 그것을 가시화하는 방법이다.

메시아 추종자의 몸과 마음(롬 12:1-2)

로마서 1-11장에서 바울은 메시아 안에서 나타난 하나님의 정의는 이스라엘과 민족들에 대한 하나님의 자비라고 선언했다(롬 11:32). 바울은 이제 하나님의 "자비들"에 의해 생겨난 메시아 공동체에 이 자비들 안에서 그리고 그 자비들로부터 살라고 촉구한다(롬 12:1). 하나님의 자비와 긍휼에 의해 창조된 백성이 세상에서 어떻게 사는가? 이 책의 앞 장의 내용으로부터 하나님이 이스라엘을 선택하셔서 그들로 하여금 다른 민족들 가운데서 하나님의 보이지 않는 실재에 대한 가시적이고 살아 있는 성례가 되도록 하셨음을 상기하라. 메시아와 성령 안에서 창조된 새로운 백성 역시 민족들 가운데서 보이지 않는 신적 실재의 가시적인 표지가 되도록 요구된다. 새로운 영성이 개별 신자들의 내면에 있는 새로운 내적 생명을 의미한다면, 복음은 주로 새로운 영성을 만들어내는 것과 관련되지 않는다. 메시아 추종자들의 삶에 대한 바울의 비전에서 그것이 제외되지는 않지만, 그것은 결코 바울이 주의를 기울이는 핵심이 아니다. 대신 바울은 복음이 메시아의 백성들 가운데서 **가시적이고, 몸으로 살아내고, 공적인** 새로운 삶의 형태를 만든다고 이해한다. 이스라엘이 제사장 나라와 거룩한 백성이 되도록 사회적이고 정치적인 몸으로 선택된 것처럼, 하나님의 자비에 의해 사는 사람들은 공동체에서 그들의 개별적인 몸들(*sōmata*, 복수)을 하나님을 기쁘시게 하는 하나이고, 살아 있고, 거룩한 제물(*thysia*, 단수)로 드리도록 요구된다(롬 12:1). 바울은 이것이 그들의 "합리적인[논리적인] 예배"(*logikēn latreian*)라고 선언한다.

바울은 메시아 추종자들의 삶이 살아 있고, 몸으로 살아내고, 합리적인 성격이 있음을 강조한다. 그는 그것이 대중이 볼 수 있도록 공개된, 중요한 공적 삶이라고 이해하기 때문이다. 살아 있는 인간의 몸들은 물리적인 세상에서 공간을 차지하고, 서로 부딪치며, 먹고 마셔야 하고, 옷과 거처가 있어야 한다. 즉 물질적인 재화가 필요하다. 그러므로 몸을 지닌 하나의 존재와 몸을 지닌 다른 존재 사이의 관계에서 이미 물질적·경제적·정치적 관계들이 언제나 명시적이며, 이 관계들은 합리적·비판적 조사를 받게 된다. 이 점은 메시아 추종자들의 몸(*ekklēsia*, 메시아 추종자들의 집회 또는 교회)에도 해당한다. NRSV와 NIV처럼 **로기켄 라트레이안**(*logikēn latreian*)이라는 그리스어 단어를 "영적 예배"로 번역하면, 우리 모두 바울이 대체로 일반 세상으로부터 분리되고 일반 세상에 보이지 않는, "교회 안에서" 일어나는 뭔가—"종교적인" 또는 "영적인" 사람들의 이상하고 비합리적이며 다른 세상의 것 같은 관행들—를 상상하고 있다고 생각하는 경향이 있게 된다. 하지만 바울은 그런 생각과는 아주 다르게 이해했다.

바울에게 있어 메시아 공동체의 예배 또는 하나님께 대한 공적 예배는 몸으로 행하는 관행들에 대해 구체적인 요구(먹기와 마시기 같은 일반적인 일들, 우리는 이 점을 14장에서 살펴볼 것이다)를 하는데, 그 관행들은 좋은 소식의 **논리**와 일치해야 한다. "합리적이고 사려 깊은 예배"가 그들의 공적 영역에서의 삶을 메시아 자신의 삶의 논리에 따라 살아가는 공동체의 현존, 활동, 가시성의 특징이다. 그들의 삶의 형태를 통해 메시아 공동체는 공적 영역에서 하나님의 본성, 선한 삶, 정의의 의미에 관해 구체적인 주장을 한다. 좋은 소식은 "모든 민족 가운데서 [하나님께] 신실한 순종을 가져오게" 할 의도이기 때문에(롬 1:5; 16:26) 바울은 언제나 그 소식을 공개적으로 선언한다. 그것은 복음에 의해 민족들 가운데서 **하나님의 거룩하고 공개적인 정치적 통일체**가 되도록 창조된 메시아 공동체의 신실한 순종으로써 시작한다.

그러므로 바울은 로마에 있는 메시아 추종자들에게 "이 현재 시대의 이치에 맞는 체계(*syschēmatizesthe*, 그리스어 단어의 중간에 들어 있는 *schema*를 주목하라)에 순응하지 말라"라고 촉구한다(롬 12:2). "이 시대의 이치에 맞는 체계"라는 어구를 통해 바울은 한 사회가—그 사회가 작동하게 하는 복잡하고 여러 겹으로 된 관계, 제도, 시스템, 힘들에 관해, 그리고 선한 삶을 달성하기 위해 확인하고, 순응하며, 구현하는 습관들과 관행들에 관해 유지하고 있는—당연하게 여기는(그리고 대개 비판적으로 조사되지 않는) 신념, 가정, 개념, 이미지, 비유를 가리킨다. 문화에 대한 우리의 아이디어는 이 점을 부분적으로 포착한다. 혹자는 사회적 상상 또는 삶의 형태를 좀 더 기술적으로 말한다. 그것은 사회를 **만들고** 사회를 **작동하게** 하는 모든 것이다. 우리는 모두 이치에 맞는 그런 체계들 안에 거주하고, 그것들에 순응하며, 그것들에 의해 살고, 그것들을 구현한다. 우리는 그것들을 **세상**이라고 부른다. 우리가 그것들을 거의 인식하지 않을 수도 있지만, 그것들은 강력하게 우리의 삶을 형성한다. 우리는 그것들 없이 살 수 없다. 예를 들어 우리는 이제 우리가 디지털 사회에 살지 않는다고 생각할 수 없다.

나는 바울이 메시아 공동체에 대해 생각하는 생활 방식의 공적·가시적·물질적·논리적·합리적 성격을 강조했다. 이런 것들이 그리스도인으로서의 당신의 생활이나 교회의 생활을 묘사하기 위해 당신이 사용하는 일반적인 단어들인가? 당신이 당신의 신앙이나 교회 생활을 좀 더 개인적이고 숨어 있으며 영적이고 주로 체험과 감정에 관한 것이라고 생각하는 경향이 있다면, 당신은 그 이유가 무엇이라고 생각하는가? 당신이 속한 사회의 이치에 맞는 체계가 당신을 어떻게 그 공간 안으로 밀어 넣을 수 있겠는가?

우리가 로마서 1:18-3:20에서 살펴보았듯이 바울에게는 좋은 소식이 침입하여 이치에 맞는 우리의 체계를 묵시처럼 방해하고, 우리가 당연하게 생각하는 세상에 가장 근본적인 방식으로 의문을 제기할 것을 요구한다.

복음은 우리의 이치에 맞는 체계들이 또한 그 안에서 죄와 사망이 성장하고 우리에 대한 그것들의 파괴적인 주권을 주장하기 시작하는 비옥한 토양임을 드러낸다. 바울 시대에 이방 민족들은 여러 신, 영들, 마법적 능력, 정치 권력, 우주를 다스린 자연력을 인정하고 존중하며 달램으로써 사물들을 이치에 맞게 만들고 행복을 추구했다. 유데아인들은 하나님의 법에 따라 사물들을 이치에 맞게 만들었는데, 그들은 그 법을 이스라엘 땅에서 사는 백성을 위한 참된 삶의 형태로서 모세에게 계시된, 모든 실재를 조직하는 원리로 이해했다. 유데아인들은 그 법을 실천함으로써 자신을 하나님의 뜻과 실로 모든 창조세계의 진리에 맞추었다. 그러나 바울에 따르면, 복음의 계시하는 빛에 비추어 평가되면 (우리가 롬 2장과 7장에서 살펴보았듯이) (당연하게도) 이방 민족들의 우상 숭배적인 체계들이나 (놀랍게도) 모세의 법조차도 죄와 사망의 힘들에 붙잡히는 데 저항하지 못한다.

우리가 살아가는 세속적인 시대의 서구에서 우리는 사물들을 이치에 맞게 만들기 위해 신적 실재들이나 신적 법들을 (거의) 참조하지 않는다. 대신 민주주의, 과학, 시장 경제, 글로벌 통신, 테크놀로지, 소셜 미디어, 영화와 TV, 디지털 이미지 등이 결합하여 우리의 이치에 맞는 체계를 형성하고 우리에게 "진짜 세상"을 정의한다. 우리는 선한 삶을 추구할 때 이런 것들을 통해 그리고 그것들을 중심으로 우리의 습관, 관행, 사고의 패턴을 형성한다. 그럼에도 좋은 소식에 비춰 판단되면 이 이치에 맞는 체계가 실제로는 우리를 노예로 삼는다. 우리를 강요함으로써가 아니라 우리가 자신을 생명과 행복의 힘으로서의 그것에 맡기도록 설득하고 우리가 그것을 넘어서는 것을 상상하지 못하게 함으로써 그렇게 한다. 현재 시대가 어떤 시대이든 간에—언제나 설득력이 있고 매력적인 힘을 지닌 현재 시대가 존재한다—좋은 소식은 우리가 그것과 **비판적으로** 관계를 맺을 것과 우리의 상상과 실천을 근본적으로 변화시킬 것을 요구한다.

메시아 예수의 하나님은 만물의 하나님이시다(롬 11:36). 하나님의 메시아 백성은 세상에서 이스라엘의 사명의 형태를 취한다. 즉 그들은 민족들 가운데서 복음에 계시된 하나님의 실재와 하나님의 정의에 대한 가시적인 증인이 되어야 한다. 그것은 우리가 현실과 세상이 실제로 어떻게 작동하는지에 대한 우리의 생각을 변화시킬 것을 요구한다. 현실의 세상은 더 이상 사회를 구성하며 단지 존재한다는 사실에 의해 옳고 진실하다고 보이는 힘·경제·소통이라는, 당연하게 여겨지는 체계들에 의해 정의되지 않아야 한다. 삶을 다르게 생각하기란 쉬운 일이 아니다. 메시아의 백성이 만연하고 있는 실재의 옛 습관들 속으로 미끄러지지 않으려면 헌신적인 합리적 숙고, 노력, 실천이 필요하다. 바울은 로마서의 처음 열한 장을 진실에 관한 근본적인 재묘사, 즉 우리가 하나님과 모든 것—주권들, 힘들, 신들, 충성들, (율)법, 정의, 신뢰, 죄, 사망, 은혜, 생명, 속박, 해방, 고난, 사랑, 창조세계, 이스라엘, 민족들—을 어떻게 하나님과 관련하여 생각하고 실천해야 하는지에 대한 혁명으로 의도했다. 로마서의 처음 열한 장은 실재에 대한 종합적이고 마음을 변화시키는 재묘사인데, 그것은 단순히 우리 주위의 세상을 관찰함으로써 얻을 수 있는 지식이 아니다. 사실 우리가 살펴본 바와 같이 바울은 그것을 자신의 생애에서 신적 **묵시**—실재에 대한 극적이고 세상을 변화시키는 **계시**—로 받았다. 그것은 그에게 있어 다름 아닌 자기가 알던 실제 세상의 **죽음**과 한 하나님과 하나님의 메시아와 관련하여 정의된 새로운 실재의 **부활**이었다. 그가 갈라디아서에서 "세상이 나를 대하여 십자가에 못박히고 내가 또한 세상을 대하여 그러하니라.…**새로 지으**

심을 받는 것만이 중요하니라"라고 언급하듯이 말이다(갈 6:14-15). 그것은 우리에게 그보다 덜한 것일 수 없다.

그러므로 메시아 추종자들에게는 다른 선택지가 없다. "마음을 새롭게 함으로 변화를 받으라!"(*metamorphousthe*, 롬 12:2) 마음의 갱신은 우리가 로마서의 첫 열한 장에서 이미 수행했던 것과 같은 종류의 힘든 지적 작업을 요구한다. 그것은 "실천적인" 지시들에 밀려 무시되거나 회피될 수 없는 작업이다. (예를 들어 우리는 얼마나 자주 롬 1-11장을 가볍게 건너뛰고—또는 무시하고—롬 12-15장에 수록된 실천적인 내용으로 넘어가는가?) 메시아 추종자들의 필수적인 마음의 변화는 진지한 지적 작업이 없이 일어나지 않는다. 하나님의 뜻을 아는 것—"선하시고 기뻐하시고 온전하신 뜻"을 아는 것(롬 12:2)—은 실재를 복음의 관점에서 아는 것에 의존한다.

당신은 좋은 소식을 이해하기 위한 힘든 지적 작업에 일반적으로 얼마나 많은 시간과 노력을 할애하는가? (당신이 이 책의 처음 아홉 장을 읽었다면 당신은 다른 많은 사람보다 좀 더 헌신적일지도 모른다!) 그 작업이 "실재"가 어떤 모습인지에 대한 당신의 이해에 어떤 영향을 주는가? 그 작업이 현재 시대(당신이 현재 소속해 있는 사회와 문화의 맥락)가 이해하는 실재를 당신이 어떻게 비판적으로 바라보게 하는가? 당신은 실재를 복음의 관점에서 설명할 수 있는가?

메시아적 정치적 통일체(롬 12:3-13)

하나님의 정의의 복음 묵시는 메시아적 삶의 형태를 요구한다. 그것의 형태는 메시아 예수 안에서 성육신하기―구현되기―때문에 메시아적이다. 예수는 메시아 공동체에서 살아계신 삶의 원천, 능력, 양상이시다(롬 6장을 보라). 인간의 삶의 참된 형태는 (유데아의 것이든 로마의 것이든 간에) 법에 정해지지 않았다. 그것은 예수의 인격 안, 즉 그의 삶과 죽음과 부활과 높아지심 안에 주어졌다. 바울은 복음 이야기를 안다. 그것이 바울이 기록하는 모든 것의 기초를 이루는 토대다. 바울이 쓴 모든 서신의 중요한 지점에서 복음 이야기가 표면에 떠오른다. 때로는 바울이 그것을 간접적으로만 암시한다. 그는 어떤 때에는 로마서 1:3-4에서처럼 복음을 명시적으로 요약하거나 빌립보서 2:6-11에서처럼 좀 더 충분히 제시한다. (신약성경이 쓰인 뒤에 살고있는 우리는 바울의 독자들이 지니고 있던 것보다 훨씬 많은 내용이 담긴 사복음서를 갖고 있다.) 따라서 바울이 이제 예수 메시아 안에 있는 하나님의 정의에 의해 생성된 삶의 형태에 관해 서술할 때 메시아의 성육신하신 삶이 모든 것의 시금석이다.

개별적인 메시아 추종자들의 모임이 어떻게 메시아 공동체―세상에 있는 연합하고 가시적인 메시아의 정치적 통일체―로서의 형태를 취하는가? 우리는 로마에 있는 여러 메시자 추종자 집단 중 하나의 가능한 사회적 구성을 단서로 삼을 수 있을 것이다. 뵈뵈가 바울의 편지를 읽는 것을 듣는 사람들의 모임(롬 16:1-2)에는 한 수공예업자(그의 가게에서 모였을 수도 있다)와 그의 가족(아내, 자녀, 남성 수공예 노예 한두 명, 여성 가사 노예 한 명, 그에게 생계를 의존하는 한두 명의 친척 포함), 소수의 가장과 그들의 가족, 몇몇 개별적인 가족 구성원과 노예 및 그들에게 생계를 의존하는 사람, 몇몇 집이 없는 사람과 이주 노동자들이 포함되었을 가능성이 있다.[1] 로마에 있는 이 메시아 공동체에 집안이 좋거나 부유한 사회적 엘리트들이 있었을 가능성은 작았지만, 그럼에도 그곳에서 로마의 전형적인 사회적 가치라는 위계가 가정되고 작동했다. 각각의 구성원은 자기가 그 위계에서 어느 위치에 있으며 어떤 명예가 자신에게 적당한지(그렇지 않은지)를 알았다. 그 명예의 척도에서 남성 수공예업자가 맨 위에 있었고 여성 노예가 맨 아래 있었으며(그들은 때때로 성 노예로 이용되었다), 다른 사람들은 그 사이에 있었다. 그 가운데 집단은 대체로 이방인이었을 가능성이 크지만 몇몇 유데아인도 있었을 수 있다. 로마인들 가운데서는 (우리가 롬 11:13-24에서 얼핏 본 바와 같이) 유데아인들을 멸시하는 경향이 있었고, 유데아인들은 당연히 로마의 이방인들에 관해 심각한 종교적·도덕적 의문을 품었다. 그러므로 (우리가 롬 14장에서 보게 될) 민족적 갈등이 종종 명시적이거나 수면 아래 잠복해 있었다.

이 다양한 메시아 추종자들의 집단이 바울의 편지를 들으려고 로마에 있는 집이나 가게에서 모였을 때, 좋은 소식이 명예, 지위, 가치에 관한 그들의 일반적인 사회적·민족적 가정들에 도전했다. 지금까지의 바울의 편지 전체는 "모든 민족"이 사실상 하나님의 자비인(롬 11:32) 메시아 안에 있는 하나님의 정의 안으로 취해진다고 결론짓는다. 그 모임에서 **모든 사람**―신분이 높은 사람과 낮은 사람, 이방인과 유데아인―을 위한 좋은 소식은 그들의 가치가 부유하든 가난하든, 남성이든 여성이든, 자유인이든

---

1   Peter Oakes, *Reading Romans in Pompeii: Paul's Letter at Ground Level* (Minneapolis: Fortress, 2009), 96. 이 책은 로마에 있는 메시아 추종자들의 모임이 어떤 모습이었을지, 그들이 어떻게 모였을지, 그들의 공동생활의 사회경제적 함의는 무엇이었을지를 이해하는 데 필수적이다.

노예이든, 이방인이든 유데아인이든 세상의 사회 질서에서 일반적으로 그들의 자리를 결정할 어떤 기준에 의해서도 조건 지어지지 않는다는 것이다. 하나님의 정의의 좋은 소식은 단순히 그들의 가치가 은혜로운 **선물**로서 하나님으로부터 그들에게 주어진다는 것을 의미했다.[2] 바울 자신의 삶과 사도직은 은혜로운 선물이었다(롬 1:1, 5을 보라). 메시아 추종자들 사이에서 중요한 유일한 기준은 하나님에 대한 "신뢰의 분량(metron pisteōs)"이다(그러나 하나님 자신이 그들 가운데 은혜롭게 신뢰를 "나누어주신다"[롬 12:3]). 그러므로 그들의 신뢰의 분량조차 하나님으로부터 나온다면 그들은 그것에 대해서도 자랑할 수 없다. 신뢰의 정의의 복음(롬 4장을 보라)은 모든 사회적·인종적 위계를 가로지르며 그것들이 작동하지 않게 만든다.

메시아 안에 있는 하나님의 은혜는 연합된 사회적 몸, 즉 "메시아 안의 한 몸"을 창조하는데(롬 12:5), 그 몸의 각 사람은 메시아 안에서 다른 모든 사람에게 결합한 "[몸의] 부분"이다. 한 몸과 상호 연결된 그것의 구성원들이라는 이미지는 정의의 좋은 소식에 또 다른 측면을 덧붙인다. 명예와 지위의 시스템이 해체될 뿐만 아니라, 메시아 추종자들의 모임의 별개의 구성원들이 은혜에 의해 **서로 의존하고 유익을 주는 단일한 사회적 단위** 안으로 결합한다. 사실 하나님이 그 공동체가 전체로서 번성할 수 있도록 그 공동체의 각각의 구성원에게 은혜로운 선물들(charismata)을 주셔서 그 정치적 공동체에 그것을 제공하게 하신다. 그 선물들은 서로 돌보는 견고하고 살아 있는 공동체를 지탱하는 데 필요한 광범위한 활동들―하나님

---

2 John Barclay, *Paul and the Gift*(Grand Rapids, MI: Eerdmans, 2015)는 현재 구할 수 있는 자료 중 바울의 은혜와 선물 신학에 대한 가장 방대한 설명을 제공한다. 『바울과 선물』, 새물결플러스 역간.

의 말씀 선포(예언), 실제적인 서비스들(*diakonia*), 신학적 지도(가르침), 옆에서 격려함(*paraklēsis*), 재정적 관대함, 공동체의 리더 직분, 기쁘게 베푸는 긍휼—을 포함한다. 이 모든 것은 메시아의 한 몸을 세우기 위해 주어진다(롬 12:6-8). 로마처럼 계층적이고, 지위에 집착하며, 매우 경쟁적인 도시 사회 안에서 하나님의 은혜를 통해 살고 명예와 선물들과 재화들과 서비스들을 무료로 공유하는 메시아 추종자들의 사회는 이상하게 보였을 것이다. 혹자—현상을 유지하는 데 이해관계가 걸린 사람들—에게는 그것이 그다지 좋은 소식이 아니라 위험하게 보였을 수도 있다. 다른 사람들—사회경제적으로 지위가 낮은 사람들—에게는 그것이 매우 매력적이고 참으로 좋은 소식으로 보였을 것이다. 바울에게는 그것이 하나님의 정의가 되어가는 모임처럼 보였다.

하나님의 정의는 "우리 주 메시아 예수 안에 있는 하나님의 사랑"(롬 8:39)에 뿌리를 두고 있다. 따라서 사랑이 메시아 추종자 공동체의 핵심에 위치한다는 사실이 놀랄 일이 아니다. 바울이 고린도전서에서 사랑에 관해 말하는 내용에 익숙한 사람은 누구나 사랑은 주로 개인의 감정이 아님을 안다. 그것은 관계의 질과 실천이다. 여기서도 마찬가지다. 그들의 사랑은 악한 관행들과 행동들을 참으로 미워하고 선을 고수할 것이다(롬 12:9). 구체적으로 말하자면 사랑은 "형제의 애정"으로써 "서로" 사랑하는 형태를 취한다(롬 12:10). 그것은 서로를 사회적 위계에서 경쟁하는 라이벌로 여기는 것이 아니라, 서로 연결되고 돌보는 하나의 가족 구성원으로 여기는 것을 의미한다.[3] 경쟁이 존재한다면, 그것은 자신을 위해 명예를 **추구함**에 있

---

3 Oakes, *Reading Romans in Pompeii*, 108-10은 메시아 추종자들의 이 새로운 친족 관계가 진지

어서가 아니라 **다른 사람들**에게—수공예업자가 노예 소녀에게, 로마의 이방인이 유데아인에게, 남성이 여성에게—명예를 보여줌에 있어서여야 한다(롬 12:10). 어느 저자의 말마따나 이것은 "명예가 일반적이지 않은 모든 방향으로 주어지는 것"을 의미할 것이다.[4] 일반적인 사회 질서를 그런 식으로 역동적으로 해체하는 것이 바울에게는 성령이 일하고 계시고, 그 공동체 안에 사회적 흥분을 창조하시고, 각 구성원을 자유롭게 하셔서 주를 "섬기는 노예"가 되게 하시는 표지일 것이다(롬 12:11). 메시아 안에 있는 하나님의 정의는 메시아 공동체 안에 이런 종류의 새로운 공동생활을 만들고 형성한다. 그리고 새 생명과 더불어 즐거운 새 희망, 즉 여전히 옛 체계에 따라 작동하는 세상 안에서 계속 섬기고, 고통당하며, 기도해야 하는(롬 12:12) 구성원들 사이에 인내를 강화하는 희망이 찾아온다.

> 당신의 메시아 공동체(일명 당신의 교회)는 당신이 속한 주위 사회의 경제적·사회적·인종적 분열과 불일치를 어느 정도로 반영하는가? 좋은 소식이 그런 분열과 불일치를 어느 정도로 해체하기 시작하는가? 당신은 당신의 메시아 공동체에서 하나님의 정의가 되는 데 어떤 장애를 인식할 수 있는가?

로마서 12:3-12에 기록된 바울의 묘사는 주로 메시아 추종자들의 모임 **안에서의** 생활에 초점을 맞춘 것으로 보인다. 다음 절들에서 그는 그 모임에

하게 취해질 때 발생할 수도 있는 다른 관계들에서의 몇몇 어려움과 혼란을 묘사한다.

4 Oakes, *Reading Romans in Pompeii*, 111.

속하지 않은 사람들과의 관계로 주의를 돌린다. 그리스, 소아시아, 유데아 안에는 말할 것도 없고 로마 안에 메시아 추종자들의 몇몇 모임이 있었다. 개별적인 이런 모임들 안에서뿐만 아니라, 이런 모임들 **사이에서도** 정의의 조화가 이루어지는 것이 매우 중요했다. 바울은 "성도의 쓸 것을 공급하며 [*koinōnountes*]"(롬 12:13)라고 추가하면서 먼저―아마도 재무적 자원 측면에서 다소 차이가 있었을 가능성이 있는―로마에 있는 다양한 메시아 추종자들의 공동체 사이에 재화와 재정을 공유하라고 촉구한다. 그러나 그는 좀 더 세계적인 그림도 염두에 두고 있다. 로마서 15장에서 그는 "예루살렘 성도 중 가난한 자들을 위하여 기쁘게 얼마를 연보한[*koinōnian*]" 마게도냐와 아가야의 신자들에 관해 말한다(롬 15:26). 하나님의 정의의 좋은 소식은 사도행전 2:43-47과 4:32-37에서 극적으로 보여진 것처럼 메시아 공동체들 안에서와 그들 사이에서 **경제적 평준화**를 가져온다. 로마 사회에서 만연한 심각한 경제적 불균형이 일반적이었다. 극소수만 부유했고 사람들의 대다수는 최저 생활 수준에서 살았다. **코이노니아**(*koinōnia*), 즉 경제적 공유가 바울에게는 메시아 추종자들의 모임을 하나님의 정의 안으로 형성하는 확실한 표지였다.[5] 환대(*philoxenia*, 롬 12:13), 즉 낯선 이들을 환영하고 사랑하는 것도 마찬가지였다. (주: *philoxenia*의 반대말은 *xenophobia*―낯선 사람 또는 외국인[*xenoi*]에 대한 두려움―다.) 낯선 사람들과 공간과 자원을 공유하는 것은 종종 큰 대가가 요구되고 어려우며 때로는 위험하다. **필로크세니아**(*philoxenia*)는 **코이노니아**보다 훨씬 더 힘들 수도 있다. 모르는 타인들

---

5   Bruce W. Longenecker, *Remember the Poor: Paul, Poverty, and the Greco-Roman World* (Grand Rapids, MI: Eerdmans, 2010).

에게 재정적 자원을 보내는 것과 모르는 남들을 자기 집안으로 맞아들이는 것은 별개다. 그럼에도 메시아 운동의 초기에는 특히 메시아에게 헌신한다는 것(그것이 이방인들에게는 이전의 신들과 관행들을 버리는 것을 의미했을 것이다)은 때때로 자신의 가족, 가정, 공동체와 그것들이 제공하는 안전으로부터 배제되는 것을 의미했기 때문에 환대가 필요했다. 그러나 바울은 특히 몇 년 전에 (다른 유대아인들과 더불어) 로마라는 도시에서 추방되었다가 이제 돌아오고 있는 몇 명 유대아인인 메시아 추종자들을 염두에 두고 있을지도 모른다. 그런 불안정한 상황에 있는 사람에게는 거처와 지원이 필요했는데, 그것들이 메시아 안에 있는 이방인 형제자매들을 통해 제공되어야 했을 수도 있다. 사실 바울 자신이 종종 메시아 추종자들의 모임의 재정적 지원과 환대에 의존하는 이주자였다(롬 15:24). **필로크세니아**, 즉 환대는 하나님의 정의가 되는 또 다른 방법이었다.

일상에서의 메시아 추종자들의 삶(롬 12:14-18)

로마에 있는 메시아 신자들과 메시아 추종자들의 소모임들은 물론 좀 더 넓은 전체 사회에 둘러싸여서 이치에 맞는 현재 시대의 체계에 따라 살고 있었는데, 메시아 추종자들은 그 체계에 순응하지 않아야 했다(롬 12:2). 메시아 추종자들의 모임은 다소 이상해 보이고 아마도 그 사회에 위험해 보이기조차 했을 것이다. 우리가 살펴본 바와 같이, 그들이 하나님의 정의와 자비에 따라 사는 한 로마 사회의 일반적인 사회경제적 질서들은 더 이상 그 모임들 안에서의 삶을 결정하지 않았다. 우리는 로마인인 그들의 이웃들이 다음과 같이 말하는 것을 상상할 수 있다. "모든 사람이 그렇게 살기 시작하면 어떻게 하지? 로마의 사회 조직이 풀어지기 시작할 거야."(실제로 이러이러하게 되면 어떻게 하지?) 그러나 바울은 "모든 사람"이 그렇게 살 것이라고 생각하지 않는다(비록 그것이 그의 궁극적인 희망일지라도 말이다). 사실, 그는 자신이 메시아 안에 있는 하나님의 정의를 선포하는 사명을 수행하면서 종종 직면했듯이, 현실적으로 반대의 시기를 예견한다.

문제는 메시아 추종자들의 모임들과 그들의 구성원들이 반대를 만날 **것인지 아닌지**가 아니다. 그들이 반대에 직면할 때 어떻게 **반응할지**가 문제다. 바울의 지시는 명확하다. "너희를 박해하는 자를 축복하라. 축복하고 저주하지 말라"(롬 12:14). 그것이 메시아적인 양상이다. 하나님이 아브람을 부르셨을 때(창 12:1-3), 하나님의 목적은 아브람과 그의 가족을 통해 하나님이 "땅의 모든 족속"에게 **복을 주시는** 것이었다. 다른 사람을 축복하는 것은 하나님의 백성을 정의하는 특징이다. 아브람을 부르신 바로 그 이야기에서 하나님은 다른 민족들 중 일부가 사실은 아브람과 그의 가족을 저주할 가능성, 즉 그들을 멸시하거나 그들을 해치려고 할 가능성을 인식하신다. 하지만 하나님은 아브람에게 그들에게 저주를 앙갚음할 권리나 임무를 주시지 **않는다**. "너를 저주하는 자에게는 **내가** 저주하리니." 하나님은 처벌할 권한을 자신에게 유보하신다. 바울의 지시에서도 마찬가지다. 박해에 대한 메시아 추종자들의 반응은 박해자들을 해치기를 원하거나 실제로 해치는 것이 아니다. 축복하는 것이 그들이 보여야 할 반응이다. 바울은 뒤의 몇 구절들에서 그 역학을 다소 길게 설명한다.

로마에 있는 메시아 추종자들은 메시아를 추종하지 않는 이웃들의 한가운데서 그들에게 둘러싸여 살고 있다. 바울은 어느 정도 박해가 있으리라고 생각하지만, 그는 또한 그런 이웃들과 함께 그리고 그들 가운데서 **함**

께 사는 삶이 지속되리라고도 생각한다. 바울은 그들로부터의 분리를 장려하는 것이 아니라 메시아 추종자들에게 자기 이웃의 기쁨과 슬픔을 나누고, 그들과 공통의 기반을 추구하며, 함께 선을 도모하라고 촉구한다(롬 12:15-16). 하나님의 자비가 일상적인 삶의 관계에서 로마의 거리에 침투한다. 메시아 추종자들과 다른 사람들 사이에 뚜렷한 경계가 없으며 문화적 담도 없다. 메시아 추종자들의 모임들은 세상에 대해 닫혀 있지 않다. 메시아의 양상을 따르는 메시아 추종자들은 특히 사회에서 지위가 높은 사람들보다는 낮은 사람들을 찾아 그들과 삶을 나누고, 자신을 다른 사람들보다 "더 현명하다"고 여기지 않아야 한다(롬 12:16). 하나님의 정의의 좋은 소식은 세상에서 메시아 추종자들 사이에서뿐만 아니라 그들이 날마다 공통의 삶을 나누는 보통 사람들 사이에서도 전진한다.

그러나 일상에서의 공통의 삶은 갈등이 있는 삶일 수도 있다. 바울은 이 점에 관해서도 현실적이다. 메시아 공동체 자체 안에서든 그 공동체 밖의 사람들과의 관계에서든 간에 때때로 불일치가 발생하고 편견이 일어나며 적대감이 날카로워진다. 어떤 사람들은 해치려고도 한다. 바로 이런 순간에 메시아의 양상이 만연하고, 메시아적인 정의의 길이 가시화되어야 한다. 갈등 상황에서 우리 내면의 본능은 자신을 방어하고 앙갚음하려고 한다. 사실은 그것이 종종 우리에게 정의가 의미하는 바다. 그러나 메시아 추종자들에게는 근본적으로 메시아 안에 있는 하나님의 정의의 형태가 우리의 자연스러운 본능을 가로막는다. **"아무에게도 악을 악으로 갚지 말고 모든 사람 앞에서 선한 일**을 도모하라"(롬 12:17). 복음은 우리에게 앙갚음하지 말고 뒤로 물러서라고 요구한다. 뒤로 물러서면 새로워진 마음에서 나오는 참을성 있고 분별력이 있는 사고를 위한 시간과 공간이 만들어진다.

그것은 그 상황에서 하나님의—"선하시고 기뻐하시고 온전하신"—뜻(롬 12:2)을 고려할 수 있는 시간과 공간을 만든다. 바울은 특히 갈등의 때에 메시아 추종자들이 추구하는 선의 공적이고 가시적인 특성(그리스어 *enōpion*)을 강조한다. 뒤로 물러서고 보복하지 않으며 다른 길을 모색하는 인내는 하나님에 대한 우리의 신뢰를 가시화하고 하나님의 정의—신뢰의 정의—가 구현되고, "모든 사람"에게 구현된 것으로 보이게 만드는 문을 연다.

그러므로 메시아적인 삶의 형태는 거리에 평화를 가져온다. 바울은 메시아 추종자들의 정치적 통일체가 "세계평화"를 가져오는 웅대한 비전을 품지 않는다. 그는 실제로 우주적 정의와 화해와 평화의 비전을 품지만, 우리가 살펴본 바와 같이 그것은 **하나님이** 메시아의 죽음에서 성취하시는 일이다(롬 3:21-26; 5:1-11). 그러나 메시아 추종자들은 중재라는 은혜로운 **신적** 사역을 신뢰하면서, 다른 사람들과 직접 대면하여 만날 때 거리에서 은혜와 평화의 화신이 되기도 한다. 바울은 순진하게 메시아 추종자들이 어디를 가든 아무 갈등이 없으리라고 생각하지 않는다. 오히려 로마서 12:18은 반대와 갈등과 때때로 박해를 예견한다. 복음이 삶의 존재 방식을 묵시적으로 교란하는 것이 (엘리트들 사이에서만 작동하는 것이 아니라 보통 사람들—기능공, 상점 노동자, 이주자, 노예들—사이에서도 작동하는) 힘과 지위와 특권 같은 것들을 폐지하려고 위협할 때 복음에 의해 만들어진 새로운 형태의 삶은 때때로 복음의 적들을 만들어낸다.

그러나 그들이 메시아적인 방식에 대한 반대에 직면하든 일상의 관계들에서 발생하는 일반적인 분쟁에 휘말리는 간에, 메시아 추종자들은 그들의 이웃들 사이에서 평화의 길을 가도록—또는 좀 더 강조해서 말하자면 "평화가 되도록"(*eirēneuontes*)—요구된다. 모든 사람과 평화롭게 지낼 책임은 다른 사람들이 온화한지에 의존하지 않는다. 그들이 온화한 사람이 아닐 수도 있다. 바울은 그럼에도 "할 수 있거든 **너희**로서는[그것이 너희에게 의존하는 한] 모든 사람과 더불어 화목하라"라고 말한다. 적대적인 **어떤** 상황에서도 메시아 추종자들은 그들이 이미 메시아 안에서 공유하고 있는 평화를 살아내도록 요구된다. 그들은 일상생활의 분쟁들과 적대감들의 한복판에서 보여주는 메시아의 평화의 형태 자체다.

> 당신의 교회 또는 교파는 온화하고 평화를 이루는 것이 예수 메시아의 진리에 대한 자신의 주된 증언 중 하나라고 생각하는가? 그렇다면 평화를 이루기 위해 당신의 교회(교파)가 실천하는 항목에는 어떤 것들이 있는가? 그렇지 않다면 평화를 교회의 주된 증언 중 하나로 보는 데 대해 어떤 반대들이 있겠는가? 메시아 안에 있는 하나님의 정의의 좋은 소식이 그런 반대 중 몇몇에 대해 어떻게 관련되겠는가?

메시아 추종자들은 로마의 도시 중심부—또는 다른 도시나 시골 환경—의 번잡하고 때때로 갈등이 있는 주고받기에서 면제되지 않는다. 한편으로 그들은 메시아의 정치적 통일체로서 그곳에 존재하면서 로마 사회의 일반적인 사회적 경쟁 대신 상호 존중과 돌봄의 정신으로 살아야 한다. 다른 한편으로 그들은 실재와 생활 방식에 대한 그들의 변화된 관점을 공유하지 않는 다수파 사이에서 살고 있다. 이 사람들은 그들의 이웃, 동료, 심지어 그들이 삶, 공간, 재화와 서비스, 기쁨과 슬픔, 기념과 논쟁을 공유하는 가족 구성원이다. 이 이웃들 중 일부는 악을 행하고 많은 사람은 선을 행한다(롬 2장을 보라). 메시아 추종자들은 이처럼 살아 있고, 역동적이며, 복잡하고,

매우 인간적인 혼란에 **속한다**. 그들은 계속 그것에 참여하고, 그것에 의존하며, 그것에게 받고, 그것에 공헌한다. 메시아 추종자들의 삶의 형태는 사적인 클럽의 결성이 아니라, 모든 사람에 대한 하나님의 정의와 평화와 생명을 증언하는 개방적이고 관련을 맺으며 환영하는 정치적 통일체다. 메시아의 정치적 통일체의 존재 자체가 모든 사람에게 하나님을 신뢰하고, 아버지와 아들과 성령의 온화한 신적 생명 안으로 들어가라는 초대다.

11장

메시아 추종자들의 자유

이 장에서 다루는 내용

....

- 로마서 12:19-21: 불의의 한가운데서 메시아 추종자들의 인내
- 로마서 13:1-10: 권력의 한가운데서 메시아 추종자들의 무정부 상태
- 로마서 13:11-14: 주의산만의 한가운데서 메시아 추종자들의 시간

우리는 앞 장에서 바울이 좋은 소식의 논리에 의해 형성되어야 할 로마의 "일상에서의" 새로운 공동체를 묘사한 것을 살펴보았다. 로마서 12장의 첫 부분에서 그가 강조하는 내용은 내가 공적 예배라고 부르는 것—메시아 추종자들과 메시아 추종자들의 모임들이 그들 자신의 삶이 복음에 의해 형성되도록 하기 위해서뿐만 아니라, 그들의 이웃 가운데서 그 이웃과 함께 평화롭게 살고 그들의 유익을 추구하기 위해 노력해야 하는 방식—이다. 로마서 12장의 남은 몇 절(롬 12:19-21)과 로마서 13장에서 바울은 역시 좋은 소식의 논리에 의해 형성된 공적 자유의 새로운 공동체를 마음에 그린다. 특히 메시아 추종자들은 기존의 법체계와 정부 안에서 살지만, 그들의 메시아적 삶과 공동생활은 그런 체계들과 제도들에 의해 결정되거나 그것들에 대해 책임지지 않는다. 그들은 그것들과 관련하여 자유롭다.

우리가 뒤에서 살펴보겠지만 이는 메시아 추종자들이 분리되어 살거나, 제도들에 반대하거나, 법을 지키지 않거나, 정부에 반대하거나, 이런 시스템들이 존재하지 않는 것처럼 행동할 수 있기 때문이 아니다. 오히려 그것은 그들이 메시아와 성령 안에서 받는 정의와 생명의 충만함이 법과 정부라는 세상의 제도들에 의존하는 것과 그런 제도들을 신뢰하고 그것들에 순종하는 것으로부터 그들을 해방하기 때문이다. 메시아 추종자들은 어떤 정치적·사법적 상황—아무튼 종종 메시아 안에서의 삶과 불화하는 상황—이 존재하더라도 자유롭게 메시아적 삶을 살 수 있다. "이 시대의 이치에 맞는 체계들"(롬 12:2)에 따라 작동하는 시스템들로서 정부와 법은 죄에 붙들려 있으며, 자주 세상의 많은 불의와 악에 책임이 있다.

메시아 추종자들의 인내(롬 12:19-21)

(앞장에서 논의된) 메시아 추종자들이 일상의 삶에서 휘말릴 수도 있는 일반적인 개인 수준의 갈등들을 넘어, 이해관계가 좀 더 크고 가해진 피해가 좀 더 심각한 분쟁들도 존재할 수 있다. 이런 일들은 재산, 생계, 핵심 가치, 명예와 평판, 생활 방식, 심지어 생명 자체에 대한 심각한 피해를 포함할 수 있다. 이런 갈등에서는 바르고 정당한 질서가 공격받는다. 그러므로 우리는 단순히 위반에 대해서뿐만 아니라 행해진 **불의**에 대해서도 언급해야 한다. 불의는 불의로 인정되고 바로잡힐 필요가 있다. 로마서 12:19-21에 등장하는 바울의 지시는 단순히 (롬 12:17에서 시작된) 일상적인 삶의 관계에서 보복하지 말고 온화하게 지내라는 요구를 이행하는 것으로 보이지만(그런 측면이 있다), 그는 이제 그 담론을 다른 차원으로 가져간다. 그는 "친히 원수를 갚지[*ekdikountes*] 말라"라고 말한다(롬 12:19). 당신은 그리스어 단어의 중간에 *dik-* 어근이 들어 있는 것을 알아차렸을 것이다. 그것은 정의의 문제와 관련이 있다. 스스로 원수를 갚는 것은 불의를 경험한 뒤 스스로 정의를 실현하려고 시도하는 것이다. 그러나 우리가 예상하게 된 바와 같이, 정의에 관해 바울은 메시아 추종자들에게 하나님을 신뢰하고 스스로 정의를 취하지 말라고 요구한다.

보복이나 처벌을 통해 또는 당국이나 법을 통한 교정을 통해 잘못에 대해 복수하기를 원하는 것은 인간의 자연스러운 본능이다. 그러나 바울은 "사랑을 받는" 메시아 추종자들에게 무뚝뚝하게 호소한다. " 너희가 친히 원수를 갚지 **말라.**" 이 말은 확실히 메시아 추종자들이 (문자적으로든 비유적으로든) 반격함으로써 "자신의 손에 정의를 취하지" 말아야 한다는 뜻이다. 그러나 우리가 고린도전서 6:1-8을 고려할 경우, 그 말은 또한 메시아 추종자들은 (그들 사이의 분쟁에서) 즉각적으로 이교도의 법정을 통해 교정을 추구하지 않아야 한다는 것도 의미한다. "너희가 피차 고발함으로 너희 가운데 이미 뚜렷한 허물이 있나니 차라리 불의를 당하는 것이 낫지 아니하며 차라리 속는 것이 낫지 아니하냐? 너희는 불의를 행하고 속이는구나. 그는 너희 형제로다"(고전 6:7-8).

고린도(또는 로마) 같은 장소에서 속이는 것과 불의는 주로 좀 더 영향력이 있는 사람들에 의해 저질러졌을 가능성이 컸다. 로마 세계의 법은 대체로 부자와 지위가 높은 사람들에게 유리한 경향이 있었다. 법원에서의 사건 처리는 종종 그들에게 유리하게 진행되었다(그것이 고대 때의 문제만은 아니다). 지위가 낮은 사람들은 승소할 가능성이 별로 없었고 따라서 그들의 불만을 법원에 제기할 가능성이 작았다. 바울은 고린도에 있는 메시아 추종자들에게 그들의 불만을 (성령의 인도 아래) 특권보다 정의가 우세할 가능성이 좀 더 큰 메시아 추종자들의 모임에 제기하라고 호소한다. 바울이 가해진 피해를 묵인하는 것이 아니다. 오히려 그는 메시아 공동체가 자체 안에 적어도 메시아 추종자들 사이의 "일반적인" 피해 사건을 판결할 권위와 역량을 지니고 있다고 단언하는데(고전 6:2-4), 그것은 그 공동체의 좀 더 취약한 구성원들을 (종종 불공정한) 이교도의 법정의 처벌로부터 보호하는 효과가 있었을 것이다.

하지만 로마서 12장에 등장하는 "내 사랑하는 자들아, 너희가 친히 원수를 갚지 말라"라는 호소는 메시아 공동체 안의 분쟁을 넘어선다. 그것은 또한 메시아 추종자들에게 고의로 악을 꾀하는 사람들인 **원수들**에 대한 관계에도 그리고 특히 그 관계에 적용된다(롬 12:20). 바울은 메시아 추종자들에게 그들의 원수에 대항하여 정의를 실현하기를 추구하지 말고 "하나님의 진노하심[orgē]에 맡기라. 기록되었으되 '원수 갚는 것(정의를 실현하는 것, ekdikēsis)이 내게 있으니 내가 갚으리라'고 주께서 말씀하시니라(신 32:35의 인용)"라고 호소한다(롬 12:19). 이 대목에서 몇 가지를 주목할 필요가 있다. 첫째, 바울은 정의를 실현하는 것이 중요하지 않다고 말하지 않는다. 오히려 그는—그것이 어떤 형태를 취하든 간에—정의가 보증된다고 말한다. 그릇된 것이 바로잡힐 것이다. **하나님**이 그 일을 하실 것이다. 실제로 하나님은 이미 메시아의 죽음과 부활에서 정의를 실현하셨고, 그 정의의 실재—하나님의 선하심—가 이미 악을 행하는 사람들을 직면하고 심판한다. 그러나 불의(그리고 위반자)에 대해 취해지는 모든 보복 행위는 메시아 추종자들이 할 일이 아니라 하나님의 일이다.

둘째, 메시아 추종자들이 하나님의 정의가 구현될 "자리를 줄"때(롬 12:19) 그들은 자기들이 언제나 하라고 부름을 받은 일, 즉 하나님을 **신뢰**하는 일을 하는 것이다. 바울이 이미, 특히 로마서 4장에서, 명확히 밝힌 것처럼 하나님에 대한 신뢰는 메시아 추종자들이 하나님의 정의에 참여하는 방법이다. 그것은 그들이 신적 정의의 일을 떠맡고 그것을 자신의 인간적 의제로 삼는 것이 아니다. 정의는 신뢰를 통해 그들에게 주어진다. 그들은 그들의 원수들에 의해 저질러진 불의에 직면해서조차 이미 선물로서 하나님의 정의와 정당함을 인정받음에 믿음으로 참여한다. 그러므로 그들은 **가시적**인 정의를 요구하고, 보복 행위 또는 처벌로서의 정의가 이 땅에서 구현되는 것을 **보기**를 요구하는 강박에서 벗어난다. 그 대신 메시아 추종자들은 이미 하나님에 의해 정당함을 인정받았기 때문에 불의에 의해 깨진 관계들을 화해, 구속, 회복하시는 하나님의 사역에 참여한다. 그들은 자신에게 가해진 악에 대해 선을 행함으로 반응할 때 이 일을 한다(롬 12:21).

셋째, 좋은 소식은 전에 하나님의 원수들이었던 메시아 추종자들이 메시아의 죽음을 통해 죄와 사망의 힘에 대한 속박에서 해방되었다는 것이다. 바울은 앞서 이 점을 명확히 밝혔다. "그러면 이제 우리가 그의 피로 말미암아 의롭다 하심을 받았으니 더욱 그로 말미암아 진노하심에서 구원을 받을 것이니, 곧 **우리**가 **원수** 되었을 때에 그의 아들의 죽으심으로 말미암아 하나님과 화목하게 되었은즉 화목하게 된 자로서는 더욱 그의 살아나심으로 말미암아 구원을 받을 것이니라"(롬 5:9-10). 메시아 안에서 하나님이 **하나님 자신의 원수들**을 하나님께 반대하는 세력 아래의 속박에서 구원하신다. 그러므로 메시아 추종자들은 악을 행하는 사람들에 대한 인간의 분노—보복과 처벌—를 옹호하거나 선동하지 않는다. 그렇게 하는 것은 하나님의 원수이던 자신이 화해된 것과 메시아 안에서의 자신의 새로운 삶에 근본적으로 모순된다. 그들은 분노를 하나님께 맡긴다. 달리 행동하는 것은 또다시 죄와 사망의 체제의 원리들에 따라 행동하는 것을 의미할 것이다. 그것은 "악에게 지는" 것을 의미할 것이다(롬 12:21).

정의의 의미에 대한 당신의 이해와 당신의 국가에서 사법적 판결과 형법 시스템의 목적에 관한 당신의 사고에서 현세의 가시적인 보복과 처벌 개념이 어떤 역할을 하는가? 하나님의 정의가 예수 안에서 경건치 않은 자들, 죄인들, 원수들(즉 우리)을 하나님과 화해시킨다는 사실이 정의의 의미에서 보복과 처벌의 역할에 대한 당신의 태도를 어떻게 변화시키는가?

메시아 추종자들은 분노에 토대를 두고 행동하지 않고, 메시아 안에서 자유롭게 하나님 자신의 은혜와 자비와 친절에 적극적으로 참여하게 된다. 바울은 잠언 25:21-22을 인용한다. "네 원수가 주리거든 먹이고 목마르거든 마시게 하라. 그리함으로 네가 숯불을 그 머리에 쌓아 놓으리라"(롬 12:20). 달리 말하자면 당신은 친절과 환대로 당신의 원수가 양심에 가책을 느끼게 만든다. 자신의 원수에게 복수하지 않고 은혜와 친절을 베푸는 것이 수동적인 순교의 영웅적인 자세로 이해되지 않아야 한다. 오히려 그것은 메시아 안에서 이미 정당화되었다―의롭다고 인정받았다―는 것이 의미하는 바다. 우리의 삶은 지금도 "하나님 안에서 메시아와 함께 숨겨져" 있으며, 우리는 그 하나님께 정의를 맡긴다. 원수들에게조차 친절하게 대하는 것은 메시아 추종자들이 하나님께서 메시아 예수를 통해 화해하시고 회복하시는 정의의 사역에 참여하는 방법이다. 이것은 불의를 수동적으로 받아들이는 것이 아니라, 하나님의 치유하시는 정의가 메시아 추종자들을 통해 자유롭고 적극적이고 평화롭게 불의한 세상 안으로 확산하는 방법이다. 그것이 메시아 추종자들이 악을 이기는 방법이다(롬 12:21).

메시아 추종자들의 무정부 상태(롬 13:1-10)

메시아 추종자들이 원수들과 악을 행하는 자들에게 친절과 보복하지 않음을 통해 세상을 변화시킨다는 바울의 비전은 확실히 급진적이다. 그러나 그것으로 충분한가? 허다한 대규모의 세계적인 불의―가난, 부패, 압제, 노예 제도, 조직범죄, 인신매매, 인종차별, 폭격, 경제 제재, 포위 공격, 고문―는 어떻게 할 것인가? 그 목록은 훨씬 길 수 있다. 그런 불의에는 소규모의 메시아 추종자 집단들의 개인 차원에서의 비보복과 환대의 관행을 능가하는 대규모의 해법들이 필요한 것처럼 보인다. 그런 문제들에서 메시아 추종자들은 "통치 당국"(*exousiai hyperechousai*, 롬 13:1)―왕과 황제, 왕자, 대통령과 권력자, 군주와 총사령관, 판사, 배심원, 교도관―이 세상에서 정의의 주된 실행자가 되리라고 예상할 수 있을 것이다. 그들은 준수를 강제하거나 대규모의 범죄와 불의를 저지르는 사람들을 처벌할 수 있는 주권적 권력, 법적 권위, 강제할 수 있는 수단("칼", 롬 13:4)을 갖고 있다. 개인적인 보복이 허용되지 않고 소규모의 친절이 충분하지 않을 경우 메시아 추종자들은 통치 당국과 사법 권력이 하나님의 정의 사역이 실행되게 하는 데 의존하고 그것을 지지하며 격려해야 하지 않는가? 메시아 공동체와 그런 권력들 사이에 어떤 관계가 있는가? 메시아 추종자들은 통치 당국에 어떤 의무를 부담하는가? 그들은 당국으로부터 무엇을 기대해야 하는가?

> 바울이 로마서 13:1에서 "각 사람은 위에 있는 권세들에게 복종하라 (submit, 또는 be subject to)"라고 쓴 말에서 당신은 **"복종"**이라는 단어를 어떻게 이해하는가? 그 단어의 의미에 어떤 내용이 포함되는가? 그 단어가 당신과 당신의 정부나 국가 사이의 관계에서 당신에게 무엇을 요구하는가?

로마서 13:1-7에 관해 주의해야 할 가장 중요한 점은 바울이 이 절들의 어느 곳에서도 통치 당국들이 자신이 하는 일을 할 때 복음의 정의 사역을 하고 있다고 암시하지 않는다는 것이다. 바울은 **디카이오쉬네**(*dikaiosynē*, 정의), **피스티스**(*pistis*, 신뢰, 충성, 헌신), **카리스**(*charis*, 은혜), **휘파코에**(*hypakoē*, 순종) 같은 복음 어휘를 사용하지 않고 죄와 사망에 속박된 세상을 묘사하기 위해 앞서(특히 롬 1:18-3:20에서) 사용한 어휘—심판, 공포, 두려움, 칼, 복수, 분노, 보상, 처벌에 따라 작동하는 통치 당국—로 돌아온다. 우리는 로마서에서 **이** 어휘가 죄와 사망의 힘 아래에 있는 세상의 특징이라는 것을 살펴보았다. 로마서 13:1-7에서 그것은 정치적 당국이 작동하는 방식의 특징이다. 여기서 묘사된 그들의 사역은 복음의 사역이 아니라 체계적인 속박과 복음에 대한 반대의 사역이다. (우리가 앞으로 살펴보겠지만) 하나님이 통치 당국들을 모종의 방식으로 하나님의 목적에 **사용하실** 수도 있지만, 통치 세력들 자체는 계속 악한 현세대의 원칙들에 따라 작동한다. 바울은 통치 당국들 가운데 **하나님의** 정의, 생명, 은혜, 구속, 화해가 존재한다고 생각하지 않는다. 그는 그곳에서 축복이나 평화 또는 영광을 발견하지 못한다. 그는 인간의 운명을 통제하고 세상을 자기 것으로 만들겠다는 황제, 왕, 통치자, 대통령들의 야심찬 욕구에도 불구하고, 통치 당국들이—하나님이 아브라함에게 약속하셨던 것 같은(롬 4:19)—"세상을 상속받아야" 한다거나 상속받으리라는 약속을 발견하지 못한다.

그렇다면 메시아 추종자들은 정치 권력들과 어떻게 관련을 맺어야 하는가? 그 관계에 대한 바울의 핵심적인 동사는 **휘포타소**(*hypotassō*)다(롬 13:1, 5). 이 그리스어 단어는 영어에서 통치 당국에게 "복종하다", "굴복하다", "종속하다"로 다양하게 번역된다. 그 단어는 "아래"를 의미하는 **휘포**(*hypo*)와(*hypo*dermic[피하의]을 생각해보라) "정돈하다"를 의미하는 **타소**(*tassō*)(영어 단어 "taxonomy"[분류학]는 이 그리스어 단어에서 유래했다)의 두 부분으로 구성된다. 그렇다면 매우 문자적으로 번역하자면 바울의 말은 "모든 영혼은 좀 더 높은(*hyperechousais*) 권위들 아래(*hypotassesthō*) 정돈하십시오"가 된다(롬 13:1). 그것이 무슨 뜻인가?

휘포타소(*hypotassō*)—"복종하다"—는 **많은 것을 의미하게 되었다**. 우리는 로마서 13:1의 느슨한 번역 또는 바꿔 말한 데서 이 점을 알 수 있다. 리빙 바이블은 그것을 당국에 "순종하라"라고 번역한다. "순종하다"는 당국이 요청하거나 기대하거나 명령하는 것을 한다는 뜻이다. 대다수 그리스도인은 사도행전 5:29에 등장하는 베드로와 사도들처럼 이 말을 무조건적 순종으로 여기지 않았다. "사람보다 하나님께 순종하는 것이 마땅하니라." 그러나 대다수 그리스도인은 또한 **"순종하다"**를 메시지 성경(*The Message*)에서 제시하는 "선량한 시민들이 되십시오"라는 의미로 이해한다. 이 어구는 단순히 마지못해서 하는 굴종적인 복종을 넘어 왕국 또는 국가에서 시민들의 모든 의무를 포함하여 통치 당국에 대한 넓은 범위의 **긍정적인** 책임들에 대한 문을 연다. 우리는 이제 매우 혼란스러운 영역에 발을 들여놓고 있기 때문에―그것은 기독교 역사 전체를 통해 폭력, 재앙, 심지어 배교로 이어지기도 했다―우리가 잠시 그 의미의 범위를 탐구해볼 가치가 있다.

휘포타소("복종하다")의 의미는 다음과 같은 식으로 여러모로 부풀려져 왔다.

- "복종하다"는 종종 무슨 일이 있더라도 그리스도인들이 그들의 정치 권력과 정부들에게 **충직한 순종과 충성**을 바쳐야 한다는 것을 의미한다고 생각되었다. 그러므로 통치자들과 정부들은 그리스도인들이 선량한 시민의 의무의 일부로서 정치적 권위와 제도들을 지지하고 증진하는 데 참여하는 신실하고 헌신적인 신민이라고 기대

해도 무방하다.

• 그리스도인들은 종종 "복종하다"가 **애국심과 국가적 긍지**를 의미한다고 해석했다. 국민 또는 국가 개념은 종종 간단한 용어로 진술하기 어려우며, 그것을 어떻게 표현할지를 둘러싸고 상당한 의견 차이가 있을 수 있다. 그럼에도 국가의 대표자, 제도, 상징, 제의, 예전들은 불일치를 뛰어넘고 국가라는 **개념**을 중심으로 국민 사이에 단합을 창조하고 그것을 유지하기 위해 고안된다. 국기, 경례, 충성 서약, 국가(國歌), 국경일과 기념일, 군사 행렬, 전쟁 기념관 등은 국가의 신성한 영적 실재를 확립하고, 확인하며, 그것을 자국의 시민들에게 매개하고, 그들이 그 실재에 마음으로부터 헌신하고 희생의 행위를 하도록 그들을 결속하며, 그들을 한 국민으로 형성하는 사물들과 유형의 관행들이다. 그리스도인들은 역사적으로 **휘포타소** ("복종하다")가 시민들로서의 그들을 통치자, 국가, 제국의 영적 실재에 결속시키는 제도, 관행, 제의, 예전에 충심으로 참여할 것을 요구한다고 믿었다.

• 그리스도인들은 종종 "복종하다"가 국민이나 국가와 그것의 정치 권력과 제도들의 **대의를 증진하고 진척시키며 방어하는 것**을 의미한다고 생각했다. 특히 위협이 인지되는 시기에 통치 당국은 특정한 적에 직면해서 국가적 연합의 유대를 강화하고 국민을 행동에 동원하기 위해 충성, 헌신, 적극적인 서비스를 요구한다. 국민들은 그들의 지도자 아래 모여 국기를 흔들고, 국가를 부르며, 과거의 위대한 희생과 승리들을 회상함으로써 국가를 방어하거나, 해방하거나, 확장한다. 대중의 지지를 통해 대담해진 정치 권력은 무장 명령

을 내리고, 군대에게 행동을 명령하며, 국민을 모아 군대를 뒷받침하게 하고, 국민에게 자유와 정의를 위해 자신의 생명을 희생한 사람들에게 경의를 표하라고 권고한다. 그리스도인들은, 특히 국가가 자신을 어떤 면에서 기독교 국가라고 여길 경우, 자기 나라의 전쟁과 군사 예전에 언제나 열성적으로 참여했다. 이 또한 **휘포타소**("복종하다")의 깃발 아래 규칙적으로 일어났다.

- 어떤 국가에서 그리스도인이 다수파일 때 "복종하다"라는 말은 그리스도인들이 **통치 당국이 되기 위해** 노력해야 한다는 의미가 될 수도 있다. 그리스도인들은 종종 가능하다면 그들 중 일부가 정치 권력자 지위—심지어 최고위급 지위—를 획득해서 시민들에게 **기독교적** 가치, 법, 정치 시스템에 복종하도록 요구하거나 장려하는 것이 중요하다고 생각했다. 그리스도인 통치자들은 세상에 대한 그들의 선교의 일부로서 땅 위의 다른 민족들을 정복하고 식민지화해서 기독교를 지배적인 종교로 만들고, 그럼으로써 모든 사람에게 정의와 평화와 해방을 가져와 세상을 좀 더 나은 곳으로 만들려고 했다.

"기독교적" 통치는 유럽과 미국의 제국주의의 역사에서 항구적인 요인이었다. 익숙한 영국의 애국가 "희망과 영광의 땅"(Land of Hope and Glory)은 이 점을 완벽하게 반영한다.

희망과 영광의 땅, 자유의 어머니.
그대에게서 태어난 우리가 그대를 어떻게 찬송하리요?

"복종하다"라는 단어에 한 국가의 헌법과 사법 시스템을 믿고, 지지하고,
방어하는 것과 그것들을 준수하도록 요구하는 것과 배신하고 순종하지 않
는 사람들에 대한 엄한 처벌을 장려하는 것 등의 다른 의미들이 포함되었
다. 실제로 몇몇 국가에서는 특히 그리스도인들이 법과 질서를 옹호했으
며, 법률 위반과 범죄에 대해 장기간의 투옥과 사형을 요구했다.

복종하라! 로마서 13:1에 등장하는 이 단어는 그리스도인인 로마 황
제 콘스탄티누스(그는 기원후 306년에서 337년까지 다스렸다)의 시대부터 현재
까지 기독교의 역사를 통틀어 그리스도인들에게 정치 권력, 제도, 국가, 제
국에 대한 굴종적이고 무조건적인 순종이나 열정적인 충성과 헌신(또는 둘
다)을 의미했다. 혹자—특히 세속 권력과 그것에 대한 대중의 지지 **밖에** 있
는 사람들—가 그 단어와 로마서 13:1-7 전체에 대해 깊은 의구심을 갖게
된 것도 놀랄 일이 아니다.

선거나 다음번 판사 지명 결과에 그리스도인들이 얼마나 시간이나 노력을 들여야 한다고 생각하는가? 지금까지 살펴본 로마서의 내용이 세상에서 하나님의 대의를 진척함에 있어 정치 권력과 사법 권력의 중요성에 관한 당신의 확신을 어떻게 지지하거나 그 확신에 도전하는가?

그러나 바울이 **"복종하라"**라고 한 말은 **우리가 위에서 열거한 어느 것도 의미하지 않는다.** 휘포타소("복종하다")가 바울에게는 다음과 같은 것들을 의미할 수 없다.

- **휘포타소**는 "순종하다"를 의미할 수 없다. "순종하다"에 대해 바울이 사용하는 단어는 **휘파쿠오**(*hypakouō*)인데, 바울은 로마서에서 그 단어를 종종 좋은 소식의 핵심적인 측면으로 사용한다. 복음은 우리에게 기존의 정치 권력에 순종하지 말고 **메시아에게 순종하라**고 요구한다. 모든 국가에 있는 메시아 추종자들은 주 예수 메시아에게 그들의 충성스러운 순종의 의무를 진다(롬 1:5; 15:18; 16:26).

- **휘포타소**는 "~에게 충성하다"나 "~에게 충성을 바치다"를 의미할 수 없다. 바울은 그 의미로는 다른 단어들(*pisteuō, pistis*)을 사용하는데, 그것은 우리가 살펴본 바와 같이 좋은 소식의 의미에 매우 중요하다. 하나님의 좋은 소식은 우리에게 기존의 정치 권력에 충성하지 말고 **메시아에게 충성하라**고 요구한다. 모든 국가에 있는 메시아 추종자들은 주 예수 메시아에게 그들의 정치적 신뢰, 충성, 충실의 의무를 진다(롬 1:5; 16:26).

- **휘포타소**는 정치 권력이나 국가를 위해 "군 복무(military service)를

제공하다" 자기 또는 자기 원수의 몸을 "희생하다"(sacrifice)를 의미할 수 없다. 복음은 몸들과 몸들의 서비스와 희생에 대해 매우 다른 요구를 한다. 복음은 메시아 추종자들에게 연합한 그들의 몸을 하나님께 "산 제사"로 드리라고 요구하는데, 그것은 그들의 "합리적인 공적 예배"다(롬 12:1). **이런** 종류의 예배(service)와 제사(sacrifice)는 전쟁을 개탄한다. 대신 그것은 정의와 생명에 대한 국가적 비전이 아니라, 예수의 죽음과 부활에서 계시된 하나님의 정의와 생명의 보편적 실재에 대해 증언한다. 메시아 추종자들은 그들의 몸들을 주 메시아 예수께 드리는데, 그분 안에서 그리고 그분과 함께 그들은 한 몸, 한 제사, 한 예배다(고전 12:4-8을 보라). 그들은 하나의 보편적이고 사회적-정치적인 메시아의 몸을 세우고, 환대와 자비와 친절과 축복의 사역에서 자신을 성도와 남들과 원수들에게 내주기 위해 그렇게 한다.

그렇다면 바울은 **휘포타소**라는 단어를 통해 무엇을 의미하는가? "각 사람은 좀 더 높은(*hyperechousais*) 권위들 아래(*hypotassesthō*) 정돈하십시오"(롬 13:1). **휘포타소**는 **서열**(order)에 관한 단어다. (다른 말로 바꿔 말하자면) 로마서 13:1에서 바울은 다음과 같이 말하고 있다. "(그들이 누구이든 간에) *hyper*들, 즉 '윗사람들'이 있습니다. 그들이 존재한다는 것을 **기정사실**로 여기십시오(그들은 항상 존재할 것입니다). 그러나 그 이상은 아닙니다! 그러므로 메시아 추종자들인 여러분은 *hypo*들, 즉 '아랫사람들'입니다. 그것을 받아들이십시오. '아랫사람'이라는 사실이 여러분에게 전혀 불리한 점이 아닙니다. 사실 그것이 **세상에서 메시아 추종자가 되는 방식**입니다(롬 8:17). 그것이 거의 죽은 것 같았고 별 볼 일 없었던 그들이 세상에서 그들의 위치를 확보하기 위해 애쓰지 않고 신뢰 가운데 걸었던 아브라함과 사라의 방식이었습니다. 그것이 갈릴리부터 예루살렘까지 신실하고 겸손하게 걸으셨고, 로마 당국이든 유데아 당국이든 간에 통치 당국에 저항하시지 않고 그들에게 넘겨져 우리를 위해 그분의 몸을 버리신 메시아 자신의 방식이었습니다. 이것이 '**복종하다**'가 의미하는 내용입니다. 아브라함의 신뢰의 길을 걷고, 신뢰를 통해 십자가에 처형당하시고 부활하신 메시아의 살아계신 실재에 참여하는 사람들에게 다른 의미는 없습니다."

"윗사람들"—통치 당국—이 그들 자신의 주인인 것 같지는 않다. 그들은 그렇게 생각할지라도 말이다. 그들은 대개 십자가에 처형당하신 메시아에게 "신실한 순종"(*hypakoē pisteōs*; 롬 1:5; 15:18; 16:26)을 바치지 않으며, 복음의 요구인 생명의 성령의 부활시키는 힘을 통해 작동하지 않는다. 대신 그들은 이 시대의 우상 숭배적인 체계들과 파괴적인 힘들에 의해 움직이는 그들 자신의 의제에 따라 작동한다. 하지만 하나님이 인간을 이 혼란된 질서들에게 넘겨주셨지만, 죄와 사망의 영역에 **버리지 않으셨기** 때문에 그들이 계속 존재한다. 인간의 사회와 국가들은 계속 하나님께 속하고 하나님에 의해 존속하는데, 그것은 하나님이 그분의 주권과 자유로써 정치 권력의 일들의 **일부**를 통해 하나님 자신의 목적을 이루실 수 있고 실제로 그것을 이루시기 때문이다. 즉 공공사업이 수행되고, 사회 기반 시설 자금이 조달되고 그것이 건설 및 유지되며, 법률이 제정되고 불법이 억제되고, 때로는 가난한 사람과 병든 사람과 노인들이 보호받는다. 통치 당국들은 궁극적으로 스스로 다스리는 것이 아니라 **삼위일체 하나님에 의해 통치된다**("권세는 하나님으로부터 나지 않음이 없기" 때문이다. 롬 13:1). 궁극적으로 윗사람들은 하나님 아래 있으며, 그들이 대개 그리고 주로 자신에게 봉사하려고 하지만 하나님이 그들을 사용하셔서 자신의 목적에 봉사하게 만드실 수 있다.

우리가 살펴본 바와 같이 바울이 정치 권력의 역할과 일을 묘사하기 위해 사용하는 어휘는 복음의 어휘가 아니라 죄와 사망의 힘 아래 있는 세상의 어휘다. 하나님이 세상의 정치 권력들을 사용하시는 이유는 그들이 하나님 아래에서 하나님의 특정한 일들의 사역자들(*diakonos*, 롬 13:4)이 되도록 정해졌기 때문이다(롬 13:1-2). 그러나 정의에 관한 한 그들의 사역은 어둡고 비참한 사역이다. 그들은 "칼로", 즉 강제적이거나 치명적인 힘으로 악에 대한 심판과 처벌을 집행한다(롬 13:4). 그들은 바울이 메시아 추종자들에게 지시하는 것처럼 악으로 선을 이기는 것이 아니라(롬 12:21), 악에 대해 진노를 집행한다. 우리는 바울이 하나님께서 당국에 의해 사용되는 모든 칼을 긍정하신다고 말하지 **않는** 것을 주목할 필요가 있다. 바울이 로마서 12:19에서 메시아 추종자들에게 악에 대한 신적 분노에 "자리를 주라"고 요구할 때, 그는 하나님이 통치 권력을 통해 특정한 종류의 사역—진노—을 하실 수도 있음을 인정한다. 자신이 속박된 그런 힘들 **자체**는 "이 악한 세대"(갈 1:4)의 원리들에 의해 움직이고 그것들에 따라 작동한다. 하지만 메시아 추종자들은 악한 이 시대의 힘들의 속박과 작동으로부터 **해방되었다.**

속박에서 해방되었고 예수 메시아 안에서 하나님의 정의가 이루어질 것을 신뢰하는 메시아 추종자들 자신은 정치적으로나 사법적으로 권한을 받은 테러에 참여할 수 없다. 그들은 분노의 대리인이 되어 칼을 휘두를 수 없다. 이는 적어도 메시아 추종자들은 정치적으로 권위를 부여받은 전쟁이나 사법적으로 권한을 받은 사형 판결에 참여하거나 그것들을 지지하기를 거부해야 함을 의미한다. 그들에게 있어 의로운 전쟁, 하나님과 하나님의 메시아가 지지하시는 전쟁 같은 것은 존재하지 않는다. 교회의 초기 몇백 년 동안 많은 사람이 그것을 이해했다.[1] 기독교 역사에서 재세례파, 메노파, 기타 집단들이 그것을 이해했다. 최근에는 프란치스코 교황이 오래 유지된 로마 가톨릭과 주류 기독교 전통에 반하여 사형이 생명의 복음과 양립할 수 없다고 선언했다.

모든 메시아 추종자가 지배 권력 아래 정돈되어야 한다는 바울의 말은 정치 권력과 사법 권력의 **심판하고, 벌주며, 강압적이고, 폭력적이고, 전쟁을 벌이는 운영**을 지지하거나 장려하거나 거기에 참여하는 것을 의미하지 않는다. 메시아 추종자들은 메시아의 죽음과 부활에 참여함으로써 바로 힘들의 이런 사역들―하나님의 통치를 벗어나지 않는 사역들―로부터 해방되었다(롬 5-6장). 그것들은 메시아적인 사역이 아니다. 그것들은 메시아와 성령 안에 있는 하나님의 정의 사역이 아니다. 그것들은 죄와 사망에 속박된 사역이다.

메시아 추종자들은 정치 권력과 제도에 어떤 의무를 부담하는가? 순종이나 충성이 아니다. 국기를 흔들고 애국가를 부르는 헌신도 아니다. 군복무도 아니다. 그것들의 처벌과 죽음의 사역에 참여하는 것도 아니다. 그러나 폭력적인 저항이나 혁명도 아니다(롬 13:2). **메시아 추종자들은 세상의 정치 권력에 찬성하지도 않고 반대하지도 않는다.** 그들에게 있어 정의와 생명은 "정치"―이 시대의 지배 세력―에 의존하지 않기 때문에, 이런

---

[1] George Kalantzis, *Caesar and the Lamb: Early Christian Attitudes on War and Military Service*(Eugene, OR: Cascade Books, 2012)를 보라.

의미에서 그들은 참으로 무정부주의자들이라고 불릴 수 있다. 참으로 메시아적인 것은 어느 것도 통치 권력이 그들에게 우호적인지 또는 적대적인지에 의존하지 않는다. 메시아 추종자들은 세상의 정치에 대한 **양심적 불신자들**(conscientious unbelievers)이다(*syneidēsin* = 롬 13:5에 등장하는 "양심"). 그들은 이 시대의 정치 시스템을 믿고 그 시스템에 자신의 몸과 영혼을 헌신하기를 거부하기 때문에 거룩하고 온화한 무정부 상태를 실천한다.[2]

메시아 추종자들은 세금을 납부한다(롬 13:6). 그들은 정부를 믿기 때문이 아니라 믿지 않기 때문에 세금을 납부한다. 세금을 보류함으로써 정부에 저항하는 것은 너무 많이 믿는 것이다. 그것은 정치적 통치자들과 제도들에게 메시아 추종자의 삶에서 그(것)들이 갖고 있지 않은 권위와 목적을 주는 것이다. 메시아 추종자들이 "카이사르(황제)에게 바치는" 것은 카이사르가 세상에서 자신의 신적 사명을 갖고 있기 때문이 아니라 세상에서 카이사르의 사명이 하나님의 메시아적 사명에 의해 신적으로 **심판받고, 최소화되고, 수축되고, 영광이 제거되었기** 때문이다. 정부들이 세금을 공동의 선을 위해 사용할 경우, 이는 하나님이 단순히 정치 권력을 죄와 사망에 넘겨주기만 하신 것이 아니라는 표지다. 그들은 자신들로부터 구원을 받고 있다. 정부들이 세금을 군대와 감옥 시스템을 세우는 데 사용할 경우, 그들은 자신들이 여전히 죄와 사망의 손아귀에 있음을 증명한다. 메시아 추종자들이 세금을 납부하고 정치 권력에 저항하지 않을 때, 그들은 통치 권력이

---

2 메시아 추종자들의 삶을 온화한 무정부 상태로 이해하는 것에 관해 나는 특히 다음 문헌들에 빛을 지고 있다. Vernard Eller, *Christian Anarchy: Jesus' Primacy over the Powers* (Grand Rapids, MI: Eerdmans, 1987); Jacques Ellul, *Anarchy and Christianity*, trans. Geoffrey W. Bromiley (Grand Rapids, MI: Eerdmans, 1988).

오로지 하나님의 허용과 인내 때문에 존재한다는 것을 인정한다(그들은 복종한다). 그런 권력들은 초월적인 기원이나 존재 또는 끝을 갖고 있지 않다. 그들은 삶에 대해 초월적인 주장을 할 수 없다. 그들이 그런 주장을 할 때, 그들은 자기들이 노예가 되어 있다는 것과 지나가는 세상에서 노예를 삼는 권력과 시스템과 제도들이 된다는 것을 보여준다. 그들은 우리의 신뢰가 아니라 불신을 받아 마땅하다. 메시아 추종자들에게 있어 하나님의 정의는 부활하셔서 통치하시는 메시아와 생명을 주시는 성령의 능력의 통치 권위를 통해서만 세상에 들어오고, 일어서고, 움직인다.

따라서 **휘포타소**—복종하다—는 해방하는 단어다. 메시아 추종자들이 통치 권력에 복종할 때, 사실은 통치 권력의 정치적 주장이 **없어진다**. 메시아 추종자들은 그들이 통치 권력에 부담하는 의무인 존경(*timē*, 롬 13:7)이라는 한 가지에 **대해 자유로워**진다. 그러나 이것은 특별한 종류의 존경이 아니다. 그것은 단지 그들이 메시아 공동체 안에 있는 자기의 형제자매들과 그 공동체 밖의 사람들에게 보이는 것과 동일한—더 많거나 크지 않은—종류의 존경이다(롬 13:7; 롬 12:10을 보라). 실제로, 권력들 역시 메시아 안에 있는 하나님의 정의 사역에 의해 하나님께 화해된 그들의 이웃인 한 메시아 추종자들은 권력들을 사랑할 의무가 있다.

> 위에서 정의된 "메시아 추종자들의 무정부 상태"라는 어구를 숙고해 보라. 현재 당신과 정치 권력 사이의 관계는 이 어구에 어떻게 비교되는가?

메시아 추종자들은 통치 권력의 특징인 삶의 형태 및 삶의 힘과는 근본적으로 다른 삶의 형태 및 삶의 힘을 통해 살도록 요구된다. 그들은 세상을 변혁시키는, 메시아의 죽음과 부활 안에 있는 하나님의 정의의 묵시에 참여함으로써 정치적 변혁의 참된 대리인이 된다. 그들은 아브라함처럼 신뢰 가운데 행함으로써 "세상을 상속한다"(롬 4:13). 그들은 신음하는 피조물 및 괴로워하는 인간과 몸으로 연대하여 메시아와 함께 고난을 받음으로써 (롬 8:17-27) "생명 안에서 다스린다"(롬 5:17). 그들은 메시아적 사랑의 사역을 통해 세상에서 하나님의 생명의 힘을 소통한다. 그들은 원수들조차 사랑하고 통치 권력일 수도 있는 원수들도 사랑한다. 바울은 메시아 추종자들이 "네 이웃을 네 자신과 같이 사랑하라"라는 한 단어(logos, 롬 13:9)로 율법을 다 이룬다고 말한다. 이는 모든 것을 포함하는 단일한 현세의 선으로서, 그들은 이것을 행하도록 부름을 받았다. 그것은 그들이 세상에서 하나님의 메시아적 정의를 공유하고 드러내는 방법이며, 사법 권력이나 정치 권력에 대한 접근이나 그것들의 도움이 있든 없든 간에 정의가 세상에서 전진하는 방법이다.

그 사랑의 한 단어는 메시아적·정치적 충만, 풍부, 능력의 단어다. 그것은 정치적 가능성으로 가득 차 있다. 그것은 특히 세상의 약자들과 낮은 자들과 함께하는 그리고 그들을 위한 무한히 넓은 범위의 지역적 관여, 온화한 관행, 시의적절한 개입, 연대, 함께 고난받기, 옹호의 문을 연다. 그것은 우상을 숭배하고 경건치 않으며 불의하고(롬 1:18), 교만하며 힘을 추구하고 탐욕스러우며 신의가 없고 사랑이 없으며 자비가 없는(롬 1:29-31) 정치적 세상에 진리, 화해, 은혜, 환대, 평화—즉 좋은 소식—를 갖고 끼어든다. 이 한 단어에는 끝이 없다.[3]

---

3 메시아 추종자들의 실제 행동에 대한 설명은 Ronald Sider가 *Nonviolent Action: What*

메시아 추종자들의 시간(롬 13:11-14)

메시아 추종자들은 그들의 무정부 상태를 추구하고 그것의 정치적 요구를 충족할 필요가 없기 때문에 그 무정부 상태는 통치 권력의 아래에서 작동한다. 그것은 높은 자리를 추구하거나 그것을 위해 애쓰지 않고 낮은 자리를 추구한다. 그것은 하나님이 정의로 인정하시는 아브라함 같은 신뢰 아래 걷는다. 그러나 메시아 추종자의 그런 신뢰는 어려운 시기를 통과하는 몽유병에 관한 것이 아니다! 그것은 세상이나 나라들이나 이웃의 무질서하고 파괴적인 상태에 관해 순진하거나 그 상태에서 손을 떼는 것이 아니다. 그것은 마치 역사에 진보의 어떤 자애로운 힘이 있기라도 한 것처럼 "아무튼 좋은 일들이 일어날 것이다" 또는 "결국 만사가 잘될 것이다"라고 생각하는 나태한 사고가 아니다. 그것은 그렇지 않다. 참으로, 바울이 고린도 교회 교인들에게 말하는 것처럼 "이 세상의 체계는 지나간다"(고전 7:31).

　메시아 추종자들은 또 다른 체계인 메시아의 "때가 찬 시간"(갈 4:4)에 의해 산다. 예수 메시아는 **이미** "성결의 영으로는 죽은 자들 가운데서 부활하사 능력으로 하나님의 아들로 선포되셨으며"(롬 1:4), **이미** 모든 시간과 모든 나라를 다스리신다. 세상과 나라들의 수평적인 역사에서 일어나는 모든 일은 결코 메시아 안에서 나타난 하나님의 해방하는 정의의 가까움과 능력으로부터 분리되지 않는다(롬 13:11). "상황들"(things)은 자신을 구속

Christian Ethics Demands but Most Christians Have Never Really Tried (Grand Rapids, MI: Brazos, 2015)에서 들려주는 많은 이야기를 보라.

할 능력이 없기 때문에 "결국은 해결되는" 것이 아니다. 오직 하나님만 역사의 진행에서 선을 가져오실 수 있는데, 그분은 확실히 그렇게 하실 것이다(롬 8:28; 11:32). 하나님의 구원만을 신뢰하는 메시아 추종자들은 그 구원의 급진적인 가까움 안에 살면서 위험들과 가능성들 모두로 가득 찬 시간인 **카이로스**(*kairos*), 즉 현재의 시간에 대해 깨어 있다(롬 13:11).

그 위험들은 실제적이다. 항상 현재에 대해 무감각해지고 "네 이웃을 자신과 같이 사랑하라"라는 벅찬 요구를 빠뜨릴 유혹이 존재한다. 바울의 시대에 (특히 사회적·정치적 엘리트 사이에서) 무감각에 대한 유혹―파티, 오락, 술 취함, 성적 부도덕, 외설, 폭력, 싸움, 시기―이 우리의 시대에서처럼 만연했다(롬 13:13). 이런 것들은 자신이 하나님의 정의와 심판의 때인 메시아적 현재의 시간에 살고 있음을 모르거나 잊은 몽유병자들의 죄 목록들이다. 그들은 시간이 끝날 때까지 방종, 일탈, 과잉, 착취, 시기, 투쟁을 통해 하나님의 자애로운 가까움에서 자신을 차단했으며, 따라서 그들의 이웃과 고통받는 세상으로부터도 자신을 차단했다.

그러나 "주 예수 메시아로 옷 입은"(롬 13:14) 사람들에게는 구원의 **카이로스**, 시간, 날이 "처음 믿을 때보다 가까워졌다"(롬 13:11). 메시아가 지금 가까이 계신다! 메시아의 임박한 도래는 역사적 시간의 장단에 의해 결정되는 것이 아니라, 역사적 시간의 **어느 순간**이라도 포착하여 성결의 영의 정당화하고 부활시키는 힘으로 그것을 변화시키시고 완성하시려는 메시아 자신의 주권적 결정에 의해 결정된다. 메시아가 도래하시는 날은 오늘이다! 그러므로 "시기를 아는" 메시아 추종자들은 "어둠의 일을 벗고" "낮에 행한다"(롬 13:11-13).

메시아 추종자의 시간은 통치자, 황제, 국가들이 스스로 선언한 시대들과 달력들에 의해 결정되지 않는다. 메시아 추종자들은 의미심장한 순간에서 사는데, 그 순간은 언제나 "네 이웃을 너 자신처럼 사랑하라"라는 한 말씀을 이행할 시간이다. 그들은 시계의 째깍거리는 소리에 의해 시간을 정하지 않고, 주의 산만으로 무감각해지지 않으며, 역사가 진보한다는 꿈에 안도하지 않고, 현재—그 순간에 오는 선물, 눈에 보이는 이웃이나 외인, 어둠의 힘들에 맞서는 싸움, 원수에게조차 선을 행함—에 대해 살아 있다. 달리 말하자면 그들은 예수 메시아 안에서 나타난 하나님의 정의에 참여한다.[4]

> 그리스도인으로서 당신은 아마도 방종, 과잉, 성적 부도덕, 폭력으로 시간을 보내지 않을 것이다(우리는 그러기를 바란다. 하지만 그런 것들과 관련된 비디오 게임에 대해서는 어떤가?). 대신에 당신은 아마도 세상에서 중요하고 만족감을 주는 일을 하고 차이—단순한 차이가 아니라 효과적이고 명백하며 알아차릴 수 있는 차이—를 만들기 위해 노력할 것이다. 메시아의 시간의 충만함 **안에 거하고**, 그 충만함과 메시아가 만드시는 차이—하나님의 정의—**를 바탕으로** 산다는 생각이 세상에서의 당신의 존재 방식에 어떻게 도전하는가? 그것이 당신의 이웃, 외인, 심지어 원수에게 임하는 메시아의 도래 순간에 당신을 어떻게 좀 더 활용할 수 있게 하거나 그 순간에 대해 당신의 마음이 좀 더 열리게 할 수 있는가?

우리는 (아마도 다른 사람들과 다르지 않을 것이다) 우리의 시선이 우리의 주의

---

4 L. L. Welborn, *Paul's Summons to Messianic Life: Political Theology and the Coming Awakening*(New York: Columbia University Press, 2015)은 롬 13:8-14에 대한 유력한 독법을 제공한다.

를 끌고 우리에게 자기들의 영광과 위대함을 축하하라고 요구하는 지배적인 세력들—정치 권력뿐만 아니라 테크놀로지, 경제, 미디어, 군중 등 모든 세력—에게 향하는 시대에 살고 있다. 낮은 사람들이 아니라 그들이 땅을 상속하리라는 것을 믿지 않기란 어렵다. 그것은 명백해 보인다. 그러나 로마서 전체는 우리의 시선을 다른 곳, 즉 십자가에 처형당하시고 부활하신 예수 메시아와 성령 안에 있는 생명의 힘에 나타난 하나님의 정의로 이끈다. 우리의 세상에서 위대하다고 여겨지는 기준에 의하면 이것은 거의 아무것도 아닌 것처럼 보인다. 측정할 수 있는 결과는 어디에 있는가?

그러나 바울의 편지는 우리에게 "보이지 않는 것을 바랄" 것을 요구한다(롬 8:24). 좋은 소식은 대체로 눈에 띄지 않게 유력자들의 세상 안으로 들어가—사실 세속적인 시간에 속세의 힘의 중심 안으로 들어간다—**다른** 말, 힘의 **다른** 형태, 세상의 **다른** 방식을 선포한다(권력들**에게도** 선포한다). 메시아 추종자의 자유는 **엑수시아이 휘페레쿠사이**(*exousiai hyperechousai*), 곧 "통치 권력", 즉 역사의 유력자가 되는 것을 긍정하거나 반대하거나 동경하지 않는다. 메시아 추종자들은 생명의 성령의 자유와 능력 안에서 자신의 메시아적 작동 방식에 따라 길 위와 이웃, 시장과 사무실, 광장과 정책입안실, 가정과 학교에서 자신의 일을 수행한다. 심지어—여기에 명령은 없다. 메시아 안의 자유와 상당한 위험이 있을 뿐이다—몇몇 정치 권력의 자리에서도 말이다. 그러나 그곳에서도 메시아 추종자들로서 그들의 권위와 일하는 방식은 예수 메시아 같은 방식이다. 메시아 추종자들은 어디에 있든 언제든 모든 사람을 위한 정의와 평화와 생명이 하나님으로부터만, 예수 메시아 안에 있는 하나님의 은혜를 통해, 성령의 자유 안에서 신뢰하는 사람들에게 온다는 좋은 소식을 증언하고 그것을 살아낸다.

12장

메시아 추종자들의 연대

이 장에서 다루는 내용

- 로마서 14:1-12: 정의의 식탁에 앉은 유데아인들과 이방인들
- 로마서 14:13-15:6: 정의의 음식, 문화, 성례
- 막간: 불의의 식탁—간략한 역사
- 로마서 15:7-13: 떠오르는 정의—주권자 메시아와 민족들의 새로운 역사

바울은 정치 권력과 사법 권력의 강당에서 정의를 찾지 않는다. 메시아 추종자의 정의는 사람들이 함께 먹고 마시는 저녁 식탁에서 시작한다. 그것은 놀랄 일이 아니다. 창세기 3장에 따르면 그것은 불의가 시작된 장소이기도 하다. 거기서 신적으로 금지된 음식을 먹은 것이 창조세계의 조화가 근본적으로 깨지게 된 계기가 되었다. 바울은 식탁에서 일어나는 일에 관해 많이 말한다(갈 2:11-14; 고전 8-10장; 11:17-34). 로마서 14장 전체는 그것에 할애된다. 세상에서 메시아와 성령의 사역은 먼저 식탁에서 일어나고 거기서부터 밖으로 움직인다.

당신의 식사(dining) 관행을 생각해 보라(**식사**가 잘못된 단어가 아니라면 말이다!). 당신이 어떻게 먹고 마시며, 누구와 먹고 마시는지가 당신의 핵심적인 기독교적 확신, 특히 정의에 관한 당신의 확신을 나타내는가?

메시아 추종자들이 어떻게 식사하고, 누구와 식사하며, 식사 중에 무슨 일이 일어나는지가 작은 일처럼 보일 수도 있다. 정의에 관해 신학적·우주적·세계사적인 범위를 다루는 논문이 왜 소수의 이방인과 유데아인이 로마의 뒷골목에 있는 누군가의 가게에서 어떻게 함께 먹고 마시는지를 다루겠는가? 몇몇 학자는 로마서 14장에서 다뤄진 "실제적인" 문제들이 애초에 바울이 그 편지를 쓴 전체 요점에 해당한다고 여겨왔다. 그것은 확실히 과장이다. 그러나 바울에게 있어 식탁은 바로 메시아 안에 있는 하나님의 정의가 뭔가 새로운 것, 즉 인간의 새로운 형태의 생명을 창조하는 장소다. 그것은 하나님의 정의에 대한 메시아 추종자의 증언이 시작되는 장소다. 인간의 단합과 연대에 대한 인종적·종교적·사회적·경제적·정치적 장애들이 가까이 얼굴을 마주하여 일반적인 식사와 음료를 나누는 여기서 다뤄지지 않는다면, 우리가 어떻게 그 장애들이 제국의 강당, 의회, 법원, 세상의 회합들에서 다뤄지리라고 기대할 수 있겠는가? 신적 정의의 묵시는 먼저 저녁 식탁에서 메시아 추종자의 삶을 만들어낸다. 그것은 거기서부터 확산한다. 그것은 다른 식으로 작동하지 않는다.

누구의 식탁인가?(롬 14:1-12)

우리는 창세기 2-3장의 이야기를 기억할지도 모른다. 동산은 원래의 식탁이었고 인간의 번성을 위한 모든 것이 거기서 공급되었다. "여호와 하나님이 그 땅에서 보기에 아름답고 먹기에 좋은 나무가 나게 하시니 동산 가운데에는 생명 나무…도 있더라.…여호와 하나님이 그 사람에게 명하여 이르시되 '동산 각종 나무의 열매는 네가 임의로 먹되'"(창 2:9, 16). 이 식탁에서 구할 수 있는 것은 모두 야웨 하나님에 의해 제공되었다. 그것은 그분의 식탁이었다. 로마에 있는 수공예업자의 가게에 차려진 식탁도 하나님의 식탁이었다. 바울은 그곳에 누가 있든 "하나님이 그를 받으셨다"라고 말한다(롬 14:3). 바울은 "'믿음이 연약한 자'를 받으라"라고 촉구하면서(롬 14:1), 하나님의 인도를 따라 하나님 자신의 환영에 동참할 것 이상도 이하도 요구하지 않는다. 그곳에 누가 있는지와 어떤 음식이 있는지를 둘러싼 식탁에서의 불화는 그것을 망각한다.

　바울의 편지의 이 단락에서 누가 "약한" 자(롬 14:1)이고 "강한" 자(롬 15:1)인지를 두고 학자들 사이에 많은 논쟁이 벌어지고 있다. 일반적으로 말하자면 대다수 학자가 강한 자와 약한 자에 관한 논의가 한편으로는 (메시아 추종자이든 아니든) 토라를 준수하는 유데아인들(약한 자들)과 다른 한편으로는 토라를 준수하지 않으면서 메시아 추종자인 이방인들(강한 자들) 사이의 관계를 다루고 있다고 생각한다. 약한 자들 가운데는 토라를 준수하며 하나님을 경외한 몇몇 이방인이 있었을지도 모른다. 로마에서는(바울이 선교한 다른 도시들에서처럼) 유데아인, 메시아를 추종하는 유데아인, 하나님을 경외하는 이방인, 메시아를 추종하는 이방인들이 계속 관계를 맺고, 회당에서 만나고, 함께 식사했다. 이런 모임들과 식사들은 이방인들과 유데아인들 사이에 계속 존재하고 있던 긴장, 즉 식탁에서 가까이 만날 때 존재하는 긴장이 표면화하는 장소가 될 수 있었다. 우리가 로마서 16장을 통해 알고 있듯이, 바울은 로마에 있는 많은 지인을 통해 그곳에 있는 메시아 추종자들의 모임의 상황에 익숙했다. 로마에서 긴장이 위기 수준이었는지는 알려지지 않았지만, 바울은 로마서 전체에서 유데아인과 이방인 사이의 관계를 다룬다. 공동 식사는 이 문제를 다루기 위한 자연스러운 소재였다.

바울은 특히 메시아를 추종하는 **이방인** 독자들을 위해 로마서를 썼다. 우리는 로마서 11장에서 바울이 (몇몇) 이방인 메시아 추종자들이 유데아인들을 향해 사회문화적 우월성과 거드름을 보이는 태도를 직접 직면하고 도전하는 것을 보았다. 로마인들 사이에 널리 퍼진, 유데아인들이 열등한 민족이라는 의견이 메시아 추종자들의 모임 안으로 유입되었을 수도 있다. 더욱이 바울이 로마서를 보내기 몇 년 전인 기원후 49년에 유데아인들(메시아를 추종하는 유데아인을 포함한다)은 겉보기에 로마에 사회 불안을 일으킨다는 이유로 로마에서 추방당했다. 그들은 곧 로마로 돌아오기 시작했지만, 그들의 수는 줄어들었고 이방인들이 수효와 영향력 면에서 메시아 추종자들의 모임을 주도하게 되었다. 이방인인 구성원들은 예수를 메시아로 고백하지 않는 유데아인들에게 특히 비판적이었다. 로마서 11장에서 바울은 특히 이런 이방인들에게 다음과 같이 말했다. "예수 메시아를 믿지 않은 이스라엘 나무의 '가지들'에 대해 자랑하지 마십시오. 그들의 구원은 궁극적으로 보장됩니다. 그러나 이방인인 여러분의 구원은 여러분이 이스라엘 나무에 접붙여진 '가지들'이라는 데 의존합니다"(롬 11:17-18, 개역개정을 사용하지 아니함).

　　로마서 14장에 등장하는 "약한" 자와 "강한" 자라는 호칭은 그 모임 안에서 **사회적 힘**을 좀 더 가지고 있는 집단들과 사람들 및 덜 가지고 있는 집단들과 사람들을 의미한다. 강한 자들―로마의 이방인 메시아 추종자들―은 수효와 일반 사회의 사회적 감수성을 자기편으로 두었다. 로마인들은 고기를 먹었다. 유데아인들―소수 이민자 집단―은 로마에서 구할 수 있는 고기가 우상숭배에 의해 오염되었을지도 모른다고 믿었기 때문에 고기를 피했다. 그들은 소수였고 로마 사회와 조화되지 않았다. 그들이 식탁에서 두려워진 것은 놀랄 일이 아니다. "**강한**"과 "**약한**"이라는 용어는 이 사회적 힘의 불균형을 가리킨다. 우리가 뒤에서 살펴보겠지만, 바울은 이후에 식탁에서의 연대와 단합을 위해 이런 범주들을 뒤엎는다.[1]

　　바울은 로마서 14장의 어디서도 소위 믿음이 약한 자들에게 무엇을 먹고 마실지 또는 어떤 특별한 날(예컨대 안식일이나 다른 성일)을 지킬지에 관한 그들의 유데아인으로서의 확신과 관행을 포기할 것을 예상하거나 요구하지 않는다. 오히려 그는 그들에게 그것들 안에 확고히 머물 것을 촉구

1　나는 이후의 내용에 관해 Mark Nanos, *The Mystery of Romans: The Jewish Context of Paul's Letter*(Minneapolis: Fortress, 1996)의 영향을 받았다.

한다. "각각 자기 마음으로 확정할지니라"(롬 14:5). 바울에게는 이것이 유데아인들에게 있어 강하다는 것이 의미하는 바일 것이다. 그들은 자기들의 특별한 유데아의 관습들을 포기하라는 압력에 굴복하지 않을 것이다. 다른 한편으로 사회적으로 우세한 이방인 메시아 추종자들은 강하다는 것이 유데아인들이 자기들과 같이 되어 유데아인들의 확신과 관습을 버리고 사실상 이방인이 되는 것을 의미한다고 생각한다. 그것은 식탁에서의 긴장을 해결하는 한 가지 방법일 것이다. 그것은 또한 로마인들에게 있어 메시아 공동체의 모임에서조차 식민지로 삼는 또 다른 승리일 것이다. 그러나 그것은 어느 방향으로의 동화가 아니라 진정한 차이들의 한가운데서 존중과 화해에 관한 내용인 좋은 소식과 모순될 것이다. 좋은 소식의 요점은 "보수적"인 유데아인들이 로마의 메시아 추종자들의 "자유주의적"인 확신과 관행을 향해 "진보적"인 여행을 하는 것이 아니다. 오히려 좋은 소식은 오직 두 집단이 그것이 하나님의 식탁이기 때문에, 그리고 하나님이 메시아의 화해시키는 죽음을 통해 유데아인들과 이방인들 모두를 그 식탁으로 부르시기 때문에, 식탁에 함께 앉는다는 것이다(롬 3:21-26). 식탁에 앉은 모든 사람이 이 점을 이해하지 못하면 그들은 사회적 우월을 확립하려고 노력하면서 서로의 의견에 판단을 내리게 될 것이다.

바울은 두 입장에 대한 일종의 풍자만화로 시작한다. "한 사람은 **모든** 종류의 음식을 먹어도 된다고 믿는 반면에[모든 종류라고요? 정말인가요?] 다른 사람은 식물만 먹을 수 있다고 믿습니다[식물만이라고요? 정말인가요?]." 좋습니다! "그러나 모든 것을 먹는 사람은 그러지 않는 사람을 멸시하지 않아야 하고, 모든 것을 먹지는 않는 사람은 그러는 사람을 판단하지 않아야 합니다. 하나님이 그들 모두를 환영하셨기 때문입니다!"(롬

14:2-3, 개역개정을 사용하지 아니함) 바울이 사용하는 동사들의 차이를 주목할 가치가 있다. 한편으로 모든 것을 먹는 로마인 식사자들은 (고기가 코셰르가 아니거나 그것이 우상숭배와 관련이 있을 수도 있기 때문에 고기를 삼가는) 유데아인 채식주의자들을 멸시하려는(*exoutheneō*) 유혹을 받는다. 다른 한편으로 유데아인 채식주의자들은 모든 것을 먹는 로마인들을 판단하려는(*krinetō*) 유혹을 받는다. 동사의 차이는 식사에 관한 불일치가 있을 뿐만 아니라 사회적으로 우세한 이방인들이 유데아인들을 향해 오만하고 거들먹거리는 자세를 채택했음을 나타낸다. 그들은 판단할 뿐만 아니라 멸시한다.

바울은 멸시와 판단 모두를 배제한다. 그러나 그는 식탁에 앉은 두 집단에게 한 가지 식사를 실천할 것을 요청하지 **않는다**. 각자 자신의 확신을 유지해야 한다. 사실 주님이 각자 설 수 **있게 하실** 것이다(롬 14:4). 각각의 집단은 그들이 하는 일을 먹기나 마시기 또는 특별한 날들을 지키기 등 무엇에 관한 것이든 "주님께" 해야 하며 그 과정에서 "하나님께 감사해야(*eucharistei*)" 한다(롬 14:6). 모든 집단이 "주께 대해 살고" "주께 대해 죽는다"(롬 14:8). "이를 위하여 그리스도께서 죽었다가 다시 살아나셨으니 곧 죽은 자와 산 자의 주가 되려 하심이라"(롬 14:9). 애찬의 식탁은 모든 사람이 한 주님의 현존 앞에서 만나고 그에게 감사드리는 장소다.

만일 판단이 내려져야 한다면 그것은 유데아인이나 이방인(또는 다른 극단적인 집단)에 의해 내려지는 서로를 향한 판단이 아니라, (바울이 이미 롬 2:1-16에서 명확히 밝혔듯이) 예수 메시아를 통해 하나님 자신이 내리시는 판단이 될 것이다. "우리가 다 하나님의 심판대 앞에 서리라"(롬 14:10; 롬 2:16도 보라). 유데아인과 이방인이 똑같이 하나님께만 절할 것이다. 하나님만 그들의 공통의 찬양을 받으실 것이다. 모든 사람이 하나님께만 보고할 것이다(롬 14:11-12). 식탁에서 멸시와 판단이 제거되면 모든 사람이 자신의 확신에 따라 그곳에 있는 음식을 자유롭게 먹을 것이다. 그러므로 이방인들과 유데아인들, 메시아 추종자들과 비메시아 추종자들, 빈부귀천 모든 사람을 메시아의 식탁에 환영하라! 식사를 나누라!

> 당신의 식탁에서 어떤 유형의 사람들이 환영받는가? 어떤 유형이 환영받지 못하는가? 메시아의 식탁(주님의 만찬, 성찬, 애찬)에 어떤 유형의 사람들이 참여하는가? 어떤 유형이 참여하지 않는가? 혹자가 거기에 참여하려면 어떤 조건이 만족되어야 하는가?

심원한 차이가 있는 가운데 서로를 향해 보이는 상호 존중과 명예는 어떤 특정한 집단에 속하는 것이 아니라 모든 사람을 자신의 시공간에 환영하신 하나님과 주님께 속하는 공동의 애찬의 시공간에서 시작한다. 하나님의 식탁에서 태초 때처럼 조화가 다시 한번 창조된다.

누구의 음식인가?(롬 14:13-15:6)

환영하시는 하나님, 모이는 사람들을 판단하실 수 있는 유일하신 분에 의해 평화로운 식탁이 만들어진다. 그럼에도 바울은 분열하려고 위협하는 장애들을 명확한 시각으로 분석할 것을 요구한다. 두 문화 집단이 공동의 식탁에 모일 때, 음식은 단순한 음식 이상이다. 음식은 광범위한 문화적 의미, 교제, 정체성을 구체화한다. 우리는 음식이 익숙할 때 사람들과 편안하게 시간을 보낸다. 음식은 특정한 삶의 형태의 성례다. 우리 시대에 패스트푸

드 점의 유행도 우리 사회에 관해 중요한 뭔가를 나타낸다. 신실한 유데아인에게 있어 음식은 (안식일 준수 및 할례와 더불어) 문서와 구전의 토라에 의해 정의된 삶의 모든 형식을 의미했다. 식사 규칙들은 하나님의 거룩하심과 민족들 가운데서 구별된(거룩한) 백성으로서 그들의 존재의 표지로서 하나님에 의해 그들에게 주어졌다. 음식은 그들을 이방 민족들로부터 구분했다. 즉 그들을 "보편적이지 않게" 만들었다. 유데아인들에게 있어 이방 민족들의 일반적인(*koinos*, "불결한", 롬 14:14) 음식을 먹는다는 것은 하나님이 주신, 나라들 가운데서 그들 자신의 독특성을 버리는 처사일 터였다.[2]

해석자들은 바울이 단순히 유데아인들이 그것을 극복하고—"약한 자"(즉 유데아인들)이기를 중단하고—"강한" 자들처럼 식탁 위에 차려진 것은 무엇이든 먹기 시작하기를 원한다고 생각하는 유혹을 받기 쉽다.

바울이 (행 10:9-16에 기록된 베드로처럼) "주 예수 안에서 아무것도 자체로는 불결하지[*koinon*] 않다"(롬 14:14)라고 인정하는 것은 사실이다. 그러나 이 말의 요점은 유데아인들—심지어 바울과 베드로 같은—이 이제 이방인들이 먹는 모든 것을 먹을 수 있다거나 먹어야 한다는 것이 아니다. 예를 들어 사도행전 10장에서 환상에서 불결한 음식으로 가득한 그물을 세 번 본 후 베드로가 그의 코셰르 식사 방식을 포기하고 모든 음식을 먹기 시작했다는 암시가 없다. 환상이 끝나고 그 그물은 "하늘로 올려져 갔다"(행 10:16). 베드로가 실제로 불결한 음식을 **먹는 것**은 그 환상의 일부가 아니

---

2   그리스어 단어 코이노스(*koinos*)—"일반적인", 대개 "불결한"으로 번역된다—는 몇몇 음식을 불결하다고 규정짓는 것은 그 음식에 관한 또는 반드시 그 음식을 먹는 사람에 관한 도덕적인 평가가 아님을 가리킨다. 그것은 단순히 하나님이 유데아인들이 먹도록 허용하지 않으셨지만, 일반적인 이방인은 먹을 수 있는 음식을 규정한다.

었다. 베드로의 환상의 요점은 "하나님께서 내게 지시하사 '**아무도** 속되다' 하거나 '깨끗하지 않다' 하지 **말라**"는 것(행 10:28)과 "하나님은 사람의 외모를 보지 아니하시고 각 나라 중 하나님을 경외하며 의를 행하는 사람은 다 받으신다"는 것(행 10:34-35)이었다.

더욱이 베드로는 이제 이방인 고넬료와 그의 가족과 자유롭게 어울리며 그의 집에서 "며칠 머무를 수" 있게 되었다(행 10:48). 우리가 확실하게 알지는 못하지만, 베드로는 그 기간에 코셰르를 지킨 반면 고넬료는 계속 모든 것을 먹었다고 가정해도 무방하다. 음식을 통해 나타난 그들의 생활 방식에 존재하는 차이들은 베드로와 고넬료가 예수 메시아에 대한 공통의 고백, 성령이라는 공통의 선물과 경험, 공통의 세계, 공통의 식사에서 삶을 공유했음에도 그대로 유지되었다(행 10:43-48). 갈라디아서에 기록된 바울의 설명에 따르면 베드로는 안디옥에서 "야고보에게서 온 어떤 이들이 이르기 전에" 계속 "이방인과 함께 먹다가"—"이방인들이 먹는 음식을 먹은" 것이 아님을 주목하라—"그들이 오매 그가 할례자들을 두려워하여 [이방인 메시아 추종자들을] 떠나 물러갔다." 바울은 이 점에서 베드로와 다른 유데아인들이 공동 식탁의 **연대를 깨뜨렸기** 때문에 베드로에게 반대했다(갈 2:11-13).

로마서에서 바울의 입장은 명확하다. 바울은 어떤 음식도 불결하지 않다는 데 동의하지만, 그것이 유데아인들이 그들의 코셰르 식사를 포기해야 함을 암시하지는 않는다. 오히려 그는 "다만 속되게 여기는 그 사람**에게는** 속되니라"라고 주장한다(롬 14:14). "무엇이든지 스스로 속된 것이 없다"라는 말은 단순히 이방 음식이 **이방인에게** 깨끗하다는 의미다. 그들은 코셰르를 먹을 필요가 없다. 그러나 소위 강한 자들이 약한 자들을 멸시하고 그들에게 이방인의 음식 문화에 동화되기를 기대할 근거가 없다. 그렇게 하는 것은 사랑으로 행하는 데 실패하고 그리스도가 유데아인과 이방인 모두를 위해 죽으셨음을 망각하는 처사일 것이다(롬 14:15). 식탁에 참으로 하나님의 정의가 걸려 있지만, 그것은 무엇을 먹고 마시는지에 달려 있지 않다. 그것은 하나님이 식탁에서 창조하시는 메시아 안의 친교에 달려 있다. "하나님의 나라는 먹는 것과 마시는 것이 아니요 오직 성령 안에 있는 의[정의]와 평강과 희락이라"(롬 14:17). 그것이 공동의 식탁에 모인 메시아 추종자들의 궁극적인 목적이다. 그런 친교는 "하나님을 기쁘시게 할" 뿐만 아니라 성령 안에 있는 하나님의 정의, 평화, 기쁨—메시아적 생명—이 다른 사람들에게 가시화되고 **매력적**(dokimos)으로 되는 방식이다(롬 14:18). 메시아 추종자의 친교가 하나의 식탁에서 일어나면 그것이 다른 식탁들로 퍼질 가능성이 있다.

따라서 바울은 "그러므로 우리가 화평의 일과 서로 덕을 세우는 일을 힘쓰나니 음식으로 말미암아 하나님의 사업을 무너지게 하지 말라"라고 결론짓는다(롬 14:19-20). 식탁에 참여하는 각 사람이 식탁 위에 놓인 고기, 채소, 포도주에 관한 자신의 확신에 따라 먹고 마셔야 하며, 그런 확신을 그곳에 모인 다른 사람들에게 강요하지 않아야 한다. 나아가 식탁에 참여하는 누구도 다른 사람의 확신이 자신의 확신에 의문을 제기하도록 허용할 필요가 없다. 전체 요점은 공동의 식탁에서의 식사는 모든 사람이 문화적으로 같아지기에 관한 것이 아니라 각 사람이 그들의 확신 안에서 **다른 사람을 존중하기**에 관한 것이기 때문에, 모든 사람이 "하나님 앞에서" 자신의 확신 안에서 강해야 한다는 것이다(롬 14:22).

바울은 "믿음이 강한 우리는 마땅히 믿음이 약한 자의 약함

[asthenēmata]을 담당하고[bastazein] 자기를 기쁘게 하지 아니할 것이라"
라고 말한다(롬 15:1).

NRSV와 NIV에서 **아스테네마타**(*asthenēmata*)를 "결점"(failings)으로 번역한 것은 이 "약함"에 대한 부정적인 판단을 암시한다. 그러나 이곳의 명사는 로마서 14:1에 등장하는 분사 **아스테눈타**(*asthenounta*)―"약한"―로 거슬러 올라가는데, 그것은 "결점"을 의미하지 않는다. 더욱이 NRSV가 **바스타제인**(*bastazein*)을 "부담하다"(bear)가 아니라 "참다"(put up with)로 번역한 것은 용납될 수 없다. 그 번역은 단순히 "강한" 자들이 옳으며, "참아 줘야" 하는 "결점들"이 있는 사람들보다 우월하다고 느낄 충분한 이유가 있다는 아이디어를 확인할 뿐이다. 그것은 바울의 생각과 동떨어진 생각이다. 갈라디아서 6:2을 보라. "너희가 짐을 서로 지라[*bastazete*]. 그리하여 그리스도의 법을 성취하라."

이제 **"약한"**과 **"강한"**의 의미가 바뀌었다. 강하지 않은 사람은 코셰르 음식법을 준수하는 사람들이 아니다. 오히려 그들은 자기들이 무엇을 먹는지에 관해 하나님 앞에서 **그들의 확신이 흔들리는** 사람들이다. 그 흔들림은 몇몇 이방인이 멸시하는 유데아인들 사이에 존재할 수 있을 뿐만 아니라, 유데아인들의 판단을 의식하고 순응하라는 압력을 느끼는 몇몇 이방인 사이에서도 존재할 수 있다. 바울처럼 자신의 확신이란 측면에서 참으로 강한 사람은 누구라도 흔들리는 사람의 "약함을 담당해야" 한다. 그들은 약한 자들을 비난하거나(롬 15:3) 그들의 약함을 악용하기보다는 **약자들과 연대하여 그들 편에 서야** 한다. 식탁에 참여하는 사람은 모두 흔들리는 사람의 확신을 세우기 위해 노력해야 한다. "우리 각 사람이 [이웃이 강해지도록] 이웃을 기쁘게 하되 선을 이루고 덕을 세우도록 할지니라"(롬 15:2). 이방인들은 유데아인들이 유데아인으로서 충실하도록 격려해야 한다. 유데아인들은 이방인들이 이방인으로서 충실하도록 격려해야 한다. "하나님께서 각 사람에게 나누어 주신 믿음의 분량대로" 말이다(롬 12:3). "강한" 사람들이 "강하지 않은 사람들의 약함을 담당한다"라는 말은 메시아적 연대 안에서 그들 편에 선다는 의미다. 그것은 참아주는 것(그것은 깔보는 판단을 암시한다)이 아니라, 깔보는 판단을 거부하고 그들의 확신 안에서 그들을 세우는 것을 의미한다.

> 당신의 교회에서의 주님의 만찬(성찬, 애찬)은 그리스도인의 삶의 어떤 측면에 초점을 맞추는가? 죄인가, 용서인가? 아니면 예수와의 개인적 관계인가? 당신은 누가 당신과 함께 축하하고 있으며 그들은 사회적·문화적·정치적으로 당신과 얼마나 비슷하거나 다른지 어느 정도로 알고 있는가? 그런 인식이 그 축하의 의미에 어떤 차이를 가져올 수 있겠는가?

음식은 실로 삶의 한 형태의 성례다. 유데아인들과 이방인들이 **공동의** 식탁에서 **다른** 음식을 먹을 때, 서로를 세우는 그들의 먹고 마시기는 "인내와 위로의 하나님"(롬 15:5)의 사역을 통해, 메시아의 형식에 따른, 메시아 안에 있는 삶의 성례가 된다. 그것은 성령 안에 있는 정의와 평화와 기쁨인 하나님 나라의 표지다. 그것은 실로 창조세계가 **치유되고** 신적 생명에 참여하게 되는 표지인데, 이는 태초에 그것이 만들어진 목적이다.

로마서의 앞부분에서 바울이 하나님의 좋은 소식의 묵시가 인간의 근본적인 죄도 드러낸 것에 관해 기록했음을 상기하라. "그들[민족들]이 하나님을 알되 하나님을 영화롭게도 아니하며 감사하지도 아니했다"(롬 1:21). "[모세의] 율법을 자랑하는 네가 하나님을 욕되게 하고"(롬 2:23) 하나님의 이름이 "이방인 중에서 모독을 받게" 한다(롬 2:24). "모든 사람이 죄를 범하였으매 하나님의 영광에 이르지 못했다"(롬 3:23). 그러나 하나님의 애찬의 식탁에서—여기서 각 사람이 "주님께 대한" 완전한 확신 가운데 **다른 사람들과 함께** 먹고 마시며 "하나님께 감사한다"—소외시키고 노예화하며 분열시키는 죄의 힘이 무력화된다. 이 식탁에서 그들은 그들이 창조된 목적인 행동을 한다. 즉 그들은 "한마음과 한 입으로 하나님 곧 우리 주 예수 그리스도의 아버지께 영광을 돌린다"(롬 15:6). 친교와 하나님께 대한 찬양의 이 순간에 정의의 복음이 실현되고 창조세계의 조화가 회복된다. 민족들의 치유가 시작되었다.

막간: 불의의 식탁 — 간략한 역사

우리는 바울이 로마서 12:1부터 정의의 언어를 제쳐두고 일상에서의 메시아 추종자들의 삶을 다루기 시작했음을 이미 지적했다. 그는 그들의 이웃들 가운데서의 사회적 행동주의를 통해서든 공직과 권력의 자리에서의 정치적 행동주의를 통해서든 메시아 추종자들에게 정의의 의제를 제안하지 않는다. 그러나 저녁 식사 식탁에서의 삶에 대한 그의 논의의 한가운데서 **정의**라는 용어가 로마서에서 마지막으로 재등장한다. "하나님의 나라는 먹는 것과 마시는 것이 아니요 오직 성령 안에 있는 의[정의]와 평강과 희락이라"(롬 14:17). 이 신적 인간적 **정의**—"먼저는 유대인에게요 그리고 헬라인에게" 좋은 소식으로 나타난 하나님의 정의(롬1:16-17), 유데아인들과 민족들을 위한 메시아의 속죄 죽음 안에서 나타나고 실행된 하나님의 정의(롬 3:21-31), 할례를 받았든 받지 않았든 간에 하나님을 신뢰하는 사람들에게 은혜롭게 오는 하나님의 정의(롬 4:1-25), 한 사람 예수 메시아의 삶과 죽음과 부활에서 실현된 하나님의 정의(롬 5:12-21)—가 유데아인들과 이방인들이 평화와 기쁨과 하나님께 대한 감사와 찬양 가운데 함께 식사하는 메시아 추종자들의 식탁에서 공유되고 시행되고 실현된다. 하나님의 나라는 그 순간에 임한다.

하나님의 해방하고 화해시키며 치유하는 정의가 군주의 즉위, 헌법 제정, 법률 통과가 아니라 애찬 또는 성찬의 식탁인 것이 우연이 아니다. 메시아를 기념하여 규칙적으로 얼굴을 맞대고 먹고 마시는 관행은 바로 **에클레시아**(*ekklēsia*)—다른 이름으로는 교회라고 알려진 모임—의 의미를 구성한다. 하지만 2,000년이 넘는 동안 교회의 이 식사는 바울이 로마서를 쓸 때 로마에 있던 교회의 상황에서 별로 나아지지 않았다. 교회는 초기부터 그리고 교회사의 많은 기간 동안 바울이 로마서 11장과 14장에서 명시적으로 경고하고 지시한 바와 달리 반(反)유대적이었다. 교회는 빠르게 압도적으로 이방인이 중심이 되었고 "강한" 자들은 "약한" 자들을 세우기보다, 이방인들이 로마에서 그랬던 것처럼 계속 약한 자들을 멸시했다. 교회의 첫 1,000년 동안 (거의) 하나의 애찬 식탁만 있었음에도 **유대인으로서** 메시아를 추종하는 유대인들은 그 식탁에서 배제되었다. 그들은 식탁에 참여하려면 그들의 유대 방식을 포기하도록 요구되었다. 민족으로서의 유대인들은 (메시아 추종자든 아니든 간에) 그리스도인들에 의해 또는 그리스도인들의 승인 아래 회피되고, 박해받고, 추방되고, 근절되었다. 이것이 교회의 시초의 죄다. 그러나 그것이 마지막 죄는 아니다.

기원후 1054년에 동방교회와 서방교회 사이에 대분열이 일어나, 이제 (적어도) 두 개의 식탁과 분리된 친교가 존재하게 되었다. 그 분리는 겉보기에는 신학적인 이유 때문이었지만, 사실은 정치적·민족적·언어적 차이들이 분열의 훨씬 더 큰 이유였다. 종교개혁 시대부터 이후 다양한 교파가 폭발적으로 늘어남에 따라 성찬의 식탁 수가 기하급수적으로 늘어났다. 교회들도 왕, 군주, 민족 국가에 대한 그들의 지역적인 충성에 따라 분열되었다. 그리스도인들은 그분의 삶과 죽음 안에서 자기들이 화해된 한 주님에 대한 충성으로 공동의 식탁에 모이기보다는, 이러한 "좀 더 높은" 충성의 대상들(앞 장을 보라)을 섬기느라 규칙적으로 다른 그리스도인들을 죽였다. 남아프리카, 미국 남부 등에서 여러 세대 동안 인종적·민족적 차이로 인해 식탁이 나뉘었다. 백인 그리스도인들은 흑인 그리스도인들을 멸시했으며 그들에게 다른 식탁에서 먹게 했다. 이동성이 매우 높은 현대 서구 세계에서 그리스도인들은 경제적 지위·정치적 헌신·사회적 가치·민족적 배경·음악과 예배 스타일에 대한 기호가 같은 사람들을 이웃으로 삼고, 자동차를 운전하여 교회에 가며, 이런 측면에서 자기와 다른 사람들로부터 분리되고 그들을 멸시한다. 많은 교회에서 세례(이는 교회의 구성원이라는 상징이다)를 받은 사람들만 식탁에서 먹고 마시도록 환영받는다.

당신의 교회나 교파에서 (만일 그런 사람이 있다면) 누가 주님의 식탁 및 빵과 포도주에 대한 접근이 (명시적으로든 묵시적으로든) 거부되겠는가? 그들은 무슨 근거에서 거부되겠는가? 그런 근거들이 성경적-신학적이라

주님의 식탁은 회비, 회원 카드, 비밀스러운 악수, 클럽의 규칙 준수 같은 것을 요구하는 사적인 저녁 식사 클럽처럼 기능해 왔으며, 지금도 계속 그렇게 기능한다. 다른 사람들을 멸시하고 판단하는 것이 이 시대의 풍조다. 애찬의 식탁에서 **"하나님이** 그들을 환영하셨다"라는 사실과 그것은 "주님의 만찬이다"라는 사실은 잊힌다. 교파의 장애물들과 제도상의 문지기들이 개방적인 접근과 조화로운 친교를 가로막는다. 모임의 식탁—이는 **모든** 사람을 위한, 메시아 안에 있는 하나님의 정의의 핵심적인 표지다—에서 교회들은 그들의 "걸맞지 않은" 먹고 마시는 방식을 통해, 그리고 인간 집단들 사이의 낡은 분열을 존중하고 심지어 새로운 분열을 만들어냄으로써 세상의 불의를 영속화한다. 바울이 고린도전서에서 그러므로 "너희가 먹는 것은 주님의 만찬이 아니다"라고 말하듯이 말이다(고전 11:17-34). 그리스도인들이 세계의 모든 교파와 연대와 조화 가운데 먹고 마실 수 없다는 사실은 하나님의 정의의 좋은 소식이 완전히 믿어지고 실천되는 것이 아니라는 가장 확실한 증거다. 좋은 소식이 만찬 식탁에서 적실성이 없다면, 그것이 어떻게 불의가 다스리는 삶의 좀 더 넓은 영역에서 적실성이 있겠는가?

세상에서의 하나님의 정의는 하나님이 자신의 식탁으로 환영하시는 데서 시작한다. 그것은 교회가 메시아 추종자들의 연대와 조화 가운데 삶으로써 식탁에서 하나님의 환대를 받고, 실천하고, 축하할 때 시작한다. 하나님의 정의의 좋은 소식은 거기서부터 퍼져나간다.

떠오르는 정의: 민족들의 새로운 역사(롬 15:7-13)

예언자 이사야가 자신의 좋은 소식을 선포하는 데서 알렸듯이, 메시아 추종자들의 식탁은 이스라엘과 모든 나라의 최종적인 희망을 예고한다. "만군의 여호와께서 이 산에서 만민을 위하여…연회를 베푸시리니…자기 백성[이스라엘]의 수치를 온 천하에서 제하시리라"(사 25:6-8). 바울은 로마서 15장의 다음 몇 절에서 하나님의 환영하시고 화해시키시는 정의의 비전을 인간 역사의 가장 먼 지평으로 확장한다. 바울은 로마서의 처음부터 좋은 소식은 오직 그리고 심지어 주로 개인들과 그들의 최종 운명에 관한 것이 아님을 명백히 밝혔다. 그것은 모든 사람에게 구원을 주시는 "하나님의 능력"(롬 1:16)으로서, 먼저 유데아 민족 사이에서(즉 하나님의 선민으로서의 그들부터 시작하여) 그리고 모든 민족 사이에서 신실한 순종을 가져온다(롬 1:5). 모든 민족 사이의 평화로운 연합은 언제나 하나님의 뜻이었지만, 이방 민족들의 서로 싸우는 우상숭배들과 유데아인들의 법적-문화적 고립을 통해 파괴되었다. 죄와 사망이 역사의 의미를 탈취했다. 역사는 언제나 선이 악을 이긴다는 기치 아래 약자에 대한 강자의—대개 폭력적인—승리의 이야기가 되었다.

예수 메시아 안에 있는 하나님의 묵시적인 속죄라는 정의의 행동은 그 파괴적인 역사의 **근본적인 타파**를 나타내며, 부활 생명의 능력을 통해 새 역사를 창조한다. 메시아의 식탁에 연합하여 모이는 것은 하나님의 치유하시는 역사의 길에 참여하고, 그것이 모든 민족 가운데서 실현되고 가시화되는 것을 보는 것이다. 바울은 "그러므로 그리스도께서 우리를 받아 하나님께 영광을 돌리심과 같이 너희도 서로 받으라[환영하라]"라고 말한다(롬

15:7). 애찬 식탁에서 메시아 안에 있는 상호 환영과 조화는 하나님께 영광을 돌린다는 것의 **의미다**. 즉 그것은 **역사 안에서 그리고 역사로서** 인간의 삶의 영광스러운 운명과 완벽하게 친교하시는 삼위일체의 신적 생명의 영광스러운 실재를 드러나게 한다. 역사 안에서 하나님의 능력은 신인(神人)이시고 종이시자 주권자이신 메시아 안에서, 그리고 메시아의 이름으로 성령 안에서 모이는 사람들의 삶에서 실현된다.

> 당신은 하나님이 민족들을 구속하시는 비전을 갖고 있는가? 그렇다면 그것은 어떤 모습일 것 같은가? 그렇지 않다면 그 이유는 무엇인가? 하나님이 역사에서 세상 민족들을 구속하시고 치유하시기 위해 일하시는 방법에 대한 당신의 이해에서 이스라엘은 어떤 역할을 하는가? 그 질문에 답할 때 당신이 말하는 "이스라엘"은 어떤 의미인가?(예컨대 모든 유대인 개인의 집합, 이스라엘 민족, 현대 이스라엘 국가 등)

로마서 15:9-12에서 메시아의 우주적 주권에 대한 강력한 선언이 이어진다. 그러나 바울은—우리가 빌립보서 2:6-11에서 발견하는 논리와 동일한 논리를 따라—먼저 메시아가 **종**(*diakonos*, 롬 15:8)으로 오셨음을 강조한다. 역사 안에서 도래하시는 하나님의 종으로서 메시아는 이스라엘과 민족들 사이의 기본적인 역사적 차이, 즉 바울이 그의 편지를 그것으로 시작했고 결코 시선을 놓치지 않았던 차이와 관련을 맺으신다. "내가 말하노니 그리스도께서 하나님의 진실하심을 위하여 **할례의 추종자**가 되셨으니 이는 [하나님이] 조상들에게 주신 약속들을 견고하게 하시고"(롬 15:8). 바울이 갈라디아서에서 명백히 밝힌 것처럼 메시아 자신이 바로 아브라함에게 하신 약속의 본질이시다. "이 약속들은 아브라함과 그 자손에게 말씀하신 것인데…오직 한 사람…곧 그리스도라"(갈 3:16).

우리는 한편으로 이스라엘로서의 이스라엘, 즉 역사에서 하나님의 선민으로서의 이스라엘이 유일하게 약속된 메시아 안에서 발생한다고 말할 수 있을 것이다. 이어서 메시아가 이스라엘을 섬기시고, 이스라엘을 구속하시고, 이스라엘을 민족들 가운데서 하나님의 선민으로 확인하시기 위해 이스라엘 안에서 출현하실 때 하나님의 약속들이 사실이라고 증명된다. 메시아는 먼저 이스라엘의 종으로서 오셨고, 그가 이방 민족들 **역시** 섬기러 오셨기 때문에 **모든** 민족에 대한 메시아의 주권은 획일적인 주권이 아니다. "이방인들[민족들, *ethnē*]도 그 긍휼하심으로 말미암아 하나님께 영광을 돌리게 하려 하심이라"(롬 15:9). 바울이 로마서 11장에서 명백히 밝혔듯이 이방 민족들의 운명은 언제나 이스라엘의 운명에 연결되었다. 이스라엘이 최종적으로 구속받지 않는다면 이방 민족들도 구속받지 않는다. 이사야가 예언한 이스라엘과 민족들의 위대한 모여들기는 메시아 안에서 유데아인들과 이방인들이 애찬 식탁에 모이는 데서 시작한다(그러나 그것은 시작일 뿐이다).

그것이 메시아를 추종하는 유데아인들과 이방인들이 서로 환영하면서 공동의 식탁에 모일 때 걸려 있는 진리다. 그 식탁에서 그들은 이제 바울이 인용하는 토라와 시편과 예언서에서 예견된, 이스라엘과 모든 나라에 대한 메시아의 세상 역사에서의 주권을 증언한다.

로마서 15:9-12에 인용된 구약성경의 네 구절 각각에서 **에트네**(*ethnē*)를 (NIV와 NRSV처럼) "이방인들"로 번역할 것이 아니라 "민족들"로 번역하는 것이 매우 중요하다. 바울은 이제 명백히 개인적인 관점에서가 아니라 **지정학적**인 관점에서 생각하고 있기 때문이다. 이 점은 로마서 15:10-11에서 **에트네**(*ethnē*)가 **라우 아우투**(*laou autou*, "그의 백성", 즉 이스라엘, 롬 15:10)와 **라오이**(*laoi*, [땅의] "민족들", 롬 15:11)와 평행하는 데서 명백히 드러난다. 그러나 이 점은 로마서 5:12에 등장하는 **호 아니스타메노스 아르케인**(*ho anistamenos archein*)에서도 명확한데, 거기서 "다스리시기 위하여 일어나시는 이"의 지정학적 범위가 간과될 수 없다.

바울은 먼저 자신의 고백과 찬양을 (70인역) 사무엘하 22:50에 기록된 다윗의 찬양과 정렬시킨다(시 18:49에 반복됨). "그러므로 내가 열방[*ethnesin*] 중에서 주께 감사하고 주의 이름을 찬송하리로다"(롬 15:9). 어떤 의미에서는 시편에서 따온 이 인용이 민족들 가운데서 하나님의 실제를 선언해야 할 (이스라엘인으로서) 바울의 전체 사명을 요약한다. 바울이 (다윗과 함께) 고백하고 찬양하는 이름은 바로 "하나님 곧 우리 주 예수 그리스도[메시아]의 아버지", 메시아를 추종하는 유데아인들과 이방인들이 "한마음과 한 입으로 영광을 돌리는" 삼위일체 하나님이다(롬 15:6).

다음 인용문(70인역 신 32:43에서 인용했음)에서 하나님은 모든 민족에게 즐거운 찬양의 노래 가운데 하나님의 백성(이스라엘)에게 가담하라고 요구하신다. "열방들(*ethnē*)아, 주의 백성(*laou*)과 함께 즐거워하라"(롬 15:10). 이 인용을 통해 바울은 민족들과 이스라엘 사이의 구분과 그들이 좋은 소식에 의해 공동의 목적인 즐겁게 하나님을 찬양하도록 요구된다는 사실 모두를 강조한다. 실로 그 요구를 발하는 것은 처음부터 끝까지 민족들에 대한 바울의 선교의 핵심이자 부담이다. 그는 시편에서 또 다른 선언을 소환한다. "모든 열방들아(*ethnē*), 주를(*kyrion*) 찬양하며 모든 백성들아(*laoi*), 그를 찬송하라"(롬 15:11, 시 117:1의 인용). 여기서 강조 대상은 **모든**(*panta*) 나라와 백성이 예배라는 한 행동 안에서 함께 모이는 것이다.

바울의 마지막 인용은 이사야서에서 취한 것인데, 이번에는 나라들로 하여금 하나님을 찬양하도록 촉구하기 위함이 아니라, 모든 나라를 통치하며 그들을 하나의 희망으로 이끄는 주권자에 관해 선언하기 위함이다. "이새의 뿌리 곧 열방을(*ethnōn*) 다스리기 위하여 일어나시는 이가 있으리니 열방이(*ethnē*) 그에게 소망을 두리라"(롬 15:12, 사 11:10[70인역]의 인용). 이 인용은 바울에게 많은 의미가 있으며, 우리를 로마서의 첫 문장들로 데려가 그곳에서 시작한 의미를 마무리한다.

- 로마서 1장에서 바울은 "하나님이 선지자들을 통하여 그의 아들에 관하여 성경에 미리 약속하신 좋은 소식"에 관해 썼다(롬 1:2). 로마서 15장에서 바울은 그 약속에 대한 증거로서 좋은 소식의 가장 위대한 예언자인 이사야의 성스러운 저작에 호소한다.
- 로마서 1장에서 바울은 하나님의 좋은 소식은 하나님의 아들에 관한 것인데, 그 아들이 "육신으로는 다윗의 혈통에서 나셨다"라고 썼다(롬 1:3). 로마서 15장에서는 이사야가 도래하는 통치자는 참으로 다윗의 자손, 곧 "이새의 뿌리"라고 증언한다.
- 로마서 1장에서 바울은 다윗의 자손이 "성결의 영으로는 죽은 자들 가운데서 부활하사(*anastaseōs*) 능력으로 하나님의 아들로 선포되셨다"라고 말했다(롬 1:4). 로마서 15장에서는 이사야가 "열방을 다스리시기 위하여 일어나시는(*anistamenos*) 이"를 공표함으로써 부활에

대해 증언한다.

- 로마서 1장에서 바울은 자신의 사도로서의 사명은 "그의[우리 주 예수 메시아의] 이름을 위하여 모든 이방인 중에서 믿어 순종하게 하는" 것이었다고 선언했다(롬 1:5). 로마서 15장에서는 이사야가 "열방을 다스리시기 위하여"(*archein ethnōn*) 일어나시는 이의 주권적 권위에 대해 증언한다.
- 로마서 1장에서 바울은 이 모든 것을 모든 민족을 위한 "좋은 소식"(*euangelion*)으로 공표했다. 로마서 15장에서는 이사야가 열방이 오시는 이에게 "그들의 소망을 두는" 것이 옳다고 증언한다.

우리가 로마서 전체를 통한 바울의 여정의 모든 우여곡절을 알기 원한다면, 그것은 로마서 15:7-13에 요약되어 있다. 좋은 소식은 다윗의 후손이시고, 죽은 자들 가운데서 부활하셨으며, 이제 이스라엘과 모든 나라를 다스리시면서 그들의 완전한 신뢰와 신실한 순종과 즐거운 찬양을 요구하시는 예수 메시아이시다. 메시아는 민족들을 정복하시고 복종시키심으로써 그분의 우주적 통치를 실현하신 것이 아니라, 자신의 신실하심과 자신을 내어주심과 그것만이 하나님의 정의인 사랑을 통해 그 통치를 평화롭게 이루셨다. 이것 때문에 바울은 자신 있게 "소망의 하나님"이 메시아 추종자들을 신뢰 안에서 기쁨과 평화로 채우실 것과 그들이 예수를 죽은 자들 가운데서 살리시고 그에게 사랑 안에서 민족들을 다스리실 수 있게 하시는 동일한 능력—생명의 영인 성령의 능력—을 통해 "소망이 가득할" 수 있게 하실 것을 기도할 수 있다. 메시아의 통치가 이스라엘과 모든 나라의 희망—인류의 새 역사에 대한 희망—이다. 정의가 떠오르고 있다.

13장

메시아 추종자들의 확산

이 장에서 다루는 내용
....

- 로마서 15:14-24: 메시아적 정의의 인내-선교
- 로마서 15:25-33: 메시아적 정의-지정학적 좋은 소식으로서의 선교
- 로마서 16:1-23: 메시아적 정의-우정으로서의 선교
- 로마서 16:25-27: 송영—메시아적 정의로서의 예배

메시아의 통치에 대한 바울의─그리고 이사야의─비전은 범위 면에서 우주적이고 세계사적이다. 그것은 모든 사람을 위한 좋은 소식이다. 그것은 모든 장소에서 선포되어야 한다. 바울은 자기가 이 소식을 모든 민족에게 전하도록 선택된 하나님의 사절임을 안다. 그는 자신의 사도로서의 사명을 수행하는 데 진지하고 열정적이며 항상 움직인다. 중요한 의미에서 로마서는 하나님의 정의의 복음에 대한 명확하고 종합적인 설명을 제공하기 위함일 뿐만 아니라, 좋은 소식을 세상에 확산시키기 위함이기도 하다. 바울은 그 편지를 통해 로마에서의 체류를 위한 길을 닦고 있는데, 그는 그곳에서 자신의 현존과 가르침으로 메시아 추종자들의 모임을 세우기를 희망한다. 그러나 궁극적으로 그는 수도 로마에서 제국의 서쪽 끝까지 선교 여정을 시작할 계획이다.

그 메시지의 우주적 범위, 바울의 사도로서의 소명의 거대함, 모든 민족에 대한 지리적 도달, 바울 자신의 개인적 성격에 비추어 볼 때 우리는 그가 자신의 사명을 완수하기 위해 광적이고, 기회주의적이며, 가차 없고, 목적 지향적으로 행동하리라고 예상할 수도 있을 것이다. 그러나 바울은 그 예상과 반대다. 바울에게는 좋은 소식이 전파되는 **방식**이 좋은 소식의 의미에 본질적이다. 하나님의 정의의 소식을 **확산하는 수단**은 하나님의 정의의 근본적인 성격을 공유하고 그것에 일치해야 한다. 그렇지 않은 방식으로 확산되는 것은 하나님의 정의가 아니다.

메시아적 인내(재론)(롬 15:14-24)

바울이 로마에 있는 모임들에 이 편지를 쓰기 위해 고린도에서 여정을 중단했다는 사실—그것은 **상당한 중단**이었다—은 이미 그가 그것을 위한 시간이 있다고 믿었음을 나타낸다. 바울은 로마서의 앞에서 다음과 같이 썼다. "너희가 이 시기(*karion*)를 알거니와 자다가 깰 때(*hōra*)가 벌써 되었으니 이는 이제(*nyn*) 우리의 구원이 처음 믿을 때보다 가까웠음이라. 밤이 깊고 낮이 가까웠으니"(롬 13:11-12). 이 문장들은 바울이 말세가 가까워졌다는 인식의 고조에 의해 견인되었으며, 이것이 그의 광적인 선교 활동(그것은 광적이라고 생각된다)을 설명한다는 의견이 지속되고 있다. 하지만 **이** 편지에 관한 모든 것은 바울이 시간—아주 많은 시간—을 들여 주의 깊고 참을성 있게 단어, 문장, 전개, 구조, 전반적인 형태, 시작과 끝 등을 고려하여 그 편지 **자체**가 복음이 되도록 했음을 암시한다. 바울은 그 편지가 구원을 주시는 하나님의 능력으로서(롬 1:16) 로마의 모임들에 도달하고 읽혀서 그들 가운데서 "선함", "지식", "상호 지도"의 신적 사역의 효과를 가져오기를 기대했다(롬 15:14).

로마서를 어떤 의미에서는 예술 작품(문학), 즉 단순히 목적에 도달하기 위한 수단—한 편의 선전—이 아니라 그것이 모임에서 읽힐 때 텍스트**로서** (신적) 목적, 즉 하나님의 말씀이 현존하는 작품이라고 생각해도 틀리지 않을 것이다. 그 편지를 **작성**하기 위해 시간을 들이고 주의를 기울인다는 것 자체가 메시아 추종자의 평화와 인내의 수고이며, 그것을 듣고 그것에 관해 묵상하고 그것의 능력을 받기 위해서는 평화와 시간과 인내가 요구된다. 지금이 어떤 시기인지를 안다는 것은 이 편지를 쓰고 읽는 수고를 할 시간도 있음을 아는 것이다. 그의 세계사적 선교가 절박하고 벅차 보였음에도 민족들에 대한 사도는 편지들을 작성하는 데 필요한 시간—그에게 주어진 시간—을 들였다. "내가 너희로 [좋은 소식을] 다시 생각나게 하려고 하나님께서 내게 주신 은혜로 말미암아 더욱 담대히 대략 너희에게 썼노니"(롬 15:15).

> 매우 많은 불의로 가득 찬 세상에서 행해져야 할 모든 일을 하기 위한 충분한 시간이 없고 앞으로도 없을 것처럼 보인다. 그렇다면 주의 깊게 논문을 쓰거나, 예술에 시간을 할애하거나, 진리·선함·아름다움에 관해 참을성 있게 묵상하는 것은 무책임한 처사인가? 이런 일들이 어떻게 도움이 되겠는가? 어떤 좋은 소식이 그런 일들을 정당화하겠는가?

얼핏 보면 그렇지 않은 것처럼 보일 수도 있지만, 지금까지 자신의 선교에 대한 바울의 묘사(롬 15:16-21) 역시 그의 메시아적 인내를 드러낸다. 우리는 세계사적 중요성을 지니는 목표를 달성하기 위한 많은 방법을 상상할 수 있는데, 그중 많은 방법—군사적 정복, 외교적 중무장, 시장 탈취와 독점, 선전과 매스컴, 효과적인 세계적 광고 등—이 시도되었고 자체의 관점에서 성공적이었음이 입증되었다. 모든 사람이 정복 또는 통제의 대상이고 주어진 시간이 짧기 때문에 의표를 찌르고, 압도하고, 지나치게 선전하고, 모든 사람 또는 가급적 많은 사람을 매혹하려는 의도가 이런 수단을 비메시아적으로 만든다. 경쟁, 통제, 조바심이 그런 세계사적 사명들의 특징인데, 그중 대다수는 세상을 좀 더 나은 곳으로 만든다는 것을 근거로 정당화된다. 이와 대조적으로 바울에게는 탈취할 계획이 없다. 바울에게는 그에게 필요한 모든 시간이 있다. 바울은 자기가 "하나님께서 내게 주신 은혜로 말미암아" "이방인[민족들]을 위하여 그리스도[메시아] 예수의 일꾼[종]이 된" 것을 안다(롬 15:15-16). 종(*leitourgos*)으로서 바울의 사절 임무는 그에게 위임한 존재에 의해 정의된다. 그가 무엇을 할지의 관점에서뿐만 아니라 그 일을 어떻게 수행할지의 관점에서도 정의되는데 그 방법은 은혜를 통해서다. 사명과 방법은 하나다. 그것들은 메시아 자신의 은혜로운 사명과 방법을 통해 정의된다. 메시아에 관한 모든 것은 경쟁, 통제, 조바심과 이것들에 수반하는 한쪽이 이기면 다른 쪽이 지는 관계를 특징으로 하는 임무 수행을 배제한다. 바울의 선교는 "하나님으로부터 [그에게] 주어진 은혜"에 의해 움직인다. 그의 사절로서의 사역 역시 은혜롭지 않다면 그것은 그의 소명의 특성에 모순될 것이다.

그러므로 바울의 사역은 그가 전했거나 복음화한 사람의 수에 의해 측정된 결과를 통해 달성하기에 관한 것이 아니라, 제사장이라면 그렇게 했을 법한 방식으로 하나님께 드릴 제물—민족들 가운데서 좋은 소식을 믿는 사람들의 제물—을 준비하기에 관한 것이다(롬 15:16). 이 제물을 받으실 만하게 만드는 요소는 생명들의 수가 아니라 거룩성인데, 그것 자체는 바울의 성취가 아니라 성령의 사역이다. 바울이 관여하고 있는 종류의 선교는 결코 거대하거나, 열광적이거나, 결과 지향적이지 않다. 그것은 느리고 작으며, 참을성이 있고 평화롭다. 사실 그것은 대다수의 성공적인 세계사적 사명들에 비하면 빈약해 보인다. 자랑할 것이 별로 없다. 그래서 바울은 대신 자기에게 이 일을 하라고 위임하신 "메시아 예수 안에서 자랑하고" 그의 사역을 통해 은혜에 의해 "메시아가 이루신 것에 관해" 자랑한다(롬 15:17-18).

당신이 하나님의 좋은 소식을 선포하기 위해 선교하러 가거나 파송을 받는다면 당신은 당신의 선교가 성공적인지를 어떻게 평가하겠는가?

바울은 로마서를 쓸 때까지 그의 수고를 통해 무엇을 **이뤘는가**? 바울 시대의 지정학적 지도에는 로마라는 도시를 중심에 두고 로마 제국의 다양한 지역이 지중해의 북쪽 해안을 따라 동쪽으로는 시리아부터 서쪽으로는 스페인까지 펼쳐지고, 지중해 남쪽 해안의 북아프리카 지역들이 포함되었을 것이다.[1] 우리가 유데아부터 소아시아(오늘날 튀르키예)를 거쳐 그리스, 이탈리아, 갈리아(프랑스), 스페인까지 동쪽에서 서쪽으로 여행한 후, 서쪽에서 동쪽으로 아프리카 해안을 따라 이집트까지 온 후 다시 북쪽으로 향해 예루살렘으로 돌아온다고 상상하면, 우리는 (고린도에서) 로마서를 쓸 때 바울이 지중해의 북동쪽을 따라 그 여정의 약 4분의 1(또는 그 미만)을 마쳤다고 말할 수 있다. 물론 우리는 그가 그 여행을 한 번만 한 것이 아니라 때로는 육지로 때로는 바다로 세 번 여행했다는 것을 안다. 그는 그 과정에서 하나님과 하나님의 메시아의 좋은 소식을 선포했으며, 소아시아와 그리스의 도시들에 메시아 추종자들의 여러 모임을 세웠다. 그 도시들에 있던 이방인 메시아 추종자 수의 합계는 알려지지 않았지만, 1,000명을 훨씬 상회하지는 않았을 것이다. 그럼에도 바울은 단순히 여행의 다음 지역으로 서둘러 가지 않았다. 그는 가급적 그 작은 모임들에 돌아가 좋은 소식 안에서 그들을 한층 더 가르치고 세워주었다. 그는 또한 그들에게 편지들을 썼다. 로마서를 쓰기 전에 그는 이미 데살로니가 전후서와 갈라디아서와 고린도전후

---

1   그런 지도의 묘사가 Robert Jewett, *Romans: Hermeneia—A Critical and Historical Commentary on the Bible* (Minneapolis: Fortress, 2007), 912-13에 제공되어 있다.

서를 썼다.

바울은 자기가 성취한 것에 대해 어떻게 생각했는가? 그는 이방인 메시아 추종자들의 수를 전혀 제공하지 않는다. 대신 그는 메시아가 "이방인들의 순종", 즉 하나님과 주 예수 메시아께 대한 그들의 신실한 순종을 자기를 "통해 이루셨다"라고 주장한다(롬 15:18; 롬 1:5을 보라). 수는 중요하지 않다. 그들의 순종이 **어떻게** 이뤄졌는지가 중요하다. "이룩했다"("나를 통해 메시아가 이룩하신 것")라고 번역된 그리스어 단어는 몇몇 맥락에서(엡 6:13에서처럼) 압도나 정복이라는 의미를 담고 있다. 몇몇 이방인이 이제 그들을 정복하신 주님께 순종하기 때문에 바울은 그것이 **모종의 의미에서는** 이방 민족들 가운데서의 자기의 선교에서 일어난 일이라고 믿는다.

그러나 **어떤 의미에서** 메시아가 바울을 통해 이방인들을 정복하셨는가? 어떤 의미에서도 위협, 강요, 군사력에 의한 것은 아니었다! 그보다는 근본적으로 다른 수단을 통해서였다. 그 일은 "말과 행위로(*logō kai ergō*), 표적과 기사의 능력으로(*dynamei*), 성령의 능력으로(*dynamei*) 이루어졌다"(롬 15:18-19). 이것들이 메시아 추종자들의 선교가 그것들을 통해 세상에서 전진하는 도구들이다(엡 6:10-17을 보라). 이것이 메시아적 정의가 퍼지는 방법이다. 그것은 **신적** 능력을 통해 퍼지는데 그 능력은 언제나 **은혜와 평화**일 뿐이다. 하나님의 정의인 좋은 소식은 퍼지는 **내용**뿐만 아니라 퍼지는 **방법**이기도 하다. 다른 수단을 통해 퍼지는 정의는 좋은 소식이 아니다. 그것은 정의가 아니다.

바울은 자기가 이룬 일(또는 메시아가 그를 통해 이루신 일)에 대해 어떻게 생각했는가? 그는 "충분하다, 충분함 이상이다"라고 생각했다. "내가 예루살렘으로부터 두루 행하여 일루리곤까지 그리스도의 복음을 편만하게 전하였노라"(롬 15:19). 일루리곤(일리리쿰)은 이탈리아에서 아드리아해 건너편 동쪽에 있었다. 따라서 바울의 선교는 세상의 중심인 로마의 턱밑까지 도달했다. 바울은 놀랍게도 자기가 로마 제국의 북동쪽 사분면에서 "메시아의 좋은 소식을 전하는 일을 마쳤다(편만하게 전했다)"라고 믿으며, 따라서 몇 절 뒤에서 "이제는 [내가] 이 지방에서 일할 곳이 없다"라고 선언한다(롬 15:23). 이제 그가 서쪽으로 향해 먼저 로마에서 머물고, 이어서 로마로부터 스페인으로 파송될 시기다(롬 15:23-24).

이것은 이상한 세계 선교다. 그 지역들에서의 인구 비율이란 관점에서 좋은 소식을 들은 사람이 많지 않았고, 그것을 믿은 사람은 훨씬 적었다. 그럼에도 바울은 그곳에 머물 필요를 느끼지 않는다. 그는 계속 나아가 "내가 다른 사람의 터 위에 건축하지 않기 위해 이미 메시아의 이름이 불리지 않은 곳에서 좋은 소식을 선포하기로" 결심한다(롬 15:20. 개역개정을 사용하지 아니함). 아직도 제국의 세 개 사분면이 하나님의 정의의 소식을 듣지 않았다. 가장 먼 지역들에 대한 그의 선교는 예언자 이사야가 고난받는 하나님의 종에 관해 쓴 내용을 성취할 것이다. "주의 소식을 받지 못한 자들이 볼 것이요 듣지 못한 자들이 깨달으리라"(롬 15:21, 사 52:15의 인용).

이방 민족들에 대한 사도로서의 바울의 선교는 독특하다. 그가 보내진 나라들의 지역적 범위는 적어도 로마 제국 영토의 면적과 같았던 것으로 보인다. 바울에게 있어 이 영토 전체에 메시아의 이름을 선포한다는 것은 메시아가 그곳에 대한 주권을 주장하시고 민족들의 순종을 요구하신다고 선포하는 것이었다. 그러나 그 주장과 요구는 그 메시지를 듣고 믿는 보통 사람들 가운데서 순회하는 사도의 참을성 있고 평화로운 사역을 통해 **현장에서**(on the ground)만 실현된다. 하나님의 정의는 그런 식으로 퍼진다.

지정학적 좋은 소식(롬 15:25-33)

바울은 스페인과 그의 선교의 다른 지역으로 이동하기를 "열망"하지만(롬 15:20) 서두르지 않는다. 그는 먼저 해야 할 중요한 일이 있는데, 그 일은 그를 다른 방향인 예루살렘으로 가게 할 것이다. 사실 이 일은 하나님의 정의가 민족들 가운데서 일하고 있다는 구체적인 물질적(material) 표지이기 때문에 바울은 그 일을 위해서도 시간을 내야 한다. 우리는 이 예루살렘의 "성도를 섬기는 일"(롬 15:25)에 대해 로마서 15장에 기록된 바울의 간략한 묘사에서보다 고린도후서 8-9장에서 훨씬 더 많이 배운다. 바울은 민족들에 대한 그의 선교의 초기에 (명확하지 않은 이유로) 가난을 경험하고 있는 예루살렘의 유데아인 메시아 추종자들의 모임들에 가져가기 위해 이방인 메시아 추종자들의 모임들로부터 모금하기 시작했다.[2] 사실 한 학자는 예루살렘의 성도들을 위한 모금을 바울의 강박증이라고 불렀다.[3] 바울에게 있어 그 일은 좋은 소식을 선포하는 것만큼이나 중요했다. 그것은 그가 선포한 좋은 소식에 **본질적**이었고 복음의 효과적인 능력의 명백한 표현이었기 때문에 중요했다.

- 예루살렘을 위한 모금은 이방 민족들을 향한 메시아 안에서의 하나님 자신의 은혜로운 관대함과 풍성한 복 주심에 대한 유형의 표지

2　모금과 그것의 중요성에 관한 설명은 Scot McKnight, "Collection for the Saints," in *Dictionary of Paul and His Letters*, ed. Gerald Hawthorne, Ralph Martin, and Daniel Reid (Downers Grove, IL: InterVarsity Press, 1993), 143-47을 보라.

3　McKnight, "Collection for the Saints," 143.

다(고후 8:1-7).

- 그 모금은 고통받고 있는 사람들의 실제적인 육체적 필요를 충족할 의도였다. 그것은 행동하는 메시아적 돌봄과 사랑이었다(고후 8:14-15, 24).
- 그것은 메시아의 삶을 공유한다는 물질적인 표지였다. "우리 주 예수 메시아[그리스도]의 은혜를 너희가 알거니와 부요하신 이로서 너희를 위하여 가난하게 되심은 그의 가난함으로 말미암아 너희를 부요하게 하려 하심이라"(고후 8:9).
- 그 모금은 바울의 사도직이 민족들 가운데서 끌어내려고 의도된 바인, 이방인들이 하나님께 드리는 감사와 순종의 물질적인 표지였다(고후 9:11-13).
- 그 모금은 메시아 안에 있는 하나님의 정의가 이방 민족들과 유데아인들 사이의 관계에서 정의를 낳고 있다는 물질적인 증거였다(고후 9:8-10).

바울은 로마서 15:26-27에서 특히 이 마지막 측면에 초점을 맞춘다. 로마서 전체에서 바울은 메시아 안에 있는 하나님의 구속하시는 정의가 유데아인들과 이방인들 사이, 이스라엘과 이방 민족들 사이의 관계의 치유를 겨냥한다는 시각을 놓치지 않는다. 바울에게 있어 그 치유는 결코 단순히 "영적" 실재에 머물 수 없다. 우리는 앞 장에서 바울에게는 유데아인들과 이방인들의 모든 지역적 모임이 주님의 식탁에서 그들의 다른 전통들을 상호 환영하고 존중하며 인정하는 가운데 복음을 구체적으로 표현하는 것이 얼마나 중요한지를 살펴보았다. 예루살렘을 위한 모금은 좀 더 넓은 이스라엘과 민족들이라는 지정학적 영역에서 동일한 것을 나타낸다. "마게도냐와 아가야 사람들이 예루살렘 성도 중 가난한 자들을 위하여 기쁘게 얼마를 연보하였음이라"(롬 15:26).

바울이 그 장소들"의 신자들"이라고 말하지 않고 마게도냐와 아가야라는 지역 이름을 사용하는 것은 의미심장하다. 그 지역 이름들은 좀 더 넓은 민족적·정치적 실체들을 의미한다. 이 민족들(*ethnē*)에서 모금하여 유데아로 보내는 것은 근본적인 뭔가를 나타내는데, 그것은 바로 다른 토대에서라면 서로를 삶의 수단(토지, 노동, 자원 등)을 두고 경쟁하는 관계로 볼 두 민족 사이에서 **삶을 나누는 것**(*koinōnia*, 롬 15:26)이다. 모금에서 나타난 바와 같이 이방 나라들과 이스라엘 사이에서 이런 식으로 물질을 나누는 것은 좋은 소식의 지정학적 실현으로서 좋은 소식을 떠나서는 상상할 수 없는 일이다. "저희(마게도냐와 아게야)가 기뻐서 하였거니와(그들의 자원을 나누었거니와) 또한 저희는 그들에게 빚진 자니 만일 이방인들이 (이스라엘을 통해) 그들의(이스라엘의) 영적인 것을 나눠 가졌으면 육적인 것으로 그들을 (이스라엘을) 섬기는 것이 마땅하니라"(롬 15:27). 바울이 로마서 11장에서 주장한 모든 것이 예루살렘을 위한 모금에서 물질적·경제적 결실을 맺는다. 그러므로 바울은 자기가 그 모금액을 전달할 때 좋은 소식의 열매를 확보할 것이라고 말한다(롬 15:28).

그 모금이 매우 중요해서 바울은 스페인까지 선교를 수행하겠다는 야심찬 계획을 기꺼이 정지하고 대신 그 모금액을 전달하기 위해 고린도—로마의 거의 옆이다—에서 예루살렘으로 되돌아가는 여행길에 오르려고 한다. 시간이라는 관점에서 이는 값비싼 일이지만 바울은 그럼에도 그 일을 위해 시간을 내려고 한다. 그것은 위험한 일이기도 하다. 마게도냐와 아가야는 이 **코이노니아**(*koinōnia*, 자원을 나누는 것)에 열심이지만, 바울에게는 예루살렘에 있는 메시아 추종자 모임이 기꺼이 그것을 받을지 확실하지 않다. 그는 유데아에서 자신의 안전이 위협받을 수도 있고 예루살렘에서 자신이 거절당할 수도 있음을 예견한다(행 19:21과 21:15-36에 따르면 그의 우려는 상당한 근거가 있었다). 그는 로마에 있는 메시아 추종자들에게 자신이 안전하게 지킴을 받을 것과 예루살렘에 있는 "성도들"이 이방 민족들로부터의 희생적인 섬김의 이 일을 받을 것을 기도해달라고 요청한다. 모든 것이 잘 진행되면 그는 로마에 들렀다가 스페인으로 갈 것이다(롬 15:30-32).

이제 바울은 다음과 같은 기도로 로마서를 마친다. "평강의 하나님께서 너희 모든 사람과 함께 계실지어다. 아멘"(롬 15:33). 로마서 전체가 메시아 예수 안에 있는 하나님의 평화의 실재를 선포했다. 그 선포는 이제 그것이 로마에 있는 이방인과 유데아인 메시아 추종자들 사이에서 그렇게 되어지기를 비는 기도—"아멘"—가 된다.

메시아적 우정(롬 16:1-23)

로마서 16장은 바울이 로마인들에게 보내기를 원하는 상당히 단순한 문안 인사 목록인 것처럼 보인다. 그것은 확실히 문안 인사 목록이지만 학자들은 결코 그것이 단순하지 않다고 생각했다. 사실 이 장을 통해 우리는 로마에 있는 메시아 추종자들의 모임들과, 그들과 바울 사이의 관계에 관해 많은 것을 알 수 있다. 예를 들어 겐그레아(고린도 근처)에 있는 바울의 재정적 후원자 중 한 명인 뵈뵈(롬 16:1-2)는 로마서를 배달한 사람이었을 뿐만 아니라 그곳의 모임들에서 그 편지를 읽고 해석한 사람이었을 가능성이 있다. 그녀는 최초의 로마서 해석자였다.[4] 이 장에 등장하는 많은 이름을 주의 깊게 분석하면 한층 더 많은 결과를 얻을 수 있다. 일부는 라틴 사람이고 일부는 그리스 사람이며 일부는 유데아인이다. 몇몇 이름은 좀 더 높은 사회적 지위를 암시하고 다른 이름은 좀 더 낮은 지위를 암시한다. 그 명단에 남성과 여성, 노인과 젊은이, 친척과 외인이 등장한다. "사도들에게 존중받는"(롬 16:7) 여성 유니아를 포함하여 몇몇은 모임들에서 중요한 역할을 하는 지도자들이다. 우리는 이런 식으로 계속 분석할 수 있다.

그런데 이 문안 인사 목록이 메시아 안에 있는 하나님의 정의의 좋은 소식과 조금이라도 관계가 있는가? 그것은 실제로 많은 관계가 있다. 로마에 있는 메시아 추종자들의 실재는 군중이나 집합체로서 존재하지 않는다. 그것은 다수의 복잡한 **관계들** 안에 구현된, **이름들**을 지닌 **사람들** 안에 그리고 그 가운데 존재한다. 좋은 소식은 이 사람들 사이에 퍼져서 뭔가 새로운 것을 창조했다. 바울의 혈연상의 친척 몇 명(안드로니고와 유니아[롬 16:7], 헤로디온[롬 16:11])과 다른 몇몇 친척 관계(롬 16:10, 11, 15)가 언급되지만, 메시아 추종자들 사이의 관계와 그들과 바울 사이의 관계 대부분은 좋은 소식에 의해 맺어졌다. "주 안에서"와 "메시아 안에서"라는 어구가 자주 등장하며(롬 16:3, 7, 9, 10, 11, 12, 13), 전체를 규정한다. 뵈뵈는 "자매"이고, 겐그레아에 있는 모임의 "사역자"(*diakonos*)이며, 바울과 다른 많은 사람의 후원자다. 브리스가와 아굴라는 메시아 예수 안에서 바울의 동역자이며, 바울을 위해 그들의 생명의 위험을 무릅썼고, 이제 로마에 있는 그들의 집에서

---

4   Beverly Roberts Gaventa, *When in Romans: An Invitation to Linger with the Gospel According to Paul* (Grand Rapids, MI: Baker Academic, 2016), 9-14이 이렇게 주장한다.

모이는 모임의 주인이다(롬 16:3). 마리아(롬 16:6), 우르바노(롬 16:9), 두르베나, 드루보사, 버시(롬 16:12), 디모데(롬 16:21) 등 다른 사람들도 동역자로 적시된다. 에베네도(롬 16:5), 암블리아(롬 16:8), 스다구(롬 16:9), 버시(롬 16:12)와 관련하여 바울이 "사랑받는"이라는 단어를 자주 사용하는 점도 두드러진다.

이 사람들의 바울에 대한 명백한 헌신과 그들에 대한 바울의 헌신에 나타난 사랑이 이 문안 인사에 스며들어 있다. "루포와 그의 어머니에게 문안하라. 그의 어머니는 곧 내 어머니니라"(롬 16:13). 바울은 모든 사람을 "형제들[그리고 자매들]"이라고 언급한다(롬 16:14, 17). 그는 로마에 있는 메시아 추종자들에게 "거룩하게 입맞춤으로 서로 문안하라"라고 촉구한다(롬 16:16). 그리고 메시아 안에 있는 하나님의 은혜롭고, 화해시키고, 단합시키는 정의가 로마에 있는 모든 모임 전체에 이러한 애정의 유대들을 조성하지만, 그 유대들은 로마를 넘어 펼쳐진다. "메시아의 **모든** 교회가 다 너희에게 문안하느니라!"(롬 16:16) 그 온 교회에는 바울의 친척들과 관련인들 및 고린도에 있는 "온 교회"가 포함된다(롬 16:21-23).

요점은 이 문안 인사들이 메시아의 주권적인 정의의 통치라는 우주적이고 세계사적인 실재가 **어떻게** 온 땅과 제국 전체에 퍼지는가를 반영한다는 것이다. 그것은 하나님의 정의를 통해 창조된 공동체들 안에서 그리고 그 공동체들 가운데서 새롭게 창조된 애정의 유대의 기초적인 네트워크를 통해 퍼진다. 따라서 바울이 이 대목에서 삽입하는 경고의 말은 분열과 무례를 야기함으로써 이 애정의 유대를 파괴하려는 사람에 대비하기 위함이다. 그런 사람은 "너희가 배운 교훈", 즉 정의의 복음 전체를 훼손한다(롬 16:17). 그들은 자기들이 가장 선호하는 공격 대상인 순진한 사람들을 속이려고 한다. 따라서 바울은 이 대목에서 가르침과 배움을 매우 강조한다. 그런 분열적인 사람들에 대한 가장 확실한 방어는 좋은 소식에 대한 확고한 이해다. 바울의 편지가 확고하지 않다면 그것은 아무것도 아니다!

> 당신이 당신의 이웃에서 또는 좀 더 넓은 세상에서 하나님의 정의를 위한 행동주의자라면, 정의를 위한 당신의 사역에서 우정이 어떤 역할을 하는가? 우정이 주로 정의라는 목적에 대한 수단인가? 우정이 정의의 의미에 본질적인가? 정의와 우정 사이의 관계는 무엇인가?

내가 조금 전에 썼듯이 하나님의 정의는 하나님의 사랑의 공동체들 안에서 그리고 그 가운데서 새롭게 창조된 애정의 유대의 기초적인 네트워크를 통해 세상에 퍼진다. 메시아 추종자의 모임들 안의 모든 사람은 이 모임들을 넘어 복잡한 여러 방식으로 다른 많은 사람과도 관련을 맺는다. 로마에 있는 메시아 추종자들의 모임들은 폐쇄된 모임들이 아니었다. "교회" 건물은 확실히 존재하지 않았다. 그들은 때때로 회당에서 모였다. 그러나 그들이 공동의 식사와 예배를 위해 일반적으로 모였던 가정들과 가게들은 복도·거리·광장들에 붙어 있었고, 개방되어 있었으며, 관찰자와 호기심을 지닌 자들과 행인들에게도 열려 있었다.[5] 그 모임들은 공개적으로 볼 수 있었으며, 그들로부터 관계상의 네트워크들이 땅속줄기처럼 이웃으로 퍼졌다. 바울의 문안 인사는 우리로 하여금 특히 공동의 식탁을 둘러싸고 새롭게 창

---

5 단독주택들은 로마라는 도시의 실재가 아니었다. 시골의 장원(莊園)들은 극소수 엘리트만의 재산이었다. Peter Oakes, *Reading Romans in Pompeii: Paul's Letter at Ground Level*(Minneapolis: Fortress, 2009)을 보라.

조된 조화에 나타난 하나님의 은혜의 땅속줄기 같은 초기 운동을 어렴풋이 볼 수 있게 해준다. 바울은 심지어 로마인들의 순종이 "**모든 사람**에게 들리는지라. 그러므로 내가 너희로 말미암아 기뻐하노니"라고 주장한다(롬 16:19). 사람들이 주목하고 있다. 메시아와 성령 안의 새 삶이 로마의 거리 위의 **실제적인 현존**이 되었다.

그래서 바울은 로마인들에게 놀라운 말을 한다. "평강의 하나님께서 속히 사탄을 너희 발아래에서 상하게 하시리라"(롬 16:20). 신적 평화와 전투적인 "너희 발아래 부수다"라는 언어가 어떻게 하나의 짧은 문장에 같이 기록될 수 있는가? 바울은 이 대목에서 하나님과 그분의 원수 사탄 사이의 우주적 전투라는 묵시적 이미지를 상기시킨다. 그는 로마인들에게 그 전쟁은 곧 하나님의 승리로 끝날 것이라고 단언한다. 원수가 부서질 것이다. 그런데 그 일이 어떻게 일어나는가? 그리고 이 승리에서 하나님의 **평화**가 어떻게 명백히 나타날 것인가?

좋은 소식의 요체는 궁극적으로 평화—메시아 안에서 화해시키시는 하나님의 정의 사역을 통해 생겨난 평화—의 좋은 소식이다. 거만, 탐욕, 폭력, 전쟁을 통해 사람들 가운데서 그리고 역사에서 소외시키고 분열시키며 정복하는 존재는 사탄이다. 하나님은 메시아의 **평화를 이루는 죽음과 부활**을 통해 적의를 파괴하심으로써 사탄을 부수신다. 평화를 조성하는 그 신적 실재가 로마 거리의 밑바닥과 한때는 반목했던 사람들이 상호 존중과 우정 가운데 먹고 마시는 메시아 추종자의 모임의 식탁 주위에 임할 때 사탄은 참으로 그들의 발아래에서 부서진다! 신적 모임의 은혜를 통해 그들 가운데서의 사탄의 힘이 파괴된다. 따라서 바울은 마무리하는 메시아적 축복에서 그 정복하는 은혜를 소환한다. "우리 주 예수 메시아의 은혜가 너희에게 있을지어다"(롬 16:20).

송영: 의로운 예배(롬 16:25-27)

바울은 하나님께 대한 아름답고 복잡한 찬양의 찬가로 그 편지를 마무리하는데, 그 찬송은 바로 그가 로마서 전체에서 선포해온 좋은 소식의 개요다.[6]

"이 복음으로 너희를 능히 견고하게 하실 이에게." 바울은 처음(롬 1:16-17)부터 좋은 소식이 모든 믿는 자─유데아인들과 이방인들, 이스라엘과 민족들─에게 구원을 주시는 하나님의 **능력**이라고 선언한다.

"예수 메시아를 전파함." 로마서 전체는 예수 메시아에 대한 선언─그의 다윗의 혈통, 그의 부활과 높아지심과 신적 아들 됨, 율법과 별도의 그의 속죄 죽음, 참으로 인간인 존재로서의 그의 정의와 순종, 부활과 성령을 통한 그의 살아 계신 실재, 이스라엘에 대한 그의 지속적인 현존과 이스라엘을 위해 임하는 그의 정의, 메시아 추종자의 모임에서 그의 살아계신 몸, 이스라엘과 모든 나라에 대한 그의 궁극적인 주권─이다. 예수 메시아**가** 하나님의 정의**이시다. 그가** 좋은 소식**이시다.** 아버지와 성령과 더불어 그는 영원히 축복받으실 한 하나님이시다.

"영세 전부터 감추어졌다가 이제는 나타내신 바 되었으며." 신적 아들의 영원한 실재가 시간 안에서 나타났다. 하나님이 예수 메시아 안에서 도래하셨다. 인간 예수로서의 신적 아들의 도래는 그 안에서 하나님과 인간

---

6 이 절들의 진정성과 배치에 관해 상당히 많은 논란이 있지만, 나는 이 대목에서 그 절들을 단순히 그 절들이 수용되어온 정경의 형태로 취한다.

모두의 신비가 모든 사람에게 알려진 사건이다. 이 묵시적 도래와 현시는 또한 인간이 신성을 우상숭배로 왜곡했고, 파괴적인 힘들에 노예가 되었으며, 적의와 폭력과 불의의 긴 역사를 만들었는지에 관해 냉혹한 신적 빛을 비춰준다. 하나님의 메시아의 묵시는 모든 인간, 즉 이스라엘과 민족들을 의롭게 만드시는 하나님의 정의다. 이스라엘의 한가운데로 메시아가 도래하신 것은 민족들 가운데서 하나님의 선민으로서 이스라엘의 메시아적 목적과 운명의 신비와, 이스라엘에게 임하는 구원자의 약속에 나타난 이스라엘을 향한 하나님의 정의와 신실하심을 드러낸다. 이스라엘―과 민족들―은 그를 신뢰할 수 있다.

"선지자들의 글로 말미암아." 메시아의 도래는 이스라엘의 경전들을 시작하는데, 그것들은 모종의 방식으로 하나님의 메시아와 하나님의 정의의 실재를 증언한다.

"영원하신 하나님의 명을 따라." 하나님 자신이 좋은 소식의 원천이자 능력이며 실재이시다. 하나님이 아버지와 아들과 성령의 **일체**이시기 때문에 좋은 소식이 존재한다. 영원하신 삼위 하나님이 좋은 소식이 발생하기를 원하시기 때문에 그것이 발생한다. 하나님은 로마서의 **주제**이시자 **주체**이시다. 로마서는 **하나님에 관한** 편지이며, 그 편지 전체에서 **하나님이** 자신의 강력한 정의의 말씀을 **얘기하신다.**

"모든 민족이 믿어 순종하게 하시려고." 하나님은 모든 민족이 메시아를 통해 하나님께 신실하게 순종하게 하시려고 메시아의 신실하신 순종을 통해 정의를 가져오신다. 로마서―좋은 소식―는 전 세계의 메시아 추종자의 모임들에만 적실성이 있는 것이 아니라 땅 위의 모든 정부와 나라에도 적실성이 있다. 모두에게 있어 평화와 정의는 그것에 의존한다.

"[유일하게] 지혜로우신 하나님께 예수 메시아로 말미암아." 예수 메시아는 이상한 하나님의 지혜, 즉 메시아와 별도로는 이해될 수 없는 지혜이시다. 이 지혜가 합리성, 힘, 정의, 안전이라는 세상의 기준에 따르면 어리석음으로 여겨지겠지만, 이 지혜는 개인적·정치적·경제적·생태학적 구원에 대한 세상의 유일한 희망이다.

"[그에게] 영광이 세세무궁하도록 있을지어다." 삼위 하나님의 절대적이고 영원한 실재는 참된 영광과 찬송의 대상이다. 그러나 아버지와 아들과 성령의 살아 계신 영광은 또한 우리의 영광이자 모든 창조세계의 영광이며, 정의와 생명의 선물이다.

추가로 읽을 자료

바울과 로마서에 관한 문헌은 물론 목적, 관점, 접근 가능성 면에서 방대하고 다양하다. 아래에서 나는 내가 생각하기에 바울과 로마서에 대한 유용한 입문 지식과 내가 이 책에서 다룬 문제들 중 몇 가지에 관한 중요한 배경과 관점들을 제공하는 책들을 포함시켰다. 내가 열거하는 대다수 자료는 관심이 있는 넓은 독자층에게 접근 가능하지만, 나는 어느 정도 학문적 배경을 전제하며 독자를 좀 더 깊은 내용으로 이끌 자료들도 포함시켰다. 그런 자료에 대해서는 별표 표시를 해 두었다.

바울, 그의 시대, 그의 서신들에 대한 일반적인 내용

Barclay, John M. G. *Paul: A Very Brief History*. London: SPCK, 2018.

_____. *Paul and the Power of Grace*. Grand Rapids, MI: Eerdmans, 2020. 『바울과 은혜의 능력』, 감은사 역간

Benedict XVI, Pope. *Paul of Tarsus*. London: Catholic Truth Society, 2009.

Campbell, Douglas A. *Paul: An Apostle's Journey*. Grand Rapids, MI: Eerdmans, 2018.

*Gaventa, Beverly Roberts. *Our Mother Saint Paul*. Louisville, KY: Westminster John Knox, 2007.

Gorman, Michael J. *Reading Paul*. Eugene, OR: Cascade Books, 2008.

Longenecker, Bruce W., and Todd D. Still. *Thinking Through Paul: A Survey of His Life, Letters, and Theology*. Grand Rapids, MI: Zondervan, 2014.

Suchet, David. *In the Footsteps of St. Paul*. DVD. RLJ Entertainment, 2014.

*Westerholm, Stephen, ed. *The Blackwell Companion to Paul*. Malden, MA: Wiley-Blackwell, 2011.

바울과 로마서에 대한 문학적, 역사적, 사회적, 정치적 배경

Elliott, Neil, and Mark Reasoner. *Documents and Images for the Study of Paul*. Minneapolis: Fortress, 2011.

Oakes, Peter. *Reading Romans in Pompeii: Paul's Letter at Ground Level*. Minneapolis: Fortress, 2009.

로마서에 관한 책과 주석

*Barth, Karl. *The Epistle to the Romans*. 6th ed. Translated by Edwin C. Hoskyns. London: Oxford University Press, 1933.

Gaventa, Beverly Roberts. *When in Romans: An Invitation to Linger with the Gospel According to Paul*. Grand Rapids, MI: Baker Academic, 2016.

Keck, Leander E. *Romans*. Abingdon New Testament Commentaries. Nashville: Abingdon, 2005.

Reardon, Patrick Henry. *Romans*. An Orthodox Commentary. Yonkers, NY: St. Vladimir's Seminary Press, 2018.

Rutledge, Fleming. *Not Ashamed of the Gospel: Sermons from Paul's Letter to the Romans*. Grand Rapids, MI: Eerdmans, 2007.

Toews, John E. *Romans*. Believers Church Bible Commentary. Waterloo, ON: Herald, 2004.

로마서에서의 정의와 민족들

Elliott, Neil. *The Arrogance of Nations: Rereading Romans in the Shadow of Empire*. Minneapolis: Fortress, 2008.

Gorman, Michael J. *Becoming the Gospel: Paul, Participation, and Mission*. Grand Rapids, MI: Eerdmans, 2015.

바울, 로마서, 신학에서의 묵시와 메시아 추종자들

*Agamben, Giorgio. *The Time That Remains: A Commentary on the Letter to the Romans*. Translated by Patricia Daley. Stanford, CA: Stanford University Press, 2005. (메시아 추종자에 관한 내용)

*Gaventa, Beverly Roberts. *Our Mother Saint Paul*. Louisville, KY: Westminster John Knox, 2007. (79-160쪽에 수록된 묵시에 관한 내용)

*Martyn, J. Louis. *Theological Issues in the Letters of Paul*. Nashville: Abingdon, 1997. (묵시에 관한 내용)

*Welborn, L. L. *Paul's Summons to Messianic Life: Political Theology and the Coming Awakening*. New York: Columbia University Press, 2015. (메시아 추종자들에 관한 내용)

Yoder, John Howard. *He Came Preaching Peace*. Scottdale, PA: Herald, 1985. (메시아 추종자들에 관한 설교).『선포된 평화』, 대장간 역간.

*_____. *The Politics of Jesus: Vicit Agnus Noster*. 2nd ed. Grand Rapids, MI: Eerdmans, 1994. (메시아 추종자에 관한 내용)『예수의 정치학』, 알맹e 역간.

*Ziegler, Philip G. *Militant Grace: The Apocalyptic Turn and the Future of Christian Theology*. Grand Rapids, MI: Baker Academic, 2018. (묵시에 관한 내용)

용어 해설

이 책 전체에서 다소 익숙하지 않은 용어들이 자주 사용된다. 그 용어들의 간략한 정의를 다음과 같이 제공한다.

디아스포라(Diaspora): 이 용어는 유데아 땅 밖, 즉 유데아의 동쪽 지역(페르시아, 바빌로니아)과 지중해 주변의 도시들 및 지역들에 살던 유데아인들(아래 설명을 보라)을 가리킨다. **디아스포라**(*diaspora*)라는 단어는 "해외에 씨가 뿌려진" 또는 "흩어진"을 의미한다. 우리 시대에는 그 단어가 누구든 자신의 본국 밖의 지역이나 도시에서 사는 민족이나 집단을 가리킬 수 있다.

디카이오오, 디카이오스, 디카이오시스, 디카이오쉬네(*dikaioō, dikaios, dikaiōsis, dikaiosynē*): **각각** *dik-*로 시작하는 이 일련의 그리스어 단어들은 영어에서 대개 "정당화하다, 옳다고 하다"(justify), "의로운, 정당한"(righteous), "정당화, 칭의"(justification), "의, 의로움"(righteousness) 등으로 번역되었다. 이 영어 단어들은 모두 시간이 지남에 따라 우리가 일반적으로 사회적·경제적·정치적 영역에서 올바르게 질서 잡힌 관계들을 의미할 때 쓰는 단어들인 "공정한"(just), "정의" 등과는 거리가 먼 신학적 의미—종종 개인적·도덕적·종교적인 의미—를 취하게 되었다. 그 결과 우리는 로마서를 읽을 때 로마서가 "공정한"이나 "정의"라는 의미와는 별로 또는 전혀 관계가 없다고 생각한다. 그러나 바울이 *dik*-로 시작하는 단어들을 사용할 때 그는 결코 그 단어들의 의미를 하나님 앞에서 한 개인의 올바른 지위로 제한하지 않는다. 나는 우리가 일반적으로 그 단어들에 관련시키는 개인주의적, 종교적 의미들을 넘어서기 위해 그것들을 "공정, 정의" 등으로 번역한다. 로마서는 정의(justice, *dikaiosynē*)에 관한 서신이다.

메시아 추종자(의)(메시아적, messianic): 나는 "메시아 추종자(의)"라는 단어를 형용사로도 쓰고 명사로도 쓴다. 형용사로서(예컨대 **메시아적 삶**) 그 단어는 메시아이신 예수의 실재에 대한 참여와 그의 패턴에 대한 일치(conformity)를 나타낸다. 명사로서(예컨대 로마서에 등장하는 **메시아 추종자들**) 그 단어는 복음서들에 기록된 메시아 예수의 삶, 자신을 희생하는 그분의 죽음, 부활, 이스라엘과 모든 나라에 대한 주권적 통치를 받아들이고, 그분에게 참여하며 그분에게 일치하는 사람들을 의미한다. 우리는 오늘날 일반적으로 **그리스도인(들)**이라고 말하지만, 이 단어는 종종 단순히 기독교라는 종교에 속함을 의미할 뿐이다.

묵시, 묵시적(apocalypse, apocalyptic): 그리스어 동사 **아포칼립토**(*apokalyptō*)는 대개 "드러내다"(to reveal)로 번역되며, 그리스어 명사 **아포칼립시스**(*apokalypsis*)는 "계시"(revelation)로 번역된다. 바울 서신에서 사용된 이 단어들의 역동적이고 극적이며 자신과 세상을 변화시키는 성격을 포착하기 위해 나는 그 단어들(명사와 동사 모두로서의 **아포칼립스**라는 단어 포함)의 (대략적인) 그리스어 형태를 유지했다. 예를 들어 하나님이 부활하신 예수 안에서 바울에게 자신을 계시하셨다(*apocalypsed*). 그 묵시적(*apocalyptic*) 사건은 바울의 자아(갈 2:19-20; 빌 3:4-11)와 바울의 세계(갈 6:14-15)와 만물에 근본적인 혁명을 일으켜 새로운 창조물을 가져왔다(고후 5:16-17).

에트노스, 에트네(*ethnos, ethnē*): 이 단어들(단수와 복수)은 영어 성경들에서 일반적으로 "이방인"(gentile)과 "이방인들"(gentiles)로 번역되는데, 이는 유대인이 아닌 한 명 또는 여러 명의 개인을 의미한다. 때로는 그것이 올바른 번역이다. 그러나 바울은 흔히 (구약성경처럼) 개인들이 아니라 정치적 지역, 민족 집단, 민족의 관점에서 생각하기 때문에 종종 "민족"(나라, *nation*) 또는 "민족들"(나라들, *nations*)이라는 번역이 좀 더 적절하다. 예를 들어 **민족들**을 생각하지 않고서는 로마서 15:7-13을 이해하기 어렵다. 로마서 9-11장에 관해서도 마찬가지다. 복음에 대한 바울의 시각은 우리가 습관적으로 생각하는 것보다 훨씬 더 정치적이고 세계적이다.

유데아인들(Judeans): 영어 성경들은 **유다이오스**(*Ioudaios*), **유다이오이**(*Ioudaioi*)를 거의 언제나 "유대인(Jew)", "유대인들(Jews)"로 번역하지만, 나는 거의 언제나 이 단어들을 "유데아인"(Judean), "유데아인들"(Judeans)로 번역한다. 내가 이렇게 번역하는 이유는 독자들이 바울이 주로 어떤 "종교"(유대교)와 그 "종교를 믿는" 사람들(유대인들)에 관해 썼다고 생각하는 것을 방지하기 위함이다. 이렇게 생각하면 유데아가 민족적·정치적 의미의 한 **민족**(people)이 사는 지역, 땅이라는 사실과 대다수 디아스포라 유데아인들조차 "종교를 믿는" 것 이상이었다는 사실을 놓치게 된다. 그들은 예수와 바울의 시대에 부당하게 로마인들에게 점령된 유데아(또는 이스라엘) 땅을 자기들의 지리적·정치적

고향으로 보고 그 땅에 대한 애착을 유지했다. 바울은 확실히 장차 유데아 땅이 해방되고 모세의 율법이 그 땅의 법이 되기를 바랐을 것이다. 바울은 유데아인이었다.

죄, 사망, 육신, 율법(Sin, Death, Flesh, Law): 이 단어들, 특히 죄(Sin)와 사망(Death)은 자주 대문자로 시작하도록 기록된다(번역서에서는 돋움체로 표기함). 이는 바울에게 있어 이것들은 세상에서 작동하고 있는 **억압적인 세력들**(oppressive powers)로서 인간은 **그것들 아래** 속박되어 있음을 나타내기 위함이다. 죄(Sin)는 단지 개별적인 위반들만이 아니다. 죄는 바울이 로마서 5:21-21에 기록했듯이 세상의 장면에 "들어와" 인간에게 "왕 노릇하기" 시작한, 하나님께 적대적인 세력이다. 노예로 삼는 힘에서 죄에 수반하는 사망(Death)도 마찬가지다(단순히 죽는 것만이 아니다). 육신(Flesh)은 인간의 신체 조직들과 근육들이 아니다. 그것은 성령을 통해 힘을 공급받는 것이 아니라, 죄와 사망의 세력 아래 사로잡혀 있고 따라서 그것들을 통해 힘을 공급받는 인간의 존재와 의지다(롬 8장을 보라). 율법(Law)은 법처럼 좋은 것마저 어떻게 죄와 사망에 붙들려 부정의와 압제에 봉사하도록 사용되고, 따라서 (그것 자체가 하나님께 반대하는 세력이 될 수 있는지를 나타낸다(롬 7장을 보라). 하나님께 반대하는 이 세력들은 메시아 예수의 죽음, 부활, 높아지심에 나타난 하나님의 힘의 현시 안에서 패배한다.

지배(power over): 우리가 일반적으로 사용하는 용례에서 주권(sovereignty)의 핵심적인 의미 가운데 하나는 피지배자 또는 피지배자들에 대해 **지배권**(power over)을 행사할 수 있는 능력과 (흔히 강제적인) 수단이다. 그런데 로마서에서 바울은 메시아 예수의 주권(주님 됨)을 일관되게 선언한다. 로마서의 메시지에서 주권의 의미 문제가 매우 중요하다. 주권이 예수의 "다스림"을 통해 **정의될** 경우 그것이 무엇을 의미하는가? 그것은 우리의 일반적인 용례와는 근본적으로 다른 어떤 것, 즉 **지배**(power over)와는 근본적으로 다른 어떤 것을 의미해야 한다. 바울에게 있어 지배는 죄(위의 용어 해설을 보라)의 일차적인 발현이다. 절대적으로 독특한 예수의 주권(즉 하나님의 주권)은 복음(Good News)이며, 그것은 메시아가 자신에게 쌓아두지 않고 메시아 추종자들에게 부여하는 주권이다. 그들은 이 세상에 살면서 이런 종류의 주권만을 행사해야 한다.

70인역(Septuagint, LXX): 70인역은 구약성경의 그리스어 번역본(그리스도가 나시기 이전 세기에 번역이 완료되었다)으로서 바울에게는 사실상 그것이 **성경**이었다. 바울이 "성경"이나 "율법과 예언자"에서 인용할 때 그는 거의 언제나 70인역에서 인용한다. 70인역의 약자는 이곳에서 설명할 필요가 없는 이유들로 인해 **LXX**(70에 해당하는 로마 숫자)로 표시한다. 구글에서 70인역을 검색해보라.

크리스토스/메시아(christos/Messiah): 나는 대개 "그리스도"라고 번역된 그리스어 단어 **크리스토스**(*christos*)를 **메시아**(*Messiah*)로 번역했다. 메시아가 그리스도를 가리킬 때 그 단어는 "두 번째 이름"이 아니라 예수가 구약성경의 메시아 예언과 연결되어 있고, 다윗 왕가 출신이며, 이스라엘과 모든 나라를 주권적으로 통치하는 위치로 높아지셨음을 나타내는 직함이다. 바울은 예수가 이 의미의 메시아이심을 로마서 1:1-5에서 곧바로 선언하고 로마서 15:7-13에서 마무리하며, 로마서 전체에서 이 의미가 가정된다.

피스튜오, 피스티스(*pisteuō, pistis*): 동사와 명사인 이 단어들은 대개 "믿다", "~에 대한 신앙을 가지다", "신앙"으로 번역된다. 이 번역들은 틀렸다기보다는 범위가 좁다. 그 그리스어 단어들은 "신뢰하다, 성실, 충성, 헌신" 등을 나타낼 수 있다. 로마 시민은 황제와 관련하여 **피스티스**를 지닐 것이다. 그렇다고 해서 그가 "종교적 신앙"의 대상으로서의 황제를 믿었다는 뜻은 아니다. 그런 뜻이라기보다는 로마 시민은 황제에게 자신의 헌신, 충실, 충성을 바쳐야 한다. 메시아 추종자들은 주권자이신 메시아에게 바로 그것을 바쳐야 한다. 다른 한편으로 로마서 4장에서 **피스티스**는 주로 하나님과 하나님의 약속에 대한 전적인 확신과 신뢰를 의미한다.

성구 색인

칭의 대신 정의의 시선으로 로마서 읽기
세상을 변화시키는 진정한 힘에 관한 이야기

Copyright ⓒ 새물결플러스 2024

1쇄 발행 2024년 7월 15일

지은이 더글라스 하링크
옮긴이 노동래
펴낸이 김요한
펴낸곳 새물결플러스

편 집 왕희광 정인철 노재현 이형일 나유영 노동래
디자인 황진주 김은경
마케팅 박성민
총 무 김명화 이성순
영 상 최정호
아카데미 차상희

홈페이지 www.holywaveplus.com
이메일 hwpbooks@hwpbooks.com
출판등록 2008년 8월 21일 제2008-24호
주 소 (우) 04114 서울특별시 마포구 신촌로28가길 29
전 화 02) 2652-3161
팩 스 02) 2652-3191

ISBN 979-11-6129-282-3 93230

책값은 뒤표지에 있습니다.